2015

Sozialalmanach

Schwerpunkt: **Herein.**
Alle(s) für die Zuwanderung

2015

Sozialalmanach

Schwerpunkt: **Herein.**
Alle(s) für die Zuwanderung

Caritas-Verlag, Luzern, Januar 2015

Der Sozialalmanach wird jährlich herausgegeben von der Caritas Schweiz.

Redaktionsadresse:
Caritas Schweiz
Bereich Kommunikation
Adligenswilerstrasse 15
6006 Luzern

Verantwortlich für die Herausgabe: Iwona Swietlik

Siebzehnter Jahrgang

Bisher erschienen:
Sozialalmanach 2014: Unter einem Dach
Sozialalmanach 2013: Bildung gegen Armut
Sozialalmanach 2012: Arme Kinder
Sozialalmanach 2011: Das vierte Lebensalter
Sozialalmanach 2010: Armut verhindern
Sozialalmanach 2009: Zukunft der Arbeitsgesellschaft
Sozialalmanach 2008: Bedrängte Solidarität
Sozialalmanach 2007: Eigenverantwortung
Sozialalmanach 2006: Psychische Invalidisierung
Sozialalmanach 2005: Einsamkeit
Sozialalmanach 2004: Die demografische Herausforderung
Sozialalmanach 2003: Gesundheit – eine soziale Frage
Sozialalmanach 2002: Der flexibilisierte Mensch
Sozialalmanach 2001: Sozialpolitik in der Weltgesellschaft
Sozialalmanach 2000: Sozialrechte und Chancengleichheit in der Schweiz
Sozialalmanach 1999: Existenzsicherung in der Schweiz

Lektorat: Andreas Vonmoos, Textkorrektur Terminus, Luzern
Gestaltung und Satz: pooldesign
Fotos Umschlag: © TomS/Fotolia.com, © Franz Pfluegl/Fotolia.com
Druck und Verarbeitung: CPI – Ebner & Spiegel, Ulm
ISBN: 978-3-85592-134-8

Inhalt

Vorwort

Die Schweiz ist ein Einwanderungsland. Die Migrantinnen und Migranten sind für unser Land von grosser Bedeutung und eine gesellschaftliche Bereicherung. Sie steigerten die staatlichen Nettoeinnahmen im Jahr 2011 um fast 11 Milliarden Franken. Der Anteil der Einwandernden im Erwerbsalter ist überproportional und ihre Beschäftigungsrate hoch. Kurzum: Sie arbeiten viel und tragen zum Wohlstand der Schweiz entscheidend bei.

Dennoch beschäftigt sich die Schweiz intensiv und angespannt mit ihrer Migrationspolitik, wobei sich die Debatten derzeit hauptsächlich auf die Begrenzung der Zuwanderung konzentrieren. Die Einwandernden werden – meistens ohne vertiefte Analyse – für aktuelle Probleme der Schweiz verantwortlich gemacht: Mangel an bezahlbarem Wohnraum, Engpässe im Verkehrswesen, steigende Sozialhilfe. Politisch wird diese Taktik des Beschuldigens sehr aktiv bewirtschaftet.

Diese Widersprüche, die sich sowohl im täglichen politischen Diskurs als auch im Arbeitsalltag der Caritas niederschlagen, sind für die Caritas Anlass, den diesjährigen Sozialalmanach und die sozialpolitische Tagung der Caritas Schweiz, das «Forum 2015», dem Thema der Zuwanderung zu widmen.

Bericht über die soziale und wirtschaftliche Entwicklung in der Schweiz 2013/2014

«Der Schweizer Wirtschaft geht es gut», konstatiert in ihrem Rückblick auf die soziale und wirtschaftliche Entwicklung in der Schweiz Bettina Fredrich, Leiterin Sozialpolitik bei Caritas Schweiz. «Bezüglich Wettbewerbsfähigkeit belegt die Schweiz zum fünften Mal in Folge den ersten Platz.» Die hohe Innovations- und Wettbewerbsfähigkeit widerspiegelt sich im stabilen Wirtschaftswachstum.

Deshalb erstaunt und empört die hohe Zahl von Armutsbetroffenen in diesem prosperierenden Land. 600 000 Menschen leben in der Schweiz in Armut, gar 1,19 Millionen sind armutsgefährdet. «Die konstanten Armutsquoten legen nahe, dass Armut in der Schweiz längst zum strukturellen Problem geworden ist», lautet das Fazit von Bettina Fredrich. Nach wie vor rutschen besonders Niedrigqualifizierte und Alleinerziehende unter die Armutsgrenze. Zunehmend trifft Armut aber auch gut qualifizierte Über-50-Jährige. Offensichtlich hat der Bund eine Anpassung von armutsvorbeugenden Massnahmen trotz gesellschaftlicher und arbeitsmarktlicher Veränderungen bisher verpasst.

«Herein. Alle(s) für die Zuwanderung»

Der Titel des diesjährigen Sozialalmanachs ist nicht zufällig: Anders als in den vorangehenden Ausgaben bietet dieser Band bewusst keine ausgewogene Auseinandersetzung mit dem Thema der Zuwanderung. Kritiker und Gegner fehlen hier; es werden auch keine Pro- und Kontra-Argumente gegeneinander abgewogen. Mit diesem Band bekennt sich Caritas Schweiz zur Zuwanderung als gesellschaftlichem Motor der Entwicklung unseres Landes ungeachtet aller kritischen Punkte, die mit der Zuwanderung verbunden sind. Persönlichkeiten des öffentlichen Lebens wurden dazu eingeladen, ihre Argumente für die Zuwanderung darzulegen. Dem Aufruf sind erfreulicherweise sehr viele und mit persönlichem Engagement gefolgt: Der thematische Teil des vorliegenden Sozialalmanachs liest sich deswegen wie ein persönliches Bekenntnis der Autorinnen und Autoren zu einer offenen Schweiz.

Die Eröffnung macht der Beitrag von Marianne Hochuli. Die Leiterin des Bereichs Grundlagen bei Caritas Schweiz benennt die historischen Entwicklungen in der schweizerischen Migrationspolitik, weist auf die wirtschaftlichen Vorteile hin, welche die Schweiz aus der Zuwanderung zieht, und zeigt gleichzeitig die problematischen Punkte, welche zur Prekarisierung der Lage diverser Migrantengruppen führen. Ganz klar bekennt sie sich zu einer Politik der Chancengerechtigkeit in der Migrationspolitik.

Diese Grundeinstellung teilen mit ihr weitere Autorinnen und Autoren des vorliegenden Sozialalmanachs, alles Persönlichkeiten des öffentlichen Lebens, der Politik, Wirtschaft, Kultur und Wissenschaft. In persönlichen Essays, Artikeln und in Interviews nennen sie ihre persönlichen Gründe, warum sie für eine Schweiz der offenen Türen eintreten. Die Vielfalt ihrer Argumente und Sichtweisen inspiriert und bricht mit der üblichen, ökonomiezentrierten Migrationsdebatte. Sie betrachten Zuwanderung aus ethischer Sicht – wie zum Beispiel die ehemalige Nationalrätin Cécile Bühlmann oder die renommierte Zürcher Philosophin Maja Wicki. Sie erinnern an die Geschichte – wie die Präsidentin der Eidgenössischen Kommission gegen Rassismus, Martine Brunschwig Graf. Sie erzählen von ihren persönlichen Erfahrungen mit der Migration - wie Marco Solari, Präsident von Ticino Turismo, wie Nathanael Su, Jazzmusiker und Dozent an der Hochschule Luzern – Musik, sowie die Zürcher Kantonsrätin Alma Redzic. Sie hinterfragen den Umgang mit Migrantinnen und Migranten vor dem Hintergrund rechtsstaatlicher Prinzipien und der demokratischen Tradition der Schweiz – wie der ehemalige Bundesrichter Giusep Nay oder der Zürcher Rechtsanwalt Marc Spescha. Sie betrachten aus ironischer Distanz nationale Integrationskonzepte und Identitätsillusionen – wie der Zürcher Psychoanalytiker Peter Schneider oder Gianni d'Amato, Direktor des Schweizerischen Forums für Migrations-

und Bevölkerungsstudien. Sie definieren den Eigennutz zum Gemeinnutzen um – wie Georg Kreis, emeritierter Professor für Geschichte an der Universität Basel. Sie erinnern an die Leistungen der Migrantinnen und Migranten, die der Schweiz zum Wohlstand verholfen haben und eine weitere Wohlfahrt ermöglichen – wie Martin Flügel, Präsident von Travail.Suisse, und Thomas Daum, ehemaliger Direktor des Schweizerischen Arbeitgeberverbandes. Sie entwerfen Ideen eines gleichwertigen Zusammenlebens – wie die Genfer Forscher Rohit Jain und Shalini Randeria sowie der Berner Grossrat Hasim Sancar. Sie erzählen von der Inspiration des täglichen interkulturellen Austauschs – wie Patrick Aebischer, Präsident der Eidgenössischen Technischen Hochschule Lausanne (EPFL) sowie Anne Bisang, Direktorin des «Théâtre populaire romand». Den Band beschliesst der ebenfalls aus persönlicher Perspektive einer Migrantin verfasste Beitrag von Iwona Swietlik, der Herausgeberin des Sozialalmanachs.

Wir wünschen Ihnen eine inspirierende Lektüre!

Hugo Fasel
Direktor Caritas Schweiz

I. Teil

Sozialpolitische Trends

Bettina Fredrich

Bericht über die soziale und wirtschaftliche Entwicklung in der Schweiz 2013/2014

Selten gelingt es einem Ökonomen, einen Bestseller zu landen. Thomas Piketty ist eine der wenigen Ausnahmen. Mit seiner Publikation «Capital in the twenty-first century» lancierte er 2014 die Diskussion über die Ungleichverteilung der Vermögen und deren Auswirkungen auf die Gesellschaft neu. Seine zentrale Erkenntnis lautet, dass sich Kapital in unseren Gesellschaften schneller akkumuliert, als die Wirtschaft wächst, und sich das Vermögen deshalb in einem immer grösseren Ausmass in den Händen der Reichsten konzentriert. Auch die Schweiz diskutierte im letzten Jahr intensiv über Verteilungsfragen. Mit der 1:12-Initiative und der Mindestlohninitiative standen gleich zwei Vorschläge zur Umgestaltung der Lohnpolitik zum Entscheid an. Während die 1:12-Initiative der Jungsozialisten das Auseinanderklaffen der Lohnpyramide anprangerte und unternehmensintern den höchsten Lohn an den tiefsten binden wollte, widmete sich die Mindestlohninitiative dem untersten Ende der Lohnskala und plädierte für existenzsichernde Mindestlöhne. Beide Anliegen hatten schliesslich vor dem Stimmvolk keine Chance. Die Angst, dass Unternehmen abwandern und Arbeitsplätze verloren gehen, siegte über das aufkeimende Gefühl zunehmender Lohnungleichheit und Lohnungerechtigkeit in der Schweiz. Gleichwohl sind die kritischen Stimmen bezüglich der Ungleichverteilung nicht verstummt. Immer breiter wird der Kreis an Ökonomen, die die jüngste Ungleichheitsentwicklung mit grosser Besorgnis beobachten. Was aber hat Ungleichheit mit Armut zu tun? Warum beunruhigt die jüngste Ungleichheitsentwicklung auch aus armutspolitischer Perspektive? Der vorliegende Rückblick rückt im letzten Teil die zentralen Hypothesen und Erkenntnisse der jüngsten Ungleichheitsforschung ins Zentrum, analysiert deren Bedeutung für die Schweiz und gibt Antworten auf die Frage nach dem Zusammenhang von Armut und Ungleichheit.

Vorher aber interessiert die Entwicklung der Armut in der Schweiz. Gemäss dem Bundesamt für Statistik (BFS) ist derzeit jede 13. Person in der Schweiz von Einkommensarmut betroffen.[1] Das heisst, trotz guter Wirtschaftslage sind 590 000 Männer, Frauen und Kinder in der Schweiz arm, darunter überdurchschnittlich viele Alleinerziehende und Niedrigqualifizierte. Die nackten Zahlen schockieren und lancieren Debatten über die Gründe für die Armut und die Wege aus ihr in der Schweiz. Der vorliegende Rückblick bettet die neusten armutspolitischen Zahlen und Entwicklungen in der Schweiz in einen breiteren wirtschaftlichen und sozialpolitischen Kontext ein. Nach einem kurzen Blick auf die wirtschaftlichen und sozialpolitischen Entwicklungen in Europa stellt der Artikel die Situation in der Schweiz ins Zentrum. Wie geht es der Schweizer Wirtschaft? Wie haben sich zentrale sozialpolitische Kennzahlen wie die Arbeitslosigkeit oder die Sozialhilfequote verändert? Und welche Debatten prägten die sozialpolitische Diskussion in der Schweiz?

1. Die wirtschaftliche Lage in Europa: alle Zeichen auf Erholung?

Die Nachwehen der Wirtschaftskrise sind in Europa noch immer stark. Trotzdem kommen Wirtschaftsexperten zum Schluss, dass sich die Lage insgesamt allmählich verbessert. So spreche einiges dafür, dass sich das Wachstum in den nächsten Quartalen beschleunigt. Die Stimmungslage bei den Konsumenten und Unternehmen sei besser, das Zukunftsvertrauen gewachsen und die Sparpakete könnten reduziert werden.[2] Laut EU-Kommission wird das Bruttoinlandprodukt (BIP) des Euroraums sowohl 2014 (1,2 Prozent) als auch 2015 (1,7 Prozent) leicht zulegen. Grund zu Optimismus gibt das saisonbereinigte BIP im ersten Quartal 2014, welches um 0,3 Prozent zulegen konnte, was insbesondere im Vergleich mit dem ersten Quartal 2013 eine deutliche Verbesserung darstellt (+1,4 Prozent).[3] OECD und EU-Kommission mahnen aber trotz des prognostizierten Aufwärtstrends zur Vorsicht, denn die positiven Aussichten würden auch von einigen Risiken überschattet. Während die OECD die anhaltenden Deflationstendenzen, das nach wie vor tiefe Niveau der Unternehmensinvestitionen sowie die politische Unsicherheit als Gefahren identifiziert[4], hebt die EU-Kommission Reformverzögerungen und die stockende Sanierung der Staatsfinanzen einzelner EU-Staaten hervor.[5] Siim Kallas, Kommissionsvizepräsident, formulierte es in den Frühjahrsprognosen 2014 der EU-Kommission folgendermassen: «Die Erholung hat inzwischen Tritt gefasst. Die Defizite sind zurückgegangen, die Investitionen ziehen an und am Arbeitsmarkt setzt allmählich eine Verbesserung ein, was besonders wichtig ist. Die anhaltenden Reformanstrengungen der Mitgliedstaaten wie auch der EU selbst zahlen sich aus. […] Wir dürfen deshalb nicht in unseren Anstrengungen nachlassen, mehr Arbeitsplätze für die Europäerinnen und Europäer zu schaffen und das Wachstumspotenzial zu stärken.»[6]

Was sich in makroökonomischen Grössen gut liest, verschleiert jedoch die Realität, dass die Wirtschaftskrise noch immer persönliche Tragödien produziert. Dies zeigt das

Beispiel Italien.[7] Seit Ende 2013 schrumpft die Wirtschaft Italiens nicht mehr. Der hohe Steuerdruck und die anhaltenden Strukturprobleme beschneiden das Wachstumspotenzial jedoch nach wie vor massgeblich. Besorgniserregend ist insbesondere die Arbeitslosenrate, für die 2014 ein neuer Rekordwert von 12,8 Prozent erwartet wird. Damit hat sich die Arbeitslosenrate in Italien seit Ausbruch der Wirtschaftskrise verdoppelt. Die prekäre Lage Italiens zeigt sich beim Blick in die Sozialstatistik. Im Juli 2014 lebten zehn Millionen Armutsbetroffene im südeuropäischen Land.[8] Das ist allein in Süditalien eine Dreiviertel-million mehr als im Jahr zuvor. Neu sind neben Migrantinnen und Migranten auch Jugendliche und arbeitslose Familienväter von Armut betroffen. Auch das wirtschaftlich solidere Norditalien bleibt nicht verschont. Geldmangel, hohe Wohnkosten und Arbeits-losigkeit bereiten den Italienerinnen und Italienern die grössten Sorgen. Die Krise hat aber noch viel tiefgreifendere Folgen. Gemäss einer Forschungsarbeit der privaten Link Campus University in Rom treibt die Wirtschaftskrise immer mehr Firmenchefs in Italien in den Selbstmord.[9] Die Schuldner zahlen nicht, die Banken verweigern notwendige Kredite und die mit 54 Prozent überdurchschnittliche Steuerlast in Italien treibt zahlreiche KMU in den Ruin. Viele sehen im Suizid den einzigen Ausweg. Gemäss dem Forschungsbericht nahmen sich 2013 149 Firmenchefs das Leben. Das sind 80 mehr als 2012. Die Hälfte der Selbstmorde wurde von KMU-Inhabern begangen.

Die Armut in Europa nimmt zu

Die wirtschaftliche Erholung wirkt sich nur schleppend auf den europäischen Arbeitsmarkt aus. Nach wie vor liegt die Arbeitslosenquote mit 11,6 Prozent nur wenig unter dem Rekordstand von 12 Prozent aus dem Jahr 2013.[10] Das heisst, über 25 Millionen Männer und Frauen waren im Mai 2014 in Europa arbeitslos. Dabei variieren die Arbeitslosen-quoten zwischen den einzelnen Ländern beträchtlich. Deutschland und Österreich weisen mit 5,1 und 4,7 Prozent die tiefsten Arbeitslosenquoten auf, während Spanien und Grie-chenland mit 25,1 und 26,8 Prozent diese Werte um ein Vielfaches übertreffen.[11] Trotz eines leichten Rückgangs um 1,5 Prozent ist die Jugendarbeitslosigkeit im Euroraum nach wie vor beunruhigend. Über 5 Millionen junge Erwachsene unter 25 Jahren (22,2 Prozent) waren im Mai 2014 von Jugendarbeitslosigkeit betroffen. Insbesondere die Quoten von Griechenland (57,7 Prozent), Spanien (50,4 Prozent) und Kroatien (48,7 Prozent) sind besorgniserregend.[12] Die Zahlen bestätigen den Trend der letzten Jahre. Junge Erwachsene sind übermässig stark von der Wirtschaftskrise in Europa betroffen. «Jung, motiviert und gut ausgebildet zu sein, bedeutet heutzutage nicht mehr, dass man sich auch auf dem Weg zur finanziellen Unabhängigkeit befindet. [...] Wer Glück hat, findet ein unbezahltes Praktikum oder einen unbezahlten befristeten Vertrag», schrieb «The European» im Früh-ling 2014.[13] Die spärlichen Jobangebote für junge Erwachsene sind häufig prekär.

Vor diesem Hintergrund ist es wenig überraschend, dass Armutsgefährdung und soziale Ausgrenzung in Europa auf dem Vormarsch sind. Die entsprechende Quote ist seit 2008 (23,7 Prozent) laufend gestiegen und lag 2012 bei 24,8 Prozent.[14] Das heisst, 125 Millionen Menschen in Europa waren 2012 von Armut und sozialer Ausgrenzung bedroht. Bulgarien (49 Prozent), Rumänien (42 Prozent), Lettland (37 Prozent) und Griechenland (35 Prozent) weisen die höchsten Anteile aus. In vielen süd- und osteuropäischen Ländern hat insbesondere die Armutsgefährdung dramatische Züge angenommen. So gilt in Griechenland jeder Dritte als arm oder sozial ausgegrenzt, in Italien sind es rund 30 Prozent.[15] Armut und soziale Ausgrenzung zu verringern, ist eines der Kernziele der Strategie «Europa 2020». Mit der jüngsten Entwicklung entfernt sich Europa zunehmend von dieser Vision.

Steigende Ungleichheit sowohl zwischen als auch innerhalb der Staaten Europas

Die Ökonomen kamen Ende 2013 grundsätzlich zum selben Schluss: Die Wirtschaft in Europa ist zwar gewachsen, die Krise allerdings noch nicht überwunden. Beunruhigend sei insbesondere die Ungleichheit zwischen Norden und Süden.[16] Während das BIP im Norden wieder das Vorkrisenniveau erreichte, lag es im Süden nach wie vor deutlich darunter. Der Blick auf die Arbeitslosigkeit zeigt ähnliche Tendenzen. Im Süden ist sie dreimal so hoch wie im Norden. Die Jugendarbeitslosigkeit im Süden übertrifft die Werte im Norden sogar um das Fünffache. Die Entwicklungen in Europa zeigen eine wachsende Topografie der Ungleichheit. Aber nicht nur zwischen den Ländern, auch innerhalb der Staaten nehmen die Ungleichheiten zu. Dies verdeutlicht der Blick auf Deutschland, Europas Musterschüler aus wirtschaftlicher Optik.

Im Dezember 2013 publizierte der Paritätische Wohlfahrtsverband Deutschland seinen dritten Armutsbericht.[17] Dieser zeigt: Trotz Wirtschaftswachstum und sinkender Arbeitslosigkeit nimmt die Armut in Deutschland weiter zu. Seit 2006 ist die Armutsgefährdungsquote in Deutschland kontinuierlich gestiegen und lag 2013 bei 15,2 Prozent. Das heisst, jeder siebte Haushalt ist betroffen. Begründet wird der Anstieg der Armut vom Paritätischen Wohlfahrtsverband mit der markanten Zunahme von unsicheren und schlecht bezahlten Jobs, die nicht zu einem existenzsichernden Einkommen führen. Die guten statistischen Werte bezüglich der Arbeitslosigkeit würden mit dem «Phänomen der *working poor* erkauft».[18] Gemäss Paritätischem Wohlfahrtsverband basiert das Beschäftigungswunder Deutschlands auf einer wachsenden Prekarität der Arbeitsverhältnisse, auf einer «Amerikanisierung des Arbeitsmarktes».[19] Die Hartz-Reformen der letzten Jahre waren zwar insofern erfolgreich, als sie mehr Menschen zu einer Arbeit verhalfen. In der Folge stieg die Beschäftigung und die Arbeitslosigkeit sank. Diese im ökonomischen Kontext grundsätzlich positiv bewerteten Trends haben jedoch im Falle Deutschlands ihre

Kehrseite.[20] So ist der Anteil an Tieflohnbeziehenden nirgends in Westeuropa so hoch wie in Deutschland. Die Zahl der Teilzeitangestellten hat sich in den letzten zehn Jahren auf 820 000 verdreifacht. Über 7,4 Millionen Menschen arbeiten in sogenannten «Mini-Jobs», die mit maximal 450 Euro Monatslohn zwar frei von Steuern und Sozialabgaben bleiben, aber nicht ausreichen, um finanziell über die Runden zu kommen. Prekäre Anstellungsverhältnisse haben im Zuge der steigenden Beschäftigung mit den Hartz-Reformen also deutlich zugenommen. Unabhängig von den Hartz-Reformen kommen Forschende zum Schluss, dass die Gewerkschaften in Deutschland jüngst an Einfluss eingebüsst haben.[21] Folgen davon sind ein dramatischer Rückgang der realen Löhne am unteren Ende der Einkommensskala und eine erhebliche Zunahme der Lohnungleichheit.[22]

So überrascht es nicht, dass sich Ulrich Schneider, der Autor des Armutsberichts, in der «Zeit» zutiefst beunruhigt äussert: «Sämtliche positiven Trends aus den letzten Jahren sind zum Stillstand gekommen oder haben sich gedreht. Die Kluft zwischen bundesdeutschen Wohlstandsregionen auf der einen und Armutsregionen auf der anderen Seite wächst stetig und deutlich.»[23] Deutschland sei noch nie so gespalten gewesen wie heute. Insbesondere die regionalen Armutsspiralen bereiten dem Paritätischen Wohlfahrtsverband Sorgen. Ganze Regionen sind gemäss Armutsbericht 2013 in Deutschland von Armut betroffen und die regionalen Disparitäten spitzen sich weiter zu. Das heisst, «den wohlhabenden Regionen geht es immer besser, den Armutsregionen immer schlechter».[24] So ist beispielsweise die Armutsgefährdungsquote in Mecklenburg-Vorpommern und Bremen mit rund 23 Prozent mehr als doppelt so hoch wie in Bayern und Baden-Württemberg mit rund 11 Prozent. Diese regionalen Armutsspiralen können von den Akteuren vor Ort ohne massive finanzielle Unterstützung von aussen nicht gestoppt werden.

Aber obwohl mit dem Blick auf den Armutsbericht und die prekären Arbeitsverhältnisse die Disparitäten innerhalb Deutschlands analysiert und aufgearbeitet sind, bleibt der politische Weg zur Verbesserung der Situation umstritten. Gemäss Paritätischem Wohlfahrtsverband liegt die armutspolitische Agenda Deutschlands auf der Hand: Es brauche Mindestlöhne, eine Eindämmung prekärer Arbeitsverhältnisse, Transferleistungen für einkommensschwache Familien, Massnahmen zur besseren Vereinbarkeit von Erziehungsaufgaben und Beruf sowie von Pflege und Beruf, Programme für Langzeitarbeitslose sowie bezahlbaren Wohnraum und Energie.[25] Im Juli 2014 wurde der gesetzliche Mindestlohn für Deutschland im Bundestag beschlossen. Ab 2015 gilt die Untergrenze von 8.50 Euro pro Stunde. Liberalen Ökonomen ist dies ein Dorn im Auge. Im Vertrauen darauf, dass Wirtschaftswachstum den Wohlstand für alle steigert, lehnen sie staatliche Eingriffe in die Lohnpolitik ab. Deutschland habe mit dem Ausbau der sozialpolitischen Leistungen und dem Eingriff in die Lohnpolitik die Errungenschaften des Erfolgs verwässert und das Reformrad zurückgedreht.[26] Europa leide im Moment an einer Dominanz der Politik, welche durch falsche Massnahmen und fehlende Reformbereitschaft verhindere, «dass die Volkswirtschaften ihr tatsächliches Potenzial ausschöpfen».[27]

Die wirtschaftlichen Kennzahlen widerspiegeln die allmähliche Erholung Europas von der Krise 2008. Die leicht verbesserten Durchschnittswerte für Arbeitslosigkeit und Wirtschaftswachstum können aber nicht darüber hinwegtäuschen, dass es einigen Menschen im Vergleich zum letzten Jahr deutlich schlechter geht. Davon zeugt einerseits die Zunahme an Europäerinnen und Europäern, die von Armut und sozialer Ausgrenzung gefährdet sind. Andererseits zeigt der Blick auf den wirtschaftlichen Musterschüler Deutschland, wie wenig durchschnittliches Wirtschaftswachstum, Bruttoinlandprodukt und Arbeitslosigkeit letztlich über den Alltag der Menschen, ihre Lebensbedingungen und Chancen auszusagen vermögen. Gemäss einer Studie des Deutschen Instituts für Wirtschaftsforschung (DIW) ist der wachsende Wohlstand Deutschlands auf immer weniger Menschen verteilt.[28] Auch der Paritätische Wohlfahrtsverband kommt in seinem Bericht zum Schluss, dass sich die Armutsentwicklung in Deutschland endgültig von der Wirtschaftsentwicklung abgekoppelt hat. Diese Erkenntnis impliziert mindestens zwei Schlüsse. Erstens bestätigt sie die Dringlichkeit von länderspezifischen Armutsberichten. Diese richten den Blick auf regionale Entwicklungen und ermöglichen es so, die spezifische Situation besser zu verstehen. Längst nicht alle europäischen Länder publizieren derzeit Armutsberichte, auch die Schweiz tut es auf kantonaler Ebene erst spärlich und auf nationaler Ebene gar nicht.[29] Zweitens stellt sich vor dem Hintergrund der Abkoppelung des Wirtschaftswachstums von der Wohlstandsentwicklung zunehmend die Frage, was denn zu einer Reduktion von Armut beitragen kann und was für die Zunahme von Armut in Zeiten wirtschaftlicher Erholung verantwortlich ist. Ich werde im letzten Teil des vorliegenden Artikels auf diese zentrale Frage zurückkommen. Zuerst interessiert der Blick auf die Schweizer Wirtschaft und zentrale Kennzahlen des Arbeitsmarktes und der Sozialstatistik.

2. Die Schweizer Wirtschaft prosperiert – aber nicht alle profitieren davon

Für einmal sind sich der IWF[30], die OECD[31], Economiesuisse und das Staatssekretariat für Wirtschaft (SECO) einig: Der Schweizer Wirtschaft geht es gut. Zum fünften Mal in Folge belegt die Schweiz im jährlichen Ranking des World Economic Forum bezüglich Wettbewerbsfähigkeit den ersten Platz.[32] Insbesondere die makroökonomische Stabilität, die Integration der Schweizer Wirtschaft in den europäischen Wirtschaftsraum, die gute Verfassung und Transparenz der Institutionen, die hohe Dynamik des Marktes sowie die ausserordentliche Innovationskraft begründen die Spitzenposition. In der Rangliste der Weltorganisation für geistiges Eigentum ist die Schweiz gar das innovativste Land weltweit.[33] Die Superlative bezüglich der Innovations- und Wettbewerbsfähigkeit widerspiegeln sich auch im Wirtschaftswachstum.

Nach einem BIP-Wachstum von 2,0 Prozent im Jahr 2013 hält die positive Tendenz auch 2014 an. Gemäss SECO wuchs die Schweizer Wirtschaft im ersten Quartal 2014 verglichen mit dem Vorquartal mit 0,5 Prozent überdurchschnittlich.[34] Hauptimpuls für das Wachstum in der Schweiz bleibt die Binnennachfrage (vornehmlich die Bauwirtschaft und der private Konsum), während die Exporte nur schleppend zulegen. Als treibende Kraft im holprigen Exportsektor hat sich der Bereich «Pharma und Chemie» etabliert. Mit einem Anteil von 40 Prozent stellt er derzeit den wichtigsten Exportsektor der Schweiz dar. Eine nachhaltig positive Export-Trendwende ist gemäss SECO aber erst im Zuge einer Erholung der Weltkonjunktur zu erwarten, denn noch immer gilt der starke Franken als Hemmnis für eine aufblühende Exportwirtschaft. Trotzdem geht die Expertengruppe des Bundes von einem sich festigenden Konjunkturaufschwung aus. Für 2014 rechnet das SECO mit einem BIP-Wachstum von 2 Prozent, für 2015 gar mit einem von 2,6 Prozent. Risiken sehen die Konjunkturforscher vorab im fragilen Finanzsystem des Euroraumes, in neuen internationalen Konfliktherden (z.B. Ukraine), in der Überhitzung auf dem Schweizer Immobilienmarkt sowie in der unklaren zukünftigen Ausgestaltung der Beziehungen zur EU nach der Annahme der Masseneinwanderungsinitiative im Februar 2014.

Der Blick auf die Wirtschaftszahlen und Konjunkturaussichten zeigt die positive wirtschaftliche Entwicklung der Schweiz im letzten Jahr. Vor diesem Hintergrund erstaunt es umso mehr, dass die Armut in der Schweiz trotz Wirtschaftswachstum im gleichen Zeitraum zugenommen hat. Die im Juli 2014 publizierten Zahlen des Bundesamtes für Statistik zu den Einkommen und Lebensbedingungen bestätigen die anhaltende Armut in der Schweiz.[35] Mit 590 000 Betroffenen und einer Quote von 7,7 Prozent ist die Armut 2012 gegenüber dem Vorjahr sogar leicht gestiegen (+10 000). Nach wie vor sind Personen ohne nachobligatorische Bildung und Alleinerziehende überdurchschnittlich von Armut betroffen. Unter der Armutsgrenze zu leben, bedeutet für alleinstehende Personen, mit durchschnittlich 977 Franken Nahrungsmittel, Mobilität, Weiterbildungen, Kommunikation und Hygienebedarf zu bezahlen. Für eine Familie mit zwei Kindern liegt dieser Betrag bei 2090 Franken. Die Erhebungen zeigen, dass jede sechste Person in der Schweiz (17,1 Prozent) keine unvorhergesehene Ausgabe von 2000 Franken tätigen kann. Die Berechnungen verdeutlichen zudem die schwache Familienpolitik in der Schweiz. So stellen Kinder hierzulande verglichen mit den Nachbarländern ein ungleich höheres Armutsrisiko dar.

Das heisst, trotz wirtschaftlicher Prosperität und aufblühender Konjunktur bleiben rund 600 000 Personen armutsbetroffen, gar 1,19 Millionen sind armutsgefährdet. Die konstanten Armutsquoten der letzten Jahre legen nahe, dass Armut in der Schweiz zum strukturellen Problem geworden ist. Was bedeutet das für die Schweiz? Die folgenden Abschnitte liefern mit dem Blick auf den Arbeitsmarkt, die Einkommensentwicklung und wichtige Kennzahlen aus der Sozialstatistik Erklärungsansätze.

Seit den 1960er-Jahren hat sich eine ziemlich stabile «Grosswetterlage» auf dem Schweizer Arbeitsmarkt etabliert. Globalisierung und technologischer Fortschritt setzten einen wirtschaftlichen Wandel in Gang, der die Rahmenbedingungen für die Arbeitnehmenden massgeblich verändert hat. Die weltweite Öffnung der Warenmärkte verstärkte die Konkurrenz, Unternehmen mussten flexibler wirtschaften. Diese Entwicklung hat bis heute mindestens zwei Konsequenzen für die Arbeitnehmenden. Erstens treten neue, asymmetrische Arbeitsverhältnisse wie Teilzeitarbeit, Arbeit auf Abruf und Temporärarbeit an die Stelle des komfortablen bisherigen Normalarbeitsverhältnisses mit unbefristeten Verträgen, existenzsichernden Einkommen und arbeitsrechtlich garantierter Stabilität. Diese veränderten Arbeitsverhältnisse bedeuten nicht nur eine Prekarisierung der Arbeit an und für sich, sondern gehen darüber hinaus mit einer mangelhaften sozialen Absicherung einher. Zweitens resultiert aus dem technologischen Fortschritt auch ein Verlust an Arbeitsplätzen für Niedrigqualifizierte. Insbesondere die Langzeitarbeitslosigkeit ist deshalb in den letzten Jahren gestiegen. Das heisst, der Wandel auf dem Arbeitsmarkt der letzten fünfzig Jahre hat insbesondere für Niedrigqualifizierte zu grösserer Unsicherheit und Prekarität geführt. Hat sich an dieser «Grosswetterlage» im letzten Jahr etwas verändert? Was zeigt der Blick auf die jüngsten Entwicklungen auf dem Arbeitsmarkt? Lassen sich neue Trends erkennen?

Anfang 2014 zeigten sich auf dem Arbeitsmarkt zögerliche Verbesserungstendenzen. So kam es zu einer minimalen Abnahme der Arbeitslosigkeit und einem moderaten Beschäftigungswachstum.[36] Ende Juni 2014 waren gut 126 000 Personen bei Regionalen Arbeitsvermittlungsstellen (RAV) eingeschrieben. Damit sank die Arbeitslosigkeit gemäss SECO von 3,0 Prozent im Mai auf 2,9 Prozent im Juni 2014. Diese Erholung dürfte sich laut Expertinnen und Experten 2014 weiter verstärken. Für das Jahr 2014 prognostiziert das SECO eine Arbeitslosenquote von 3,1 Prozent, für 2015 gar eine von 2,8 Prozent. Der Ökonom George Sheldon von der Universität Basel spricht bei solchen Aussichten auch gerne von Vollbeschäftigung.[37] Sorgenkind bleibt die Langzeitarbeitslosigkeit. Im Vergleich zu 2013 hat sie um knapp 9 Prozent zugenommen und betrug Ende Mai 2014 17,2 Prozent. Gemäss SECO ist dies der höchste Wert in den letzten drei Jahren.

Die Bedeutung der Langzeitarbeitslosigkeit nimmt im sozialpolitischen Kontext also weiter zu. Wer aber ist vor allem von Langzeitarbeitslosigkeit betroffen? Gibt es bestimmte Personengruppen, die überdurchschnittlich gefährdet sind, langzeitarbeitslos zu werden? Genau diesen Fragen widmet sich eine Studie der Berner Fachhochschule. Sie analysiert, welche Gruppen von Arbeitslosen längerfristig auf Sozialleistungen angewiesen sind, und eruiert Risikoprofile.[38] Auf der Basis eines neuen Datensatzes mit Angaben aus der Arbeitslosenversicherung (ALV), der Sozialhilfe (SH) und der Invalidenversicherung (IV) wurden die Neubezüge aus der Arbeitslosenversicherung während einer Periode von sechs Jahren analysiert. Die Untersuchung kommt zum Schluss, dass rund jeder zehnte Arbeitslose «besonders problematische» Leistungsverläufe aufweist, das heisst zusätzlich zur oder anschliessend an die Arbeitslosenunterstützung auf Sozialhilfe angewiesen ist. Dabei spielt das Alter der Stellenlosen eine entscheidende Rolle. Die Studie illustriert, dass junge Erwachsene meist nur kurz in der Arbeitslosenversicherung bleiben. Über 45-Jährige hingegen tragen zwar ein geringeres Risiko, arbeitslos zu werden, aber wenn sie ihre Stelle verlieren, bleiben sie überdurchschnittlich lange arbeitslos und sind anschliessend häufig auf Sozialhilfe angewiesen. Neben dem Alter identifiziert die Studie die Unterhaltspflicht als wichtigen Faktor, der zu längeren Bezugsdauern und häufigerem Sozialhilfebezug führt. Übersetzt heisst das, geschiedene Personen sind stärker gefährdet, bei Arbeitslosigkeit zusätzlich oder längerfristig auf Sozialhilfe angewiesen zu sein. Nach wie vor ist die Berufsbildung ein wichtiger Faktor, um den Wiedereinstieg in den Arbeitsmarkt nachhaltig zu schaffen. Niedrigqualifizierten fällt es ungleich schwerer, wieder im Arbeitsmarkt Fuss zu fassen. Häufig finden sie sich in prekären Anstellungsbedingungen mit tiefen Löhnen oder in befristeten Anstellungsverhältnissen, welche das Risiko, sozialhilfeabhängig zu werden, markant erhöhen. Grundsätzlich halten die Autoren fest, dass eine Mehrheit der ALV-Beziehenden nur einmalig und für eine kurze Dauer Leistungen bezieht. Längere oder wiederholte Bezüge sowie solche mit komplementärer Sozialhilfe treten insbesondere bei älteren Personen, bei Geschiedenen sowie bei Personen ohne Berufsbildung auf.

Die Zahl der Aussteuerungen bestätigt den Trend hin zu zunehmender Langzeitarbeitslosigkeit.[39] So sind die Aussteuerungen 2012 im Vergleich zum langjährigen Höchstwert von 2011 (3921 Personen pro Monat) zwar auf 2686 Personen zurückgegangen, seither steigen sie jedoch wieder kontinuierlich. 2013 verloren durchschnittlich 2890 Personen pro Monat ihr Recht auf Arbeitslosenentschädigung. Die vorläufigen Zahlen von 2014 ergeben mit durchschnittlich 3121 Aussteuerungen pro Monat wiederum einen deutlich höheren Wert.

Der langjährige Trend zu mehr Langzeitarbeitslosigkeit setzte sich also fort. Insbesondere Niedrigqualifizierte, ältere Personen und Geschiedene tragen ein hohes Risiko, bei Stellenverlust den Wiedereinstieg in die Arbeitswelt zu verpassen. Das Phänomen ist nicht neu. Deshalb hat auch der Bund im Rahmen der Überprüfung der aktiven Arbeitsmarktpolitik mehrere Studien in Auftrag gegeben, die mögliche Massnahmen zur wirkungsvollen Bekämpfung von Langzeitarbeitslosigkeit analysieren. Insbesondere zwei Studien sind in diesem Kontext relevant. So zeigen Arni und Wunsch in ihrer Auswertung des Aargauer Coaching-Programms, dass intensive Betreuung und Begleitung der Arbeitslosen ihre Chancen auf Wiedereingliederung in den Arbeitsmarkt beträchtlich erhöhen.[40] In einer anderen Studie untersuchte Bonoli die Bedeutung sozialer Netzwerke für die Reintegration in den waadtländischen Arbeitsmarkt.[41] Die Untersuchung kommt zum Schluss, dass soziale Netze insbesondere für Frauen und Personen ohne nachobligatorische Bildung der entscheidende Faktor für eine erfolgreiche Arbeitssuche sind. Speziell über 45-Jährige sowie Personen mit Angehörigen, die zahlreich auf dem waadtländischen Arbeitsmarkt vertreten sind (Personen aus Portugal und Frankreich), profitieren bei der beruflichen Integration von sozialen Netzen. Die Studien weisen also mindestens zwei Wege aus der Langzeitarbeitslosigkeit: Erstens versprechen verstärkte Coaching-Programme Erfolge bezüglich der Wiedereingliederung Arbeitsloser in den Arbeitsmarkt, und zweitens ist die Bedeutung der sozialen Integration ernst zu nehmen. Die Resultate der Studie von Bonoli werfen die berechtigte Frage auf, inwiefern es in der aktivierenden Sozialpolitik eine Gewichtsverschiebung von der beruflichen zur sozialen Integration braucht.

Insbesondere Niedrigqualifizierte sind von der zunehmenden Langzeitarbeitslosigkeit betroffen. Heisst das, dass sich der Trend zum Stellenabbau in diesem Bereich im letzten Jahr fortgesetzt hat?

Immer öfter, so scheint es, werden wir als Kundin oder Kunde gezwungen, Dienstleistungen selbst auszuführen. Jüngstes Beispiel ist die Lancierung des «Subito»-Selbstscannermodells der Migros. Das Kassenangebot wird abgebaut, die Kundinnen und Kunden scannen ihre Ware selbst. Ist es nur selektive Wahrnehmung oder verschwinden tatsächlich immer mehr Jobs für Niedrigqualifizierte? Klarheit in dieser Frage schafft ein vergleichender Blick auf die Arbeitslosen- und Erwerbslosenquote. In ihren unterschiedlichen Berechnungen und Entwicklungen lassen sich Trendwenden auf dem Arbeitsmarkt frühzeitig ablesen.

Die Arbeitslosenquote des SECO berechnet sich auf der Basis jener Personen, die sich bei Regionalen Arbeitsvermittlungszentren (RAV) registrieren lassen. Sie betrug im Sommer 2014 2,9 Prozent. Im Unterschied dazu berechnet das Bundesamt für Statistik die Erwerbslosenquote nach den Vorgaben der Internationalen Arbeitsorganisation der UNO. Als erwerbslos gilt, wer ohne Arbeit ist, in den letzten vier Wochen aktiv nach einer Stelle gesucht hat und innerhalb zweier Wochen verfügbar ist. Da sich nicht alle arbeitslosen Personen bei den RAV melden und Ausgesteuerte meist nicht mitgezählt werden, liegt die Erwerbslosenquote immer höher als die Arbeitslosenquote. Ein paralleler Verlauf dieser beiden Kurven ist unproblematisch. Neu klaffen diese beiden Kurven jedoch zunehmend auseinander. Das heisst, die Erwerbslosigkeit nimmt im Unterschied zur Arbeitslosigkeit markant zu. Gemäss Bundesamt für Statistik waren im ersten Quartal 2014 4,8 Prozent oder 226 000 Personen erwerbslos.[42] Die Jugenderwerbslosigkeit ist innert Jahresfrist um 1 Prozent von 8,3 auf 9,3 Prozent gestiegen. Auch die Zahl der Langzeiterwerbslosen legte mit einem Anstieg von 33,4 auf 35,8 Prozent markant zu. Eine explorative Studie des Büro Bass bestätigt für den Kanton Bern die Tendenz, dass Arbeitslosen- und Erwerbslosenquote seit 2010 zunehmend auseinanderklaffen.[43] Insbesondere Niedrigqualifizierten fällt es gemäss der Studie zunehmend schwer, nach einem Stellenverlust wieder eine neue Arbeit zu finden. Die Studie begründet diesen Trend mit dem überproportionalen Wegfall von Stellen für Niedrigqualifizierte einerseits und mit einem starken Anstieg der Ausgesteuerten ohne Ausbildung andererseits. Die Studie bestätigt also, dass Stellen für Niedrigqualifizierte mehr und mehr vom Arbeitsmarkt verschwinden. Die Realität auf dem Arbeitsmarkt für Menschen mit geringen beruflichen Qualifikationen ist auch im letzten Jahr härter geworden.

Neben der Frage nach der Quantität der Stellenangebote auf dem Arbeitsmarkt sind aus armutspolitischer Perspektive immer auch die Anstellungsbedingungen bedeutend. Generelle Aussagen zu Entwicklungen in diesem Bereich sind zwar schwierig; dennoch geben Kennzahlen Hinweise auf sich abzeichnende Trends. So liegt beispielsweise der Anteil der Arbeit auf Abruf in den letzten Jahren konstant bei rund 5 Prozent. Mit insgesamt rund 175 000 solchen Arbeitsverhältnissen ist das Ausmass aber beträchtlich. Die Teilzeitarbeit hat im letzten Jahr nochmals an Bedeutung gewonnen. Mit einem Anteil von 36,5 Prozent Teilzeiterwerbstätigen belegt die Schweiz nach den Niederlanden im europäischen Vergleich den zweiten Rang. Knapp die Hälfte der Teilzeiterwerbstätigen verzichten aus familiären Gründen auf ein Vollzeitpensum. Auch wenn Männer in den letzten Jahren aufgeholt haben, bleibt Teilzeitarbeit in der Schweiz vornehmlich weiblich. Mehr als die Hälfte der Frauen arbeiteten 2013 Teilzeit, bei den Männern war es nur gerade jeder Siebte.[44] Insbesondere Familien profitieren vom Trend hin zu vermehrter Teilzeitarbeit. Sie ermöglicht es ihnen, Familie und Beruf besser zu vereinbaren. Teilzeitarbeit geniesst deshalb auch landesweit einen guten Ruf. Vor diesem Hintergrund wird oft vergessen, dass Teilzeitarbeit auch mit Prekarität verbunden ist. Dies insbesondere dann, wenn im Niedriglohnbereich kein existenzsichernder Lohn erwirtschaftet werden kann. Teilzeitarbeit bedeutet aber nicht nur weniger Lohn, sondern auch eine schlechtere Absicherung im Alter. Dass sich mindestens ein Fünftel der Teilzeitbeschäftigten in einer solchen prekären Lage befinden, zeigt der Blick auf die individuelle Beschäftigungssituation. Gemäss Statistik befinden sich nämlich rund 300 000 Personen der insgesamt 1,5 Millionen Teilzeitarbeitenden in Unterbeschäftigung, drei Viertel davon sind Frauen.[45] Unterbeschäftigte möchten mehr arbeiten, sind kurzfristig verfügbar, finden aber keine Stelle mit einem höheren Erwerbspensum.

Parallel zu diesen Entwicklungen auf dem Arbeitsmarkt zeichnete sich im letzten Jahr ein fragwürdiger neuer Trend im Verhalten der Unternehmen ab. Eine Studie der Universitäten St. Gallen, Zürich und Chur stellt nämlich fest, dass Unternehmen zunehmend ihre Arbeitnehmer im Herbst entlassen, sie in der Arbeitslosenversicherung «überwintern» lassen und im Frühling wieder anstellen («Rückrufpraxis»).[46] Die Untersuchung kommt zum Schluss, dass zwischen 2009 und 2011 14 Prozent aller Arbeitnehmenden (rund 68 000 Personen) nach gemeldeter Arbeitslosigkeit wieder eine Stelle beim selben Arbeitgeber antraten.[47] Diese Praxis etabliert sich nicht nur im Baugewerbe, sondern auch in der Restauration, der Landwirtschaft und in Forstbetrieben sowie in Kunst, Kultur und Erholung. Insbesondere Personen mit niedrigem Bildungsniveau und EU-Bürgerinnen und -Bürger sind betroffen. Das SECO hat angekündigt, die Kontrollen zu verschärfen, und fordert die Kantone auf, diese Praxis zu unterbinden. Unhaltbar ist sie aus mindestens zwei Gründen: Erstens kommt sie, ähnlich wie die Sozialhilfe bei den *working poor,* einer Quersubventionierung der Unternehmen durch die öffentliche Hand gleich, und zweitens fördert dieses Verhalten der Unternehmen instabile Beschäftigungsverhältnisse. Die angebotenen «Wackeljobs» steigern die Prekarität auf dem Arbeitsmarkt.

Fokus Einkommensentwicklung

Im Kontext der 1:12-Initiative der Jungsozialisten stand die Ungleichverteilung der Einkommen im letzten Jahr im Fokus. Im Vorfeld der Abstimmungen wurden zahlreiche Studien zu Tieflöhnen und Einkommensungleichheit publiziert. Nicht alle argumentierten mit den gleichen Zahlen, und die Interpretationen der Entwicklung gingen deshalb auch diametral auseinander. Die Lohnstrukturerhebung des Bundesamtes für Statistik von 2012 weist nun die jüngsten Trends bezüglich Lohnungleichheit in der Schweizer Privatwirtschaft aus.[48] In die Analyse wurden 1,5 Millionen Lohnangaben von 35 000 Unternehmen einbezogen.

Gemäss der Untersuchung des BFS belief sich der Medianlohn 2012 auf 6118 Franken. Im Vergleich zu 2010 entspricht dies einer Steigerung um 3,2 Prozent. Im Schnitt verdienten die 10 Prozent mit den tiefsten Löhnen 3886 Franken monatlich, während die 10 Prozent Bestbezahlten durchschnittlich 11 512 Franken zur Verfügung hatten. Diese Medianlöhne unterscheiden sich jedoch markant nach Branche. Während der Medianlohn im Bankwesen bei 9823 Franken lag, betrug er bei den persönlichen Dienstleistungen mit 3887 Franken deutlich weniger als 4000 Franken. Das heisst, die Hälfte aller im Bereich «persönliche Dienstleistungen» Beschäftigten verdienten 2012 weniger als 3887 Franken monatlich.

Vergleicht man das Anwachsen der Medianlöhne zwischen den Einkommensstärksten und den Einkommensschwächsten, zeigt sich eine Zuspitzung der Einkommensungleichheit. Während die Saläre der bestbezahlten 10 Prozent zwischen 2002 und 2012 um 22,5 Prozent zulegten, zeigten die Löhne der 10 Prozent Arbeitnehmenden mit der tiefsten Entlöhnung nur eine bescheidene Steigerung um 9,5 Prozent. Das heisst, der Abstand zwischen der Spitze und dem Fuss der Lohnpyramide hat sich in den letzten zehn Jahren vergrössert.

Trotz neuer Gesamtarbeitsverträge und starken Engagements der Gewerkschaften blieb der Anteil der Tieflohnstellen zwischen 2002 und 2012 relativ stabil bei 10 Prozent. Als Tieflohnstellen galten 2012 diejenigen, die mit weniger als zwei Dritteln des Medianeinkommens entlöhnt wurden. Gemäss BFS befinden sich die meisten Tieflohnstellen in den Branchen Detailhandel (19,7 Prozent), Beherbergung (38,1 Prozent) und persönliche Dienstleistungen (51,8 Prozent).

Auch das Lohngefälle zwischen Frauen und Männern hat sich 2012 wieder vergrössert und ist zwischen 2010 und 2012 von 18,4 auf 18,9 Prozent gestiegen. Dieses Lohngefälle ist nur teilweise auf unterschiedliche Arbeitsmarktprofile von Männern und Frauen zurückzuführen. Ein beträchtlicher Teil lässt sich nach wie vor nur mit der Diskriminierung der Frauen auf dem Arbeitsmarkt erklären.

Vor dem Hintergrund dieser Entwicklung stellt sich die Frage, ob und inwiefern die staatliche Umverteilung hier ausgleichend wirkt. Mit anderen Worten: Gelingt es der staatlichen Umverteilung unter dem Strich, mehr Einkommensgleichheit zu schaffen? Die jüngste Publikation des BFS weist tatsächlich in diese Richtung.[49] In dieser Analyse werden die Einkommen der 20 Prozent Einkommensschwächsten mit jenem der 20 Prozent Einkommensstärksten verglichen und es wird argumentiert, dass die zunehmende Ungleichheit grösstenteils durch staatliche Umverteilung kompensiert werden könne. Zu einem anderen Schluss kommt man, wenn man Dezile, das heisst die 10 Prozent mit dem kleinsten Einkommen, mit den 10 Prozent mit dem grössten Einkommen, vergleicht. Hier zeigt sich, dass die staatliche Umverteilung insbesondere zwischen der Erwerbsbevölkerung kaum zu einer Verringerung der Einkommensungleichheit beiträgt.[50]

Aus armutspolitischer Perspektive interessiert neben der Entwicklung der Einkommensschere aber auch, wie sich die Löhne der Niedrigverdienenden im Vergleich zu den Preisen in den Bereichen Wohnen, Energie und Gesundheit entwickelt haben. Hier zeigt eine Analyse der statistischen Daten, dass dem bescheidenen Lohnwachstum 2013 (+0,7 Prozent)[51] steigende Preise in den Bereichen Wohnen, Energie und Gesundheit gegenüberstehen.[52] Der Anstieg der Krankenkassenprämien zwischen 2012 und 2013 entspricht gar einer Reduktion des verfügbaren Einkommens um 1 Prozent. Diese Entwicklung verstärkt die prekäre Lage armutsbetroffener und armutsgefährdeter Menschen in der Schweiz.[53]

Auch ein Blick auf die *Working-poor*-Statistik gibt keinen Anlass zur Entwarnung. Die Armutsquote der Erwerbsbevölkerung stagniert seit einigen Jahren bei 3,5 Prozent.[54] Das heisst, rund 130 000 Personen können trotz Erwerbstätigkeit ihre Existenz nicht sichern. Sie leben trotz Arbeit unter der Armutsgrenze. Besonders gefährdet sind Erwerbstätige ohne nachobligatorische Ausbildung, Alleinerziehende, nicht ganzjährig Erwerbstätige sowie Personen, die im Gastgewerbe tätig sind. Auch hier tragen steigende Kosten in den Bereichen Wohnen, Mobilität und Gesundheit zur Prekarisierung bei. Die nach wie vor hohe Quote der *working poor* ist aber auch deshalb so beunruhigend, weil *working poor* meist nicht nur zu Tieflöhnen arbeiten, sondern überdurchschnittlich oft auch zu prekären Arbeitsbedingungen angestellt sind. Arbeit auf Abruf und befristete Arbeitsverhältnisse sind im Tieflohnbereich keine Seltenheit.

Fokus bedarfsabhängige Sozialleistungen

Nachdem die Sozialhilfequote während dreier Jahre stabil bei 3 Prozent lag, ist sie 2012 auf 3,1 Prozent gestiegen.[55] Damit wurden erstmals mehr als 250 000 Personen in der Schweiz von der Sozialhilfe unterstützt. Nach wie vor sind Kinder und Jugendliche mit einer Sozialhilfequote von 5,1 Prozent am stärksten in der Sozialhilfe vertreten. Sie machen insgesamt knapp ein Drittel aller Sozialhilfebeziehenden aus. Gleichzeitig wächst der Anteil der älteren Personen in der Sozialhilfe derzeit am schnellsten. Die Zunahme bei den 26- bis 35-Jährigen betrifft vor allem Alleinerziehende. Nach wie vor sind fehlende Zeitressourcen für Erwerbsarbeit (Betreuungspflichten) sowie fehlende nachobligatorische Ausbildung (57 Prozent verfügen über keine nachobligatorische Bildung) massgebliche Gründe für den Sozialhilfebezug. Der Trend, wonach städtisch geprägte Gebiete höhere Sozialhilfequoten aufweisen als ländliche, setzt sich fort. Neu ist hingegen, dass die Sozialhilfequote 2012 in keinem Kanton rückläufig war. Der jüngste Kennzahlenbericht der Städteinitiative verdeutlicht zudem, dass die Sozialhilfe zur Langzeitabsicherung geworden ist. Über mehrere Jahre betrachtet ist die Bezugsdauer von Sozialhilfe in den untersuchten 13 Städten der Schweiz von durchschnittlich 32 Monaten (2006) auf 38 Monate (2013) gestiegen.[56] Das heisst, immer mehr Menschen beziehen immer länger Sozialhilfe.

Auch der Anteil an Personen, die komplementär zur AHV oder IV Ergänzungsleistungen beziehen, hat 2013 zugenommen.[57] Ende 2013 bezogen 185 800 AHV-Rentnerinnen und -Rentner Ergänzungsleistungen. Bei der IV waren es 111 400 Personen. Während der Anteil jener, die mit Altersrente auf Ergänzungsleistungen angewiesen waren, 2013 konstant bei 12 Prozent lag, erhöhte sich der Anteil bei den IV-Rentnerinnen und -Rentnern um 1,4 auf 42,7 Prozent.

Die Zunahme der auf Sozialhilfe oder Ergänzungsleistungen Angewiesenen spiegelt die härtere Gangart in der Arbeitslosenversicherung und der Invalidenversicherung. Im Zuge der Sparbemühungen verschärften beide Sozialversicherungen in den letzten Jahren ihre Vorschriften bezüglich der Anspruchsberechtigung. Zunehmend fallen Menschen durch diese grossmaschigen Netze und müssen von der Sozialhilfe oder den Ergänzungsleistungen aufgefangen werden. Die Quoten in der Sozialhilfe und bei den Ergänzungsleistungen lägen aber noch einiges höher, würden alle Personen, die Anrecht hätten, ihren Anspruch geltend machen. Neuste Berechnungen schätzen die Nichtbezugsquote in der Schweiz auf 30 bis 50 Prozent.[58] Die Gründe für den Nichtbezug sind vielfältig. Häufig sind Schamgefühl der Betroffenen, Angst vor der detaillierten Überprüfung der wirtschaftlichen und persönlichen Verhältnisse durch das Sozialamt, administrativer Aufwand, Furcht vor dem Verlust des Aufenthaltsstatus oder mangelndes Wissen über Sozialhilfe und Ergänzungsleistungen ausschlaggebend für den Verzicht.

Im letzten Jahr stand die Situation der Generation «50 plus» zunehmend im Zentrum der Diskussionen. Während nämlich die Arbeitslosenquote der über 50-Jährigen tiefer liegt als diejenige anderer Altersgruppen, wächst ihr Anteil in der Sozialhilfe derzeit am stärksten. Gemäss Schweizerischer Sozialhilfestatistik stieg der Anteil der 56- bis 64-Jährigen in der Sozialhilfe zwischen 2011 und 2012 um 10,2 Prozent.[59] Dies deutet darauf hin, dass es für über 50-Jährige immer schwieriger wird, nach einem Stellenverlust wieder in die Erwerbswelt zurückzukehren.

Der im Herbst 2013 publizierte Kennzahlenbericht der Städteinitiative richtet ein spezielles Augenmerk auf die über 50-Jährigen.[60] Ein Blick auf die dreizehn grössten Schweizer Städte bestätigt nicht nur das gestiegene Sozialhilferisiko der Altersgruppe «50 plus» generell, sondern auch den Trend zum Langzeitbezug dieser Altersgruppe. Gut die Hälfte der über 50-Jährigen in der Sozialhilfe bleibt länger als drei Jahre. Nur gerade jeder/jedem Fünften dieser Altersgruppe gelingt es, eine neue Anstellung zu finden und sich dank intensivem Coaching von der Sozialhilfe zu lösen. Dabei handelt es sich bei den Sozialhilfebeziehenden über 50 Jahre mindestens zur Hälfte um gut ausgebildete Frauen und Männer. Ihr Ausscheiden ist also weder die Folge mangelnder Aus- und Weiterbildung noch das Resultat schlechter konjunktureller Entwicklungen. Worauf ist der Zuwachs der älteren Generation in der Sozialhilfe aber dann zurückzuführen?

Als Grund für die Zunahme der über 50-Jährigen in der Sozialhilfe nennt auch der Kennzahlenbericht die verschärfte Praxis bei der IV. So werden bei angeschlagener Gesundheit oft nur noch Teilrenten gesprochen. Eine Teilrente ist aber selten existenzsichernd, und die Chancen, eine Teilzeitstelle auf dem ersten Arbeitsmarkt zu finden, sind für IV-Rentnerinnen und -Rentner ungleich kleiner als für gesunde Menschen. Deshalb führt der Weg für gesundheitlich angeschlagene Ausgesteuerte heute vermehrt in die Sozialhilfe. Häufig beginnt genau hier der Teufelskreis: Der Kennzahlenbericht liefert nämlich die Erkenntnis, dass sich der Gesundheitszustand der Generation «50 plus» während des Sozialhilfebezugs weiter verschlechtert. Der Weg aus der Armut wird für die Betroffenen damit immer schwieriger.

Jenseits des Gesundheitsarguments wird derzeit viel über die Gründe des Ausscheidens der Generation «50 plus» aus dem Arbeitsmarkt spekuliert. Umfassende Studien zur komplexen Problemlage der Generation «50 plus» fehlen zwar bis anhin, aber einige Punkte scheinen klar. Gemäss Norbert Thom, emeritierter Professor für Organisation und Personalentwicklung der Universität Bern, ist die Lage offensichtlich: «Es gibt keiner zu, dass die Altersdiskriminierung weit verbreitet ist», aber «die Arbeitgeber rechnen eiskalt, für sie sind ältere Arbeitnehmer meist zu teuer».[61] Die Arbeitgeber übernehmen keine Verantwortung mehr, hört man. Zunehmend setzt sich ein *hire and fire* durch, wie es in der Schweiz bislang unüblich war.[62] Ist die Globalisierung daran schuld? Werden über 50-Jährige zunehmend von jungen, mobilen Arbeitskräften vom Arbeitsmarkt verdrängt? Werden sie aufgrund der hohen Lohn- und Lohnnebenkosten diskriminiert? Oder ist die Zunahme auf einen Abbau grosszügiger Frühpensionierungsprogramme zurückzuführen? Während über die Gründe noch gerätselt wird, sind die Auswirkungen längst Realität. Eine Personalberaterin berichtet: «Geht die Entwicklung so weiter, erleben wir einen Rattenschwanz an sozialen Problemen. Viele der ‹50 plus› haben Kinder in Ausbildung. Betroffene verlieren nicht nur Job und Image. Oft zerbrechen auch Beziehungen und Familie, wenn jemand keine Arbeit findet. Die Leute gehen daran kaputt.»[63] Dass sich das Problem nicht von alleine lösen wird, zeigt der jüngste Kennzahlenbericht der Städteinitiative.[64]

Ihm zufolge stagniert der Anteil der über 50-Jährigen in der Sozialhilfe auf sehr hohem Niveau. Kommt hinzu, dass ältere Sozialhilfebeziehende häufig lange in der Sozialhilfe bleiben. Eine Ablösung wird mit zunehmendem Alter immer unwahrscheinlicher.

Niedrigqualifizierte, Alleinerziehende und ältere Arbeitnehmende in der Prekarität

Die Entwicklungen im letzten Jahr bestätigen die «Grosswetterlage», die seit gut fünf Jahrzehnten vorherrscht. Trotz Wirtschaftswachstum verschwinden zunehmend Jobs für Niedrigqualifizierte. Prekäre Arbeitsverhältnisse sind auf dem Vormarsch. Dabei zeigen sich auch neue Praktiken wie die «Rückrufpraxis» der Unternehmen, welche die Arbeitslosenkassen als flexibles Instrument ihrer Beschäftigungspolitik nutzen. Gleichzeitig stieg die Langzeitarbeitslosigkeit auf 17,2 Prozent und damit auf den höchsten Wert seit drei Jahren. Vor dem Hintergrund des Stellenabbaus für Geringqualifizierte ist es wenig überraschend, dass insbesondere sie von Langzeitarbeitslosigkeit betroffen sind. Aber selbst wenn sie im Arbeitsprozess bleiben, profitieren sie nicht vom allgemeinen Einkommenswachstum. Verglichen mit anderen Einkommensklassen bleiben Lohnsteigerungen im untersten Bereich bescheiden. Wegen der höheren Kosten in den Bereichen Wohnen, Gesundheit und Mobilität kommen viele Niedriglohnbeziehende trotz Arbeit in eine prekäre Situation. Die *Working-poor*-Quote stagniert seit einigen Jahren. Rund 130 000 Personen können trotz Arbeit ihre Existenz in der Schweiz nicht sichern. Nach der Ablehnung des Mindestlohnes im Mai 2014 zeichnet sich hier mittelfristig keine Besserung ab. Darüber hinaus spitzte sich insbesondere für Geschiedene und ältere Arbeitnehmende die Situation weiter zu. Für Alleinerziehende stellen nicht nur die höheren Fixkosten eine Armutsfalle dar, auch die Vereinbarkeit von Familie und Beruf bleibt für Einelternfamilien in der Schweiz eine grosse Herausforderung. Das zunehmende Ausscheiden der Generation «50 plus» aus dem Arbeitsmarkt wird sich wohl erst in ein paar Jahren in den Armutsstatistiken spiegeln. Derzeit zeigt sich der Effekt vor allem in der Sozialhilfe, wo die Generation «50 plus» verglichen mit anderen Altersgruppen überdurchschnittlich lange bleibt. Schuld daran ist neben Verschiebungen zwischen der Invalidenversicherung und der Sozialhilfe auch das fehlende Verantwortungsgefühl der Unternehmen.

Die Analyse der Kennzahlen bringt also keine Entwarnung. Ganz im Gegenteil: Insbesondere für Niedrigqualifizierte, Alleinerziehende und ältere Arbeitnehmende herrschen zunehmend schwierige Bedingungen auf dem Arbeitsmarkt wie in den Sozialversicherungen. Da stellt sich die Frage, inwiefern die Entwicklungen auf politischer Ebene im letzten Jahr auf eine Verbesserung der Situation hoffen lassen.

3. Sozialstaat in der Krise?

Ein Grundbedarf, der seinen Namen nicht mehr verdient

Im September 2013 kommt es in Bern zu einem Dammbruch: Im Grossen Rat wird die «Motion Studer» angenommen.[65] Diese verlangt, die Ausgaben in der Sozialhilfe um 10 Prozent zu kürzen. Als erste Massnahme wurden in der Folge die Integrationszulagen im Kanton Bern gekürzt. Damit konnten die angestrebten 10 Prozent jedoch noch nicht erreicht werden. So ist davon auszugehen, dass auch der Grundbedarf gekürzt werden wird. Mit der Umsetzung der «Motion Studer» wendet sich erstmals ein Kanton von den SKOS-Richtlinien ab und untergräbt damit das soziale Existenzminimum. Für die Armutsbetroffenen kommt dies einer zusätzlichen Prekarisierung ihrer Situation gleich. Die ohnehin knappen finanziellen Mittel werden nochmals beschnitten und eine minimale Teilhabe an der Gesellschaft wird erschwert, wenn nicht gar verunmöglicht. Die konkreten Folgen der «Motion Studer» sind voraussehbar. Der Teufelskreis, in dem sich viele Betroffene befinden, wird sich verstärken. Die soziale Isolation wird zunehmen; insbesondere für Kinder hat es fatale Folgen, wenn Nachhilfeunterricht oder das Mitmachen in Sportvereinen dadurch verunmöglicht werden. Auch Arztbesuche werden aus Mangel an finanziellen Mitteln weiter herausgeschoben. Die Gesundheit verschlechtert sich. Die Beispiele verdeutlichen eines ganz klar: Der Weg aus der Armut ist schmaler geworden. Parallel zu diesen düsteren Aussichten für die Betroffenen trägt der Dammbruch in Bern aber auch eine politische Bedeutung. Bis anhin orientierte sich der Grundbedarf nämlich am Bedarf der ärmsten 10 Prozent der Schweizer Bevölkerung. Er war damit eine Bezugsgrösse mit konkreter Referenz zum Bedarf. Mit einer prozentualen Kürzung wird der Grundbedarf zu einer Bezugsgrösse, die ihrem Namen nicht mehr gerecht wird. Referenzgrösse ist dann nämlich nicht mehr der Bedarf, sondern eine willkürliche Grenze. Eine prozentuale Kürzung des Grundbedarfs bedeutet also mindestens zweierlei: Erstens verschiebt sich mit einem kleineren Grundbedarf die Armutsgrenze nach unten – Armut wird dadurch faktisch wegdefiniert –, und zweitens wird die Grenze willkürlich. Sie hat nichts mehr mit dem minimalen Bedarf der ärmsten 10 Prozent der Bevölkerung zu tun.

Im Kanton Bern formierte sich nach der Annahme der «Motion Studer» Widerstand. Besorgte Organisationen und Parteien lancierten eine Petition für ein soziales Existenzminimum. Mit gut 9000 Unterschriften wurde sie im Juni 2014 der Regierung überreicht. Die Unterzeichneten fordern den Grossen Rat in der Petition auf, das soziale Existenzminimum weiterhin zu garantieren und auf eine Kürzung der Sozialhilfe um 10 Prozent zu verzichten.[66]

Der Angriff auf das soziale Existenzminimum in Bern im letzten Jahr blieb kein Einzelfall. Nachdem bereits 2012 in verschiedenen Kantonen politische Vorstösse zur Kürzung der Sozialhilfe eingereicht wurden, gingen diese Angriffe auch 2013 und 2014 weiter.

So beschloss beispielsweise der Kanton Neuenburg eine Kürzung des Grundbedarfs für unter 35-jährige Sozialhilfebeziehende um 15 Prozent und reduzierte die Haushaltszulage für Familien. Auch der Kanton Luzern passte Anfang 2013 seine Sozialhilfeverordnung an. Die Änderung teilt die Sozialhilfebeziehenden bezüglich des Rechts auf den Grundbedarf in zwei Klassen. Wer noch keine eineinhalb Jahre in der Schweiz gearbeitet hat, erhält im Falle eines Einpersonenhaushalts gerade noch 85 Prozent des monatlichen Grundbedarfs, im Falle eines Mehrpersonenhaushalts 90 Prozent. Erste Analysen der Änderung im Kanton Luzern zeigen: Diese Reduktion trifft vor allem Alleinerziehende. In den Kantonen Schwyz und Wallis wurden im letzten Jahr Motionen eingereicht, die der «Motion Studer» fast aufs Wort gleichen. Unter dem Titel «Kostenoptimierung und Flexibilität muss auch bei der Sozialhilfe möglich sein» fordern auch sie eine Kürzung beim Grundbedarf, bei den situationsbedingten Leistungen und den Integrationsleistungen.[67] Auch die Westschweiz blieb von den Angriffen nicht ausgenommen. Neben Neuenburg reduzierte auch Genf 2014 seine Integrationszulagen (IZU) auf maximal 150 Franken. Mit dem Argument, dass alle anderen Kantone auch tiefere IZU bezahlen, wurde der Vorstoss angenommen.[68] Diese Beispiele zeigen: Die Abwärtsspirale ist nicht mehr blosse Befürchtung, sie ist im letzten Jahr zur Realität geworden.

Die Angriffe auf das soziale Existenzminimum sind ein trauriges Zeugnis. Das soziale Existenzminimum ist verhandelbar geworden. In diesem Kontext stellt sich die Frage, ob die blosse Existenz der Nothilfe, die als kurzfristige und vorübergehende Hilfe ein absolutes Existenzminimum für abgewiesene Asylbewerbende definiert, den Spielraum geöffnet hat, das soziale Existenzminimum zu reduzieren. Tatsache ist, dass mit dem Unterlaufen der SKOS-Richtlinien nicht mehr für alle Anspruchsberechtigten die gleichen Rechte gelten. Mit den Kürzungen im letzten Jahr steht die Chancengerechtigkeit auf dem Spiel. Die jüngsten Neudefinitionen des Anspruchs auf das soziale Existenzminimum kommen einer Diskriminierung bestimmter Bevölkerungsgruppen gleich. Vornehmlich die Jungen und die Alleinerziehenden bleiben aussen vor.

Im Kontext der kantonalen Abwärtsspirale ist es besonders bedauerlich, dass man auf nationaler Ebene derart zögert, eine gesamtschweizerische Lösung zu finden. Im Juni 2013 wurde das «Rahmengesetz Sozialhilfe» von den Räten abgeschrieben. Gleichzeitig beauftragte man den Bundesrat, einen Bericht zum Mehrwert eines Rahmengesetzes zu verfassen. Der Bericht wird Ende 2014 erwartet. Es bleibt zu hoffen, dass dieser die Notwendigkeit erkennt, die Abwärtsspirale zu stoppen und das soziale Existenzminimum zu verteidigen. Eine weitere Prekarisierung für die Betroffenen muss zwingend abgewiesen werden. Schliesslich geht es bei der Verteidigung des sozialen Existenzminimums nicht um einen blossen Akt der Barmherzigkeit, sondern um das Durchsetzen der Schweizerischen Bundesverfassung. In Artikel 12 formuliert diese das Recht auf Hilfe in Notlagen: «Wer in Not gerät und nicht in der Lage ist, für sich zu sorgen, hat Anspruch auf Hilfe und Betreuung und auf die Mittel, die für ein menschenwürdiges Dasein unerlässlich sind.»

Der Nationale Finanzausgleich bezweckt, die unterschiedliche finanzielle Leistungsfähigkeit der Kantone auszugleichen. Er enthält also eine solidarische Komponente. Nun werfen die neuen Zahlen zum Nationalen Finanzausgleich im Sommer 2014 hohe Wellen. Die Geberkantone kritisieren die Höhe der ihnen aufgebürdeten Kosten und fordern eine Überprüfung des Instruments. Vermehrt äussern sie die Ansicht, dass sich Nehmerkantone selbst um eine Steigerung ihres Ressourcenpotenzials kümmern müssten. Derweil zeigt ein Blick auf die Finanzen der Kantone eine zunehmende Schieflage. Jeder zweite Kanton wies 2013 ein Defizit aus. Trotz zahlreicher «Fitnessprogramme» ist es ihnen nicht gelungen, ihre Finanzlage ins Lot zu bringen.[69] Schuld daran ist – das bestätigt eine Erhebung der eidgenössischen Steuerverwaltung – der kantonale Steuerwettbewerb. Dieser hat nämlich trotz neuem Finanzausgleich zwischen 2004 und 2012 zugenommen.[70] Dies zeigt sich beispielsweise in der Steuerlast für Einkommensmillionäre. Sie ging in fast allen Kantonen zurück. Schwyz, Zug und Nidwalden bleiben die attraktivsten Destinationen für Ehepaare mit einer Million Franken Einkommen. Es sind just diese Innerschweizer Kantone, die das *race to the bottom* bezüglich Steuersätzen anheizen. Beispiele für eine Reduktion der Handänderungssteuer sowie der Motorfahrzeugsteuer finden sich aber auch im Kanton Bern. Letztere riss 2012 ein Loch von 120 Millionen Franken in die Kantonskasse. Die finanzielle Schieflage hat jüngst in einigen Kantonen auch zu Diskussionen über Steuererhöhungen geführt. St. Gallen und Luzern sahen sich im letzten Jahr genau dazu gezwungen. Im Mai 2014 folgte zähneknirschend der Kanton Schwyz. Trotzdem bleibt er für Einkommensmillionäre der günstigste Kanton.[71] Für viele Kantone kommen jedoch trotz Defizit keine Steuererhöhungen in Frage. Dies bedeutet letztlich nichts anderes, als dass Kosten eingespart werden müssen. Auf die Kantone kommen deshalb in naher Zukunft Sparprogramme zu. Was dies für die armutsbetroffene und armutsgefährdete Bevölkerung bedeuten kann, zeigt das Beispiel des Kantons Bern.

Nach langen Verhandlungen, die wiederholt in Proteste mündeten, verabschiedete der Kanton Bern im Herbst 2014 sein Sparprogramm. Massiv gekürzt wurde bei den Krankenkassenprämienverbilligungen. 47 000 Personen verloren 2014 ihr Recht auf eine Prämienverbilligung, 2015 werden weitere 13 000 Personen hinzukommen. Im Durchschnitt werden pro Person 500 Franken gespart. Für eine Familie kann dies im Jahresschnitt durchaus heissen, einen Monatslohn weniger zur Verfügung zu haben. Es trifft insbesondere Alleinerziehende und Familien mit niedrigem Einkommen. Trotz heftigem Widerstand der linken Parteien hat sich die Sparmassnahme bei den Prämienverbilligungen im Grossen Rat durchgesetzt. Die 14 Tage dauernde, heftige Parlamentsdebatte macht etwas besonders deutlich: Wer keine Lobby hat, kann sich nicht wehren, und armutsbetroffene Menschen in der Schweiz haben keine Lobby. Oder wie es «Der Bund» formulierte: «Wer lautstark protestierte, hat gewonnen.»[72] Während die Sparvorhaben im Behindertenbereich aufgrund grosser Proteste abgelehnt wurden, wehren sich armutsbetroffene Familien nicht öffentlich. Es ist anzunehmen, dass ein Teil der Personen, welche ihr Anrecht auf Prämienverbilligung verlieren, finanziell nicht mehr über die Runden kommen.

Unter diesen Vorzeichen verheisst auch die anstehende Unternehmenssteuerreform III nichts Gutes. Sie wird die Kantone zusätzlich unter Druck setzen. Es ist zu befürchten, dass weitere kantonale Sparprogramme den allfälligen Steuererhöhungen vorgelagert werden. Aus armutspolitischer Optik ist dies höchst problematisch. Denn der Steuerwettbewerb hat nicht nur den Kuchen in der Schweiz ungleicher zwischen Vermögenden und Armen verteilt, er führt auch dazu, dass die Kantone ihre sozialpolitischen Aufgaben mit dem Argument des Spardrucks nicht mehr wahrnehmen.

Die Angriffe auf das soziale Existenzminimum unterlaufen den Sozial- und Rechtsstaat

Betrachtet man die Debatten der letzten zwei Jahre mit etwas Distanz, fällt insbesondere die zunehmende Kostenargumentation im Sozialbereich auf. Sowohl in der medialen Berichterstattung als auch in den politischen Debatten dominieren Finanzargumente. Während bei Diskussionen über Armut in Entwicklungsländern oft auf die Menschenrechte rekurriert wird und menschliche Sicherheit, Gesundheits- und Ernährungssicherheit zentrale Referenzpunkte in der Diskussion bilden, wird Armut in der Schweiz mit hohen Kosten, Schmarotzertum und Missbrauch verbunden. Dabei gehen mindestens zwei Dinge vergessen. Erstens haben wir als Land mit dem höchsten Pro-Kopf-Vermögen weltweit das Recht auf Hilfe in Notlagen in der Bundesverfassung (Artikel 12) verankert. Das heisst, die laufenden Angriffe auf das soziale Existenzminimum in den Kantonen unterlaufen den Sozial- und Rechtsstaat. Sie führen zu willkürlichen Armutsgrenzen und zur Diskriminierung bestimmter Bevölkerungsgruppen. Der Weg aus der Armut verengt sich damit für alle Betroffenen. Zweitens müssen die vielzitierten und kritisierten Zahlen der Sozialhilfe ins rechte Licht gerückt werden. Im Vergleich zu den Sozialversicherungsausgaben insgesamt macht die wirtschaftliche Sozialhilfe nämlich lediglich 1,5 Prozent aus.[73] Die lautstarken Diskussionen und Angriffe auf die Sozialhilfe täten gut daran, dieses Verhältnis nicht auszublenden.

4. Zur Ökonomie der Ungleichheit

Welches Bild zeigt sich nun, wenn wir die gewonnenen Erkenntnisse aus der Analyse der statistischen Daten und der sozialpolitischen Diskurse in der Schweiz in laufende ökonomische Debatten einbetten? Das letzte Kapitel des Rückblicks widmet sich dieser Frage. Im Zentrum steht die These der Ökonomie der Ungleichheit des französischen Ökonomen

Thomas Piketty, die derzeit einen Popularitätsschub erfährt. Nach einer allgemeinen Auslegeordnung der Argumente fragt das letzte Kapitel des Rückblicks nach der Bedeutung der Erkenntnisse für die Schweiz und legt dar, warum wir uns aus armutspolitischer Perspektive mit der Ungleichheit von Einkommen und Vermögen auseinandersetzen müssen.

Die Vermögensungleichheit verstärkt sich selbst

Im Gegensatz zur Einkommensungleichheit, die in vielen Ländern Europas Diskussionen auslöste, führte die Vermögensungleichheit sowohl in politischen als auch wissenschaftlichen Debatten in den letzten Jahren ein Schattendasein. Mit der Publikation «Capital in the twenty-first century» von Thomas Piketty hat sich dies schlagartig geändert.[74] Piketty stellt in seiner Analyse die Frage ins Zentrum, wie sich Vermögensungleichheit historisch in unterschiedlichen Ländern Europas entwickelt hat und was wir daraus für die Zukunft lernen können. Er untersucht, warum die Schere in Europa auseinandergeht, ob dies gerechtfertigt ist und wie sich die Vermögensungleichheit künftig entwickeln wird.

Pikettys zentrale Erkenntnis lautet, dass sich Kapital in kapitalistischen Gesellschaften schneller akkumuliert, als die Wirtschaft wächst, und sich das Vermögen deshalb in einem immer grösseren Ausmass in den Händen der Reichsten konzentriert. Dies deshalb, weil die Kapitalrendite über lange Zeit betrachtet höher ist als die ökonomische Wachstumsrate. Das heisst, die Gewinne aus Vermögen übersteigen die Wirtschaftswachstumsraten. Deshalb übertreffen die Einkommen aus Vermögen künftig die Einkommen aus Erwerbsarbeit. Gesamtwirtschaftlich betrachtet machen die Erträge aus Vermögen einen immer grösseren Teil des Volkseinkommens aus. Ganz nach dem Motto «Wer hat, dem wird gegeben» führt dies zu einer Akkumulation der Vermögen in den Händen weniger. Diese Entwicklung verstärkt sich zunehmend, denn je vermögender eine Person ist, desto leichter fällt es ihr, hohe Kapitalrenditen zu erzielen und dadurch verglichen mit dem Durchschnitt überproportional am Kapital zu verdienen. Ausschlaggebend in diesem Prozess ist nicht zuletzt, dass die Vermögendsten Beraterinnen und Berater beschäftigen können, die ihr Kapital zu bestmöglichen Konditionen anlegen. Ihr Reichtum erlaubt es ihnen, grössere Risiken einzugehen und damit höhere Renditen zu erzielen.

Diese Entwicklung, und das hebt Piketty hervor, ist nicht auf ein Marktversagen zurückzuführen. Ganz im Gegenteil: Je besser der Kapitalmarkt funktioniert, desto grösser ist der Unterschied zwischen Wirtschaftswachstum und Kapitalrendite. Erst eine Sättigung der Kapitalmärkte stoppt diese Entwicklung. Pikettys Berechnungen zufolge tritt eine Sättigung der Kapitalmärkte jedoch erst dann ein, wenn das Verhältnis der Kapitalrendite zum Wirtschaftswachstum den Faktor 7 erreicht hat. Derzeit liegt das Verhältnis in den Industrieländern zwischen 5 und 6. Eine Kapitalrendite, die das Wirtschaftswachstum um das Siebenfache übersteigt und gemäss Piketty die Kapitalkonzentration bremsen würde, käme einer Vermögenskonzentration gleich, wie sie Europa im 19. Jahrhundert gekannt hat.

Der Mehrwert von Pikettys Analyse liegt nicht zuletzt in seiner historischen Perspektive. Im Rückblick auf die letzten hundert Jahre zeigt er, dass die Ungleichheit in Europa in der Zwischenkriegszeit abgenommen hat. Nach dem Zweiten Weltkrieg erreichten die Länder Europas ihren höchsten Grad an Gleichheit. Kurz darauf setzte aber der stete Prozess zur Akkumulation des Kapitals wieder ein. Im Zuge dieser Entwicklung boten progressive Steuern, Mindestlöhne und Sozialprogramme passende Umverteilungsinstrumente, um die fortschreitende Ungleichheit zu dämpfen. Piketty zeigt auf, wie der Abbau der Umverteilungsmassnahmen in den 1980er-Jahren die Ungleichheit exponenziell anwachsen liess. Heute stellt sich für den Ökonomen zunehmend die Frage, inwiefern dieser Prozess der fortschreitenden Ungleichheit – oder, anders formuliert, die zunehmende Bedeutung der Vermögen – als «fair» bezeichnet werden kann, denn Erbschaften werden in diesem Prozess eine immer wichtigere Rolle spielen. Piketty zeigt in seinen Berechnungen für Frankreich, dass der Anteil des geerbten Vermögens am Gesamtvermögen von 70 Prozent 2020 auf 90 Prozent im Jahr 2050 steigen wird. Dies ist insofern inakzeptabel, als es dem Prinzip widerspricht, dass Ungleichheit aus Arbeit und Anstrengung hervorgeht und nicht aus Verwandtschaft und Renten. Gemäss Piketty transformiert sich die Gesellschaft zunehmend in Richtung einer Oligarchie, die von Erbdynastien beherrscht wird. Der Platz des Einzelnen in der Gesellschaft wird verstärkt durch seine Herkunft bestimmt, was Chancengleichheit und soziale Gerechtigkeit verunmöglicht.

Die Folgen dieser Entwicklung sind laut dem Ökonomen kontinuierlich wachsender Unmut und politischer Widerstand. Piketty fordert denn auch, den Trend mit einer progressiveren Besteuerung auf Kapital zu stoppen. Die Kapitalsteuer müsse idealerweise global umgesetzt werden, damit die Reichsten ihr Vermögen nicht einfach in andere Länder mit niedrigeren Steuern transferieren. Piketty ist sich derweil bewusst, wie schwierig eine solche globale Lösung zu erreichen ist. Deshalb schlägt er regionale Lösungen vor, in denen die konkrete Höhe und die Ausgestaltung der Steuern im demokratischen Prozess ausgehandelt werden. Seiner Meinung nach gibt es keine mathematische Formel für faire Steuern. Am gerechtesten wäre jedoch, die Kapitalrenditen zu berücksichtigen und über einen gewissen Zeitraum Steuerprozente festzulegen. Piketty weiss um die Provokation, die seine Forderung nach einer globalen Kapitalsteuer für einige Ökonomen darstellt, die sich vehement gegen solche Staatseingriffe zur Wehr setzen. Er kommt in seiner Analyse aber zum Schluss, dass die globale Kapitalsteuer ökonomische und soziale Entwicklungen weit weniger gefährdet als die Alternativen, die da sind: Protektionismus, Nationalismus und ein Auseinanderbrechen der Gesellschaft – Entwicklungen, die wir seiner Meinung nach nicht beabsichtigen können.

Laut Piketty kommen wir also nicht umhin, Umverteilungsinstrumente einzuführen. Just diese stehen aber in der klassischen Ökonomie seit je in der Kritik. Sie vertrat bisher die Überzeugung, dass wirtschaftliche Ungleichheit kein Problem an und für sich darstelle. Vielmehr argumentiert sie, dass Ungleichheit das positive Ergebnis besonderer Leistung und persönlich übernommener Risiken sei und letztlich zum Erfolg der Märkte und zur Nutzenerhöhung für die gesamte Gesellschaft beitrage. In dieser Logik sind Umverteilungsmassnahmen schädlich, weil sie zu einer Verzerrung der Anreize führen, damit das Wirtschaftswachstum schwächen und schliesslich in einem kleineren Kuchen für alle resultieren. Vor dem Hintergrund der aufblühenden Diskussionen zur Ungleichheitsentwicklung hat sich im letzten Jahr der IWF der Frage angenommen, inwiefern staatliche Umverteilung das Wirtschaftswachstum bremst.[75] Eine IWF-Studie analysierte erstmals die Wirkung der Umverteilung auf das Wirtschaftswachstum auf der Basis empirischer Daten verschiedener Länder. Die Resultate widerlegen die Annahmen der klassischen Ökonomie und sind in mindestens zweierlei Hinsicht erstaunlich. Erstens zeigt die Forschung, dass sich Ungleichheit schädlich auf das Wirtschaftswachstum auswirkt. Länder mit geringerer Ungleichheit weisen in der Regel ein höheres Wirtschaftswachstum auf. Zweitens bremsen Umverteilungsmassnahmen das Wirtschaftswachstum nur unwesentlich. Der Gesamteffekt für das Wachstum ist positiv, wie die IWF-Studie betont: «It would be a mistake to focus on growth and let inequality take care of itself, not only because inequality may be ethically undesirable but also because the resulting growth may be low and unsustainable.»[76]

Dennoch raten die Verfasser der Studie zur Zurückhaltung bezüglich der Interpretation der Ergebnisse. Man wisse aus der Geschichte, dass die Umverteilung ab einem gewissen Ausmass negative Effekte auf das Wirtschaftswachstum habe und ab einem bestimmten Grad der Gleichheit das Wachstum ebenfalls stagniere. Die Umverteilung sei deshalb so effizient wie möglich zu gestalten.

Gleichwohl erlaubt der Blick auf das grosse Ganze eine positive Schlussfolgerung: «Extreme caution about redistribution – and thus inaction – is unlikely to be appropriate in many cases.»[77] Das heisst, zwischen Umverteilung und Wachstum besteht kein zwingender Widerspruch. Ganz im Gegenteil: Umverteilung fördert in der Realität meist das Wachstum. Diese Einschätzung teilt der Ökonom und Nobelpreisträger Joseph Stiglitz.[78] Er zeigt, dass die USA dann am stärksten prosperierten, als sich der Abstand zwischen Arm und Reich dank staatlicher Umverteilung verringerte. Laut Stiglitz sollte die wachsende Kluft zwischen Arm und Reich deshalb auch die Superreichen beunruhigen.

Schon 2012 sorgten Wilkinson und Pickett mit ihrem Buch «Gleichheit ist Glück – Warum gerechte Gesellschaften für alle besser sind» für eine Diskussion, die den Zusammenhang zwischen dem Wirtschaftswachstum und der Steigerung der Lebensqualität in Frage stellte.[79] Die britischen Forscher gingen der Frage nach, warum vergleichbar reiche Gesellschaften derart grosse Unterschiede bezüglich der Lebensqualität aufweisen. Mit anderen Worten: Warum geht es reichen Ländern nicht durchwegs besser als armen? Für ihre Analyse werteten sie Dutzende von Studien aus. Dabei kamen sie zu einem brisanten Ergebnis: Gesundheit, Bildungschancen und Lebenserwartung etwa korrelieren weniger

mit dem Durchschnittseinkommen in einer Gesellschaft – dem durchschnittlichen Wohlstand also – als mit der sozialen Ungleichheit – dem Grad der Einkommensspreizung –
einer Gesellschaft. Laut Wilkinson und Pickett hat sich das Wirtschaftswachstum als Motor
für den Fortschritt in Wohlstandsgesellschaften erschöpft: «Hat ein Land ein bestimmtes
Mass an materiellem Lebensstandard erreicht, nimmt die positive Wirkung weiterer Wirtschaftswachstums auf das Leben der Einzelnen ab.»[80] Ausschlaggebend für die Lebensqualität in einem Land beziehungsweise für dessen soziale und gesundheitliche Probleme sind
nicht die Durchschnittseinkommen, sondern die Einkommensunterschiede. «Die Probleme in den reichen Ländern erklären sich nicht aus zu wenig oder zu viel Reichtum,
sondern aus dem sehr starken Wohlstandsgefälle innerhalb dieser Gesellschaften. Entscheidend ist, wie gross der Abstand des Einzelnen zu den anderen Mitgliedern seiner Gesellschaft ist.»[81] Dabei beeinflusst die Ungleichheit – und das ist zentral – nicht nur die Lebensqualität der Armen in einem Land, sondern die Lebensqualität aller Mitglieder in einer
Gesellschaft.

Wie kommen Wilkinson und Pickett zu diesem Schluss? In ihrer Analyse untersuchten sie zahlreiche soziale Probleme verschiedener Wohlstandsgesellschaften. Sie wiesen
nach, dass Ängste und Depressionen in ungleichen Gesellschaften überproportional
ansteigen, Ungleichverteilung das Vertrauen in einer Gesellschaft untergräbt, Frauen bei
grösserer Ungleichverteilung in der Gesellschaft schlechtergestellt sind, die Volksgesund-
heit bei gleichmässiger Verteilung markant besser ist (ungeachtet der Ausgaben für das
Gesundheitswesen und der Verfügbarkeit moderner Medizin) und ungleiche Gesellschaften mit einer geringen sozialen Mobilität korrelieren. «Die Ungleichheit scheint die Gesellschaft undurchlässiger zu machen und Bewegungen auf der sozialen Stufenleiter zu
erschweren», folgern Wilkinson und Pickett.[82] Bourdieu bezeichnete dieses Phänomen
seinerzeit als «symbolische Gewalt». Zunehmende Einkommensungleichheit führt demnach zu verhärteten sozialen Strukturen und sinkender Chancengleichheit.

Nach Wilkinson und Pickett brauchen wir eine Transformation der Gesellschaft, was
im Interesse aller läge, da ein Abbau der Ungleichheit schliesslich die Lebensqualität aller
Mitglieder einer Gesellschaft verbessern würde. Es sei wichtig, zu erkennen, dass die zahlreichen Probleme von Wohlstandsgesellschaften heute ihren Ursprung in der Ungleichverteilung der Einkommen haben. Dies müsse nun angegangen werden. Dabei sei nicht
so entscheidend, welchen Weg man einschlage, ob man beispielsweise die Bruttoeinkom-
mensunterschiede verkleinere oder die Steuern progressiver ausgestalte, wichtig sei, dass
die Ungleichheit reduziert werde.

Stellt man die neusten Erkenntnisse von Piketty zur zunehmenden Vermögensungleichheit in diesen Kontext, bestätigt sich der Verdacht von Wilkinson und Pickett:
«[…] dieser Wandel wird sich nicht ohne weiteres einstellen»[83], «eine bessere Gesellschaft
kommt nicht von selbst […]».[84]

Kaum etwas wurde im letzten Jahr kontroverser diskutiert als die Einkommensungleichheit in der Schweiz. Die neusten Studien des BFS zeigen, dass sich die Einkommensschere in der Schweiz weiter öffnet und im Vergleich mit den Nachbarländern einzig Italien eine ungleichere Einkommensverteilung aufweist.[85] Auch wird die Ungleichheit in der Schweiz weit weniger durch Umverteilung reduziert als in anderen Ländern.[86] Trotzdem wird die Schweiz in den Medien meist als Hort der Stabilität bezeichnet. Die Einkommensschere öffne sich nicht, die Mittelschicht sei stabil.[87] Wie kommen die Autoren zu diesem Schluss?

Nach Hümbelin und Farys von der Fachhochschule Bern ist die ungenügende Qualität der Daten des Bundesamtes für Statistik dafür verantwortlich, dass die Ungleichverteilung der Einkommen in der Schweiz nicht in ihrem vollen Ausmass erfasst wird.[88] Bei der Statistik des BFS handle es sich nämlich um eine Stichprobenerhebung. Diese gebe die Situation verzerrt wider, «weil einkommensschwache Personen seltener an Befragungen zur Einkommenssituation teilnehmen».[89] Für eine Beurteilung der Ungleichheit wäre aber ein repräsentatives Sample zentral. Hümbelin und Farys analysieren die Entwicklung der Ungleichheit in der Schweiz deshalb auf der Basis von Steuerdaten.[90] Sie zeigen, dass die Ungleichheit Anfang der 1950er-Jahre am geringsten war und anschliessend bis 1971 auf historische Höchstwerte stieg.[91] Augenfällig ist insbesondere das rasante Wachstum der Ungleichheit in den 2000er-Jahren.[92] Auch für die Schweiz gilt, was Piketty für andere europäische Länder festgestellt hat, dass Phasen des Wirtschaftswachstums mit einer Zunahme der Ungleichheit und Phasen der Krise mit einer Reduktion der Ungleichheit einhergehen. Erklärt wird dies mit dem Rückgang der Einkünfte der Reichen in Zeiten wirtschaftlicher Baisse. Schub erhält die Ungleichheit derweil von der schwachen Steuerprogression für Einkommensmillionäre. Eine Nationalfondsstudie, welche die kantonalen Einkommenssteuern der Vermögendsten untersucht, kommt gar zum Schluss, dass sich die Steuerprogression bei einem Einkommen von über einer Million Franken in der Schweiz in eine Degression verkehrt.[93] Das heisst, anstatt zu wachsen, sinkt die prozentuale Belastung mit steigendem Einkommen in der Schweiz. Dennoch konnte die Schweiz – das zeigt die Studie der Fachhochschule Bern – die Krisen bis anhin ohne Verarmung breiter Bevölkerungsschichten überstehen. Die Forscher sind überzeugt, dass dies dem guten System der sozialen Sicherheit zu verdanken ist. Vor dem Hintergrund der jüngsten Entwicklungen, des Abbaus der Sozialhilfe und der Verschärfungen bei ALV und IV stellen sich aber Zweifel ein, ob uns dies auch künftig gelingen mag.

Anders als bei der Einkommensverteilung sind die Fakten bei der Vermögensverteilung unbestritten. Frau und Herr Schweizer verfügten auch 2013 mit 460 000 Franken über das höchste Durchschnittsvermögen weltweit.[94] Gleichzeitig sind die Vermögen in der Schweiz extrem ungleich verteilt. Gemäss Vermögensstatistik besitzen die ein Prozent Reichsten mehr als 40 Prozent des gesamten Vermögens, während gut ein Viertel der

Schweizer Bevölkerung gar kein Vermögen besitzt.[95] In den vergangenen Jahren ist die Vermögenskonzentration stetig fortgeschritten. Dies auch deshalb, weil die Reichsten im Gegensatz zu den Nichtvermögenden massiv an Vermögen zugelegt haben. 2013 besassen die Reichsten 300,564 Milliarden Franken.[96] Das ist ein Zuwachs von 52 Milliarden oder mehr als 10 Prozent. Der Anteil der Reichsten am Gesamtvermögen wächst damit auch in der Schweiz. Beeindruckend illustriert dies folgende Tatsache: «Die drei reichsten Bewohner der Schweiz besitzen heute mehr Vermögen als die hundert reichsten vor 25 Jahren.»[97]

Hans Kissling, der ehemalige Leiter des Zürcher Statistikamts, sprach bereits 2008 von einer «Feudalisierung» der Schweiz.[98] Nicht überraschend äusserte er sich als einer der Ersten zur Bedeutung der Erkenntnisse Pikettys für die Schweiz.[99] Kissling nennt drei Gründe für die grosse Vermögenskonzentration in der Schweiz. Erstens blieb die Schweiz vom Zweiten Weltkrieg verschont, der in den umliegenden Ländern die Vermögenskonzentration stoppte und zu einer gerechteren Verteilung beitrug. Zweitens, so argumentiert Kissling, hätten die tiefen Einkommens- und Unternehmenssteuern eine stetige Zuwanderung von (Super-)Reichen bewirkt. Und drittens sei die geringe Besteuerung der Erbschaften an der zunehmenden Konzentration schuld. Erbschaftssteuern wurden im Zuge des Steuerwettbewerbs in den vergangenen Jahren zunehmend abgeschafft. Kissling stellt die Vermögenskonzentration durch Erbschaften eindrücklich dar: «In Zahlen bedeutet das, dass in den kommenden dreissig Jahren rund 900 Personen jeweils mehr als 100 Millionen Franken erben werden. Davon kommen 120 Personen in den Genuss eines Erbes von einer Milliarde Franken oder mehr. Anders ausgedrückt: Jede zweite Woche erbt jemand mehr als 100 Millionen, und jeden dritten Monat erbt jemand eine Milliarde Franken oder mehr. [...] Den Erben fällt ein Vermögen zu, das umfangmässig dem Reichtum mittelalterlicher Fürsten gleichkommt. Es ist keine Übertreibung, von feudalen Verhältnissen zu sprechen.»[100] Das zentrale Problem dieser Vermögenskonzentration sieht Kissling in der damit einhergehenden Konzentration von Macht. So können Superreiche mit einem kleinen Anteil ihres Vermögens grossen Einfluss auf die Politik nehmen. Die Erkenntnisse Pikettys seien deshalb im Besonderen auch für die Schweiz bedeutend. Laut Kissling kommt die Schweiz nicht umhin, sich in naher Zukunft folgende Fragen zu stellen: «Sollen die Superreichen in unserem Land immer reicher werden? Wollen wir eine Gesellschaft, in der eine kleine Schicht sehr reicher Leute einen zunehmenden Einfluss auf wirtschaftliche, gesellschaftliche und politische Entscheidungen ausübt und ihre Macht durch Vererbung über weitere Generationen erhalten kann?»[101] In Anlehnung an Piketty fordert Kissling eine stärkere Besteuerung der höchsten Einkommen. Darüber hinaus ortet er Handlungsbedarf bei Spenden für Abstimmungsvorlagen. Diese müssten, so Kissling, auf einen maximalen Umfang begrenzt werden.

Andere sehen den Ausweg aus der fortschreitenden Ungleichheit in der Einführung einer nationalen Erbschaftssteuer.[102] Auch Schweizer Ökonomen können dieser Idee etwas abgewinnen. Denn im Vergleich mit anderen Steuern handle es sich bei der Erbschaftssteuer um eine faire Steuer. Sie würde die Anreize zur Marktteilnahme kaum verzerren und die Startchancen würden durch Umverteilung angeglichen. Kritiker einer Erbschaftssteuer hingegen befürchten, dass eine solche zu einer Abwanderung der Vermögenden führen würde. Eine Analyse der Universität Lausanne kann diese Besorgnis aber entkräften. Die Studie zeigt, dass ältere Reiche nicht von ihrem Wohnort in einen anderen Kanton umziehen, selbst wenn Erbschaftssteuern erhoben werden.[103] Auf internationaler Ebene, auch das zeigt die Studie, ist die Mobilität gar noch tiefer. Das heisst, die Argumentation, dass Reiche immer das steuergünstigste Domizil aussuchen, stimmt zumindest für die Erbschaftssteuer nicht. Die ältere Generation ist äusserst sesshaft.

Warum uns Ungleichheit beschäftigen muss

Die Frage, warum man sich aus Armutsperspektive mit Einkommens- und Vermögensungleichheit beschäftigen muss, ist durchaus berechtigt. Schliesslich handelt es sich bei der Ungleichheit um ein gesellschaftliches Verhältnis, bei der Armut aber um eine konkrete, bedarfsabhängige Grenze. Die Beschäftigung mit der Ökonomie der Ungleichheit zeigt nun aber, dass Ungleichheitsentwicklungen auch für die Armutspolitik relevant sind, und dies mindestens aus zwei Gründen.

Erstens wachsen das Hierarchiegefälle und die politische Machtkonzentration in ungleichen Gesellschaften. Vermögende verfügen zunehmend über Mittel, ihre Anliegen mittels struktureller Gewalt durchzusetzen. Für Menschen ohne politische Lobby – und das ist, wie ich gezeigt habe, bei Armutsbetroffenen besonders der Fall – verheisst das nichts Gutes. Ihre Anliegen und Bedürfnisse werden im Schatten der finanzstarken Politikelite immer unsichtbarer. Ein Armutsbetroffener schildert das folgendermassen: «Schweizer schauen weg, wenn es um Armut geht. Auch die Politiker schauen gerne weg.»[104] Zweitens zeigen die Studien von Wilkinson und Pickett, dass ungleiche Gesellschaften für alle schlechter sind. Soziale Probleme spitzen sich zu. Die Lage Armutsbetroffener in ungleichen Gesellschaften wird prekärer.

Die zunehmende Ungleichheit gefährdet die soziale Stabilität der Schweiz. Neben der vielzitierten Wettbewerbsfähigkeit und der liberalen Arbeitsmarktpolitik geht leicht vergessen, dass auch sie ein zentraler Standortvorteil der Schweiz ist. Soziale Stabilität ist aber nicht umsonst zu haben. Sie setzt voraus, dass sich auch sozial und finanziell benachteiligte Menschen an der Gestaltung der gesellschaftlichen Spielregeln beteiligen können. Mit der zunehmenden Ungleichheit ist dies jüngst auch in der Schweiz schwieriger geworden. Es besteht Handlungsbedarf.

Ungleichheit und Armut aktiv bekämpfen!

Die Armut in der Schweiz verschwindet nicht von allein. Auch nicht bei wirtschaftlicher Prosperität. Vielmehr ist Armut zum strukturellen Problem geworden. Insbesondere Niedrigqualifizierte, Alleinerziehende und zunehmend die Generation «50 plus» rutschen unter die Armutsgrenze. Der Verlust von Stellen für Niedrigqualifizierte, die nach wie vor schwierige Vereinbarkeit von Familie und Beruf für Alleinerziehende, die Gesundheit der über 50-Jährigen und die Verschärfungen bei der ALV und IV sind die zentralen Gründe für Armut in der reichen Schweiz. Zunehmend trifft es bei den über 50-Jährigen auch gut qualifizierte Männer und Frauen.

Auf dem Arbeitsmarkt profitieren hauptsächlich gut Verdienende von der wirtschaftlichen Hochkonjunktur. Schlechtverdienende werden abgehängt, während die Kosten für Wohnen, Mobilität und Gesundheit laufend steigen. Zunehmend bestimmen prekäre Arbeitsverhältnisse ihren Alltag. Vor diesem Hintergrund erstaunen die 130 000 *working poor* nicht.

Die Analyse der Kennzahlen lässt keine Entwarnung zu, und der Blick auf die sozialpolitischen Debatten gibt zur Sorge Anlass. In der Diskussion über die Sozialhilfe wurde nicht nur die Rhetorik, sondern auch die Praxis schärfer. Der Weg aus der Armut ist schmaler geworden. Mit den Angriffen auf das soziale Existenzminimum wird das Recht auf Hilfe in Notlagen zunehmend unterlaufen. Das Kostenargument scheint die Unterhöhlung des Systems der sozialen Sicherheit zu rechtfertigen. Heisst das nun, dass die oligarchischen Gesellschaftsverhältnisse – die Prophezeiung Pikettys für die nahe Zukunft – in der Schweiz bereits Tatsache sind?

Wo immer wir im Prozess der Vermögensakkumulation stehen mögen, Umkehr ist notwendig. Eine weniger ungleiche und gerechtere Gesellschaft kommt nicht von allein. Die neusten Studien machen deutlich: Das Wirtschaftswachstum war und ist kein Allerheilmittel gegen Armut und Ungleichheit. Im Gegenteil: Werden die Märkte sich selbst überlassen, treiben sie die soziale Spaltung voran. Es gilt deshalb, klare Zeichen zu setzen. Die Erbschaftssteuerreform ist ein gangbarer Weg, um der zunehmenden Ungleichheitsentwicklung entgegenzuwirken. Um der Armut vorzubeugen und sie zu bekämpfen, müssen strukturelle Hindernisse für mehr Chancengerechtigkeit beseitigt werden. Zahlreiche Massnahmen drängen sich auf. Dazu gehören Anstrengungen im Bildungsbereich wie die frühe Förderung, um bereits den Kindern bessere Ausgangsbedingungen zu gewähren, die Verbesserung der Vereinbarkeit von Familie und Beruf auch für Alleinerziehende, Familienergänzungsleistungen und die Entprekarisierung der Arbeitsverhältnisse.

Anmerkungen

1 http://www.bfs.admin.ch/bfs/portal/de/index/news/medienmitteilungen.html?pressID=9582 (21.7.2014).
2 NZZ vom 6.1.2014: Klaus Wellershoff, «Die Euro-Zone wächst wieder».
3 http://epp.eurostat.ec.europa.eu/cache/ITY_PUBLIC/2-04062014-AP/DE/2-04062014-AP-DE.PDF (8.7.2014).
4 http://www.seco.admin.ch/themen/00513/00527/01207/index.html?lang=de (8.7.2014).
5 http://europa.eu/rapid/press-release_IP-14-513_en.htm (8.7.2014).
6 Europäische Kommission, 2014. Vgl. http://europa.eu/rapid/press-release_IP-14-513_de.htm (8.7.2014).
7 NZZ vom 29.1.2014: Nikos Tzermias, «Nur schleppende Erholung in Italien».
8 Schweizerische Depeschenagentur vom 14.7.2014: «Italien spürt Auswirkungen der Krise: Zehn Millionen Arme».
9 «NZZ am Sonntag» vom 9.3.2014: Patricia Arnold, «Folgen der Krise in Italien. Selbstmord-Welle von Firmenchefs».
10 NZZ vom 3.5.2014: René Höltschi, «Tristesse am Arbeitsmarkt».
11 http://epp.eurostat.ec.europa.eu/cache/ITY_PUBLIC/3-01072014-AP/DE/3-01072014-AP-DE.PDF (8.7.2014).
12 http://epp.eurostat.ec.europa.eu/cache/ITY_PUBLIC/3-01072014-AP/DE/3-01072014-AP-DE.PDF (8.7.2014).
13 «The European» vom 26.2.2014: Daniel Tkatch, «Diagnose: Überqualifiziert», in: http://www.theeuropean.de/daniel-tkatch/8026-die-situation-arbeitsloser-jugendlicher-in-europa–2 (10.7.2014).
14 http://epp.eurostat.ec.europa.eu/cache/ITY_PUBLIC/3-05122013-AP/DE/3-05122013-AP-DE.PDF (8.7.2014).
15 «Die Zeit» vom 30.4.2014: Lukas Koschnitzke und Axel Hansen, «Wo es Europa gut geht», in: http://www.zeit.de/wirtschaft/2014-04/eurokrise-entwicklung-eurozone (10.7.2014).
16 NZZ vom 17.2.2014: Andreas Uhlig, «Weltwirtschaft und Finanzmärkte: Ein tiefer Riss in der Euro-Zone – sehr ungleiche Verteilung von wirtschaftlichem Wachstum und Wohlstand».
17 Deutscher Paritätischer Wohlfahrtsverband Gesamtverband e.V., 2013. Vgl. http://nationalearmutskonferenz.de/index.php/presse/pressemitteilungen/272-armut-auf-rekordhoch-paritaetischer-und-nationale-armutskonferenz-warnen-vor-sozialer-veroedung-ganzer-regionen (8.7.2013).
18 Deutscher Paritätischer Wohlfahrtsverband, 2012, S.3f.
19 Ebd., S.4.
20 «Der Bund» vom 5.9.2013: Robert Mayer, «Die Kehrseite des deutschen Job-Wunders».
21 Dustmann et al., 2014.
22 NZZ vom 5.2.2014: Hansueli Schöchli, «Futter für die Lohndebatte».
23 http://www.zeit.de/gesellschaft/zeitgeschehen/2013-12/armutsbericht-paritaetischer-wohlfahrtsverband (8.7.2013).
24 Deutscher Paritätischer Wohlfahrtsverband, 2013, S.10.
25 Ebd., S.12.
26 NZZ vom 29.1.2014: Nicole Rütti, «Selbstzufriedenes Europa: die Wirtschaft am Gängelband der Politik».
27 Ebd.
28 Grabka, 2014. Vgl. http://www.diw.de/documents/publikationen/73/diw_01.c.438708.de/14-9.pdf (10.7.2014).
29 Caritas Schweiz, 2012.
30 https://www.news.admin.ch/message/index.html?lang=de&msg-id=52393 (11.7.2014).
31 http://www.seco.admin.ch/themen/00513/00527/01207/index.html?lang=de (8.7.2014).
32 NZZ vom 4.9.2013: Jean-Pierre Kapp, «Die Schweiz ist am kompetitivsten».
33 NZZ vom 2.7.2013: Jean-Pierre Kapp, «Schweiz bleibt Innovations-Spitze».

[34] Staatssekretariat für Wirtschaft (SECO), 2014b. Vgl. http://www.seco.admin.ch/themen/00374/00375/00381/index.html?lang=de (10.7.2014).

[35] Bundesamt für Statistik, 2014b.

[36] Staatssekretariat für Wirtschaft (SECO), 2014a. Vgl. http://www.seco.admin.ch/themen/00374/00384/index.html?lang=de (10.7.2014).

[37] «Der Bund» vom 11.1.2014: Simon Schmid, «Es herrscht fast Vollbeschäftigung».

[38] Flunder et al., 2013.

[39] Staatssekretariat für Wirtschaft (SECO), 2014a. Vgl. http://www.seco.admin.ch/themen/00374/00384/index.html?lang=de (10.7.2014).

[40] Arni, Wunsch, 2014.

[41] Bonoli et al., 2013.

[42] Bundesamt für Statistik, 2014c. Vgl. http://www.bfs.admin.ch/bfs/portal/de/index/themen/03/01/new/nip_detail.html?gnpID=2014-303 (11.7.2014).

[43] Oesch, Guggisberg, 2014.

[44] http://www.bfs.admin.ch/bfs/portal/de/index/themen/20/05/blank/key/erwerbstaetigkeit/teilzeitarbeit.html (11.7.2014).

[45] http://www.bfs.admin.ch/bfs/portal/de/index/themen/20/05/blank/key/erwerbstaetigkeit/05.html (22.7.2014).

[46] «Der Bund» vom 27.6.2014: Andreas Valda, «Auf Kosten der Arbeitslosenkasse».

[47] Föllmi et al., 2014.

[48] Bundesamt für Statistik, 2014d.

[49] Bundesamt für Statistik, 2013a.

[50] Schuwey, Knöpfel, 2014, S. 55f.

[51] Bundesamt für Statistik, 2014a, S. 4.

[52] Für den Wohnungsmarkt vgl. https://www.news.admin.ch/message/index.html?lang=de&msg-id=53748 und http://www.bfs.admin.ch/bfs/portal/de/index/themen/05/06/blank/key/index.html (21.7.2014).

[53] http://www.bfs.admin.ch/bfs/portal/de/index/news/medienmitteilungen.html?pressID=9108 (14.7.2014).

[54] Bundesamt für Statistik, 2014b, S. 4.

[55] Bundesamt für Statistik, 2013b.

[56] Salzgeber, 2014, S. 3.

[57] Bundesamt für Sozialversicherungen, 2014.

[58] Schuwey, Knöpfel, 2014, S. 79.

[59] Bundesamt für Statistik, 2013b.

[60] Salzgeber, 2013.

[61] «Der Bund» vom 14.5.2014: Michael Soukup, «Kaschierte Altersarbeitslosigkeit».

[62] «NZZ am Sonntag» vom 26.9.2013: Charlotte Jacquemart, «Kein Job, keine Rente».

[63] Ebd.

[64] Salzgeber, 2014.

[65] http://www.gr.be.ch/etc/designs/gr/media.cdwsbinary.DOKUMENTE.acq/8a4c24f3b26d4ceeb775515cc601bc8a-332/2/PDF/2012.1492-Vorstosstext-D-58331.pdf (22.7.2014).

[66] http://www.soziales-existenzminimum.ch/ (16.7.2014).

[67] Zur Antwort des Regierungsrates im Kanton Schwyz vgl. http://www.sz.ch/documents/M_SKOS_Kostenoptimierung.pdf?utm_source=CleverReach&utm_medium=email&utm_campaign=06-08-2014+Mailing+sozialinfo.ch+6.+August+2014&utm_content=Mailing_7925486 (12.8.2014).

[68] In Anschluss formiert sich auch in Genf Widerstand. Vgl. http://www.cgas.ch/OASI/IMG/pdf/petition_contre_la_baisse_de_l_aide_sociale.pdf (12.8.2014).

[69] NZZ vom 27.6.2014: Jörg Krummenacher, «Kantonale Finanzen: Die Kantone mit etwas weniger Speck».

[70] Eidgenössisches Finanzdepartement, 2013.

[71] Brisant ist in diesem Zusammenhang, dass der Kanton Schwyz kleine Einkommen im Schweizer Vergleich

überdurchschnittlich besteuert. Vgl. «Tages-Anzeiger» vom 23.6.2014: Michael Soukup, «Steueroase für Reiche, Steuerhölle für Arme».

[72] «Der Bund» vom 31.10.2013: Dölf Barben, «Wer lautstark protestierte, hat gewonnen».

[73] Gesamtausgaben Sozialversicherungen (2012) 142 Milliarden Franken; Sozialhilfe (2012) 2,37 Milliarden Franken.

[74] Piketty, 2014.

[75] Ostry et al., 2014. Vgl. http://www.imf.org/external/pubs/ft/sdn/2014/sdn1402.pdf (17.7.2014).

[76] Ebd., S.25.

[77] Ebd., S.26.

[78] Stiglitz, 2012.

[79] Dass Lebensqualität nicht allein mit Wirtschaftswachstum gemessen werden kann, hat international bereits einige Institutionen veranlasst, ihre Indikatoren für Wohlstand und Fortschritt verschiedener Gesellschaften neu zu definieren. Das zeigt sich beispielsweise in der Publikation der OECD «How's Life 2013: Measuring well-being» oder im neu lancierten «social progress index». In: http://www.oecd.org/statistics/howslife.htm und http://www.socialprogressimperative.org/data/spi (17.7.2014).

[80] Wilkinson, Pickett, 2012, S.25.

[81] Ebd., S.39–40.

[82] Ebd., S.190.

[83] Ebd., S.270.

[84] Ebd., S.304.

[85] Vgl. Bundesamt für Statistik, 2014d.

[86] Wiener, 2012.

[87] Vgl. NZZ vom 11.12.2013: Matthias Müller, «Keine Erosion des Mittelstands: Stabile Verteilung in der Schweiz», oder Dossier «Verteilung» von Avenir Suisse, in: http://www.avenir-suisse.ch/29105/verteilung/ (18.7.2014).

[88] Farys, Hümbelin, 2014.

[89] Ebd., S.31.

[90] Auf www.inequalities.ch sind laufend Resultate und Publikationen des Nationalfondsprojektes «Ungleichheit der Einkommen und Vermögen in der Schweiz» abrufbar (18.7.2014).

[91] Gemäss Farys, Hümbelin, 2014, lag der Gini-Koeffizient 1971 bei 0.36.

[92] Gemäss Farys, Hümbelin, 2014, stieg der Gini-Koeffizient zwischen 2000 und 2010 von 0.33 auf 0.36.

[93] Vgl. http://www.fiscalfederalism.ch/ (21.7.2014) oder «Tages-Anzeiger» vom 23.5.2014: Iwan Städler, «Die Steuerbelastung sinkt ab einer Million Franken».

[94] Credit Suisse, 2013. Vgl. https://publications.credit-suisse.com/tasks/render/file/?fileID=BCDB1364-A105-0560-1332F.C9100FF5C83 (18.7.2014).

[95] http://blog.derbund.ch/datenblog/index.php/2675/gehoeren-sie-zu-den-237000-millionaeren-im-land (18.7.2014).

[96] http://www.bilanz.ch/die-300-reichsten-der-schweiz-2013 (17.7.2014).

[97] «Der Bund» vom 29.11.2013: Schweizerische Depeschenagentur, «Superreiche in der Schweiz legen um 52 Milliarden Franken zu».

[98] Kissling, 2008.

[99] «Das Magazin» vom 31.5.2014: Hans Kissling, «Vorwärts ins 19. Jahrhundert», S.8–13.

[100] Ebd. S.13.

[101] Ebd.

[102] Vgl. http://sp-ps.ch/ger/Kampagnen/Initiativen-und-Referenden/Millionen-Erbschaften-besteuern-fuer-unsere-AHV (21.7.2014).

[103] Brühlhart, Parchet, 2014.

[104] http://www.srf.ch/news/schweiz/schweizer-schauen-weg-wenn-es-um-armut-geht (18.7.2014).

Literaturhinweise

Arni Patrick, Wunsch Conny: Die Rolle von Erwartungshaltungen der Stellensuchenden, Determinanten des Sucherfolgs und der Arbeitsmarktlichen Massnahmen. SECO-Publikation Arbeitsmarktpolitik, Nr. 39. IZA Bonn, Universität Lausanne und Universität Basel, 2012.

Bonoli Giuliano, Lalive Rafael, Oesch Daniel et al.: L'impact des réseaux sociaux sur le retour à l'emploi des chômeurs. SECO-Publikation Arbeitsmarktpolitik, Nr. 37. IDHEAP Université Lausanne, 2013.

Brühlhart Marius, Parchet Raphaël: Erbschaftssteuern und Mobilität der Steuerzahler. In: Die Volkswirtschaft, Nr. 3, 2014, S. 49–52.

Bundesamt für Sozialversicherungen: Statistik der Ergänzungsleistungen zur AHV und IV 2013. Bern, 2014.

Bundesamt für Statistik: Einkommen der privaten Haushalte: Einkommensungleichheit wird durch Umverteilung deutlich verringert. Neuchâtel, 2013a.

Bundesamt für Statistik: Schweizerische Sozialhilfestatistik 2012: Fallzahlen steigen in einzelnen Kantonen bis gut 10 Prozent. Neuchâtel, 2013b.

Bundesamt für Statistik: Arbeitsmarktindikatoren 2014: Kommentierte Ergebnisse für die Periode 2008–2014. Neuchâtel, 2014a.

Bundesamt für Statistik: Armut in der Schweiz. Ergebnisse 2007 bis 2012. Neuchâtel, 2014b.

Bundesamt für Statistik: Schweizerische Arbeitskräfteerhebung und abgeleitete Statistiken im 1. Quartal 2014. Neuchâtel, 2014c.

Bundesamt für Statistik: Schweizerische Lohnstrukturerhebung 2012: Erste Ergebnisse. Neuchâtel, 2014d.

Caritas Schweiz: Armut in der Schweiz bekämpfen: Eine Übersicht zur nationalen und kantonalen Armutsberichterstattung. Luzern, 2012.

Credit Suisse: Global Wealth Report 2013. Credit Suisse AG, Zürich, 2013.

Deutscher Paritätischer Wohlfahrtsverband Gesamtverband e. V.: Positive Trends gestoppt, negative Trends beschleunigt. Bericht zur regionalen Armutsentwicklung in Deutschland 2012. Berlin, 2012.

Deutscher Paritätischer Wohlfahrtsverband Gesamtverband e. V.: Zwischen Wohlstand und Verarmung: Deutschland vor der Zerreissprobe. Bericht zur regionalen Armutsentwicklung in Deutschland 2013. Berlin, 2013.

Dustmann Christian, Fitzenberger Bernd, Schönberg Uta et al.: From Sick man of Europe to Economic Superstar: Germany's Resurgent Economy. In: Journal of Economic Perspectives (28/1), 2014, S. 167–188.

Eidgenössisches Finanzdepartement: Unterschiede in der Steuerbelastung natürlicher und juristischer Personen 2004–2012. Bern, 2013.

Europäische Kommission: Frühjahrsprognose 2014: Wachstum auf breiter Basis. Brüssel, 2014.

Farys Rudolf, Hümbelin Oliver: Öffnet sich die Schere zwischen Arm und Reich? In: impuls, Januar 2014, hrsg. von der Berner Fachhochschule, S. 31–33.

Flunder Robert, Salzgeber Renate, Fritschi Tobias et al.: Verläufe, Risikoprofile und Einflussfaktoren für die berufliche Integration von neuen ALV-Beziehenden. Berner Fachhochschule, Bern, 2013.

Föllmi Reto, Zehnder Tanja, Zweimüller Josef: Rückruf durch den ehemaligen Arbeitgeber. SECO-Publikation Arbeitsmarktpolitik, Nr. 40, 2014.

Grabka Markus M., Westermeier Christian: Anhaltend hohe Vermögensungleichheit in Deutschland. In: DIW Wochenbericht, Nr. 9, 2014, S. 151–164.

Kissling Hans: Reichtum ohne Leistung: die Feudalisierung der Schweiz. Rüeggerverlag, Zürich/Chur, 2008.

Oesch Thomas, Guggisberg Jürg: Arbeitslosigkeit und Erwerbslosigkeit bei Tiefqualifizierten im Kanton Bern. Büro Bass (Hrsg.), Bern, 2014.

Ostry Jonathan D., Berg Andrew, Tsangarides Charalambos G.: Redistribution, inequality and growth. International Monetary Found, 2014.

Piketty Thomas: Capital in the Twenty-First Century. The Belknap Press of Harvard University Press. Cambridge/Massachusetts/London, 2014.

Salzgeber Renate: Kennzahlenvergleich zur Sozialhilfe in Schweizer Städten, Berichtsjahr 2012: 13 Städte im Vergleich. Städteinitiative Sozialpolitik (Hrsg.), Fachhochschule Bern, 2013.

Salzgeber Renate: Kennzahlenvergleich zur Sozialhilfe in Schweizer Städten, Berichtsjahr 2013: 13 Städte im Vergleich. Städteinitiative Sozialpolitik (Hrsg.), Fachhochschule Bern, 2014.

Schuwey Claudia, Knöpfel Carlo: Neues Handbuch Armut in der Schweiz. Caritas-Verlag, Luzern, 2014.

Staatssekretariat für Wirtschaft (SECO): Die Lage auf dem Arbeitsmarkt im Juni 2014. Bern, 2014a.

Staatssekretariat für Wirtschaft (SECO): Konjunkturtendenzen Sommer 2014. Bern, 2014b.

Stiglitz Joseph: Der Preis der Ungleichheit. Siedler-Verlag, München, 2012.

Wiener Noé: Ungleichheit als makroökonomischer Risikofaktor in den USA: Lehren für die Schweiz. In: Die Volkswirtschaft, Nr. 12, 2012, S. 58–62.

Wilkinson Richard, Pickett Kate: Gleichheit ist Glück: Warum gerechte Gesellschaften für alle besser sind. Tolkemitt-Verlag bei Zweitausendeins, Berlin, 2012.

II. Teil

Herein.
Alle(s) für die Zuwanderung

Marianne Hochuli

Die Schweiz als Einwanderungsland

Jede und jeder Fünfte von uns ist eine Migrantin oder ein Migrant. Migrantinnen und Migranten leisten fast ein Drittel des gesamten Arbeitsvolumens in der Schweiz.

Ein bedeutender Teil der ständigen ausländischen Wohnbevölkerung gehört der zweiten, ja sogar der dritten Generation an. Rund ein Viertel von ihr ist hier geboren, und mehr als die Hälfte wohnt seit zehn Jahren oder länger in der Schweiz. Fast die Hälfte der Ehen in der Schweiz werden zwischen Partnerinnen und Partnern unterschiedlicher Nationalität geschlossen. Jede zehnte Schweizerin, jeder zehnte Schweizer lebt im Ausland.[1]

Die Schweiz beschäftigt sich intensiv mit ihrer Migrationspolitik, wobei sich die Debatten derzeit hauptsächlich um die Personenfreizügigkeit drehen. Anhand von drei Abstimmungen, der SVP-Masseneinwanderungsinitiative, der Ecopop-Initiative und der Ausdehnung der Personenfreizügigkeit auf Kroatien wird heftig über eine allfällige Eingrenzung der Zuwanderung und mögliche Wege dahin diskutiert. Immer wieder werden die Einwandernden für hiesige strukturelle Probleme wie mangelnde bezahlbare Wohnungen, Defizite bei den Sozialversicherungen oder erhöhte Arbeitslosigkeit verantwortlich gemacht.

Die Schweiz ist ein Einwanderungsland. Zusammen mit Luxemburg erlebte sie im Jahr 2011 im Verhältnis zur Bevölkerung die höchste Zuwanderung aller OECD-Länder. Aber es sind auch diese beiden Länder, die finanziell am meisten durch ihre Einwandernden gewinnen. In der Schweiz steigerten die Migrantinnen und Migranten die staatlichen Nettoeinnahmen im Jahr

2011 um beinahe 11 Milliarden Franken. Der Anteil der Einwandernden im Erwerbsalter ist überproportional und ihre Beschäftigungsrate hoch, vereinfacht gesagt: Sie arbeiten viel und tragen zum Wohlstand der Schweiz entscheidend bei.

Die Schweizer Migrationspolitik ist seit je zum grossen Teil das Ergebnis der Schweizer Wirtschafts- und Arbeitsmarktpolitik. Nichtsdestotrotz stehen die Migrations- und die Wirtschaftspolitik immer wieder in einem Spannungsverhältnis zueinander. Das ist nicht neu, wie ein Blick zurück zeigt.

Zuwanderung in die Schweiz: ein Dauerthema der Innenpolitik

Bereits in der Nachkriegszeit war die Einwanderungspolitik eine zentrale Frage der Schweizer Innenpolitik.[2] Die intensive Rekrutierung von Gastarbeitern wurde zwischen 1965 und 1972 von drei «Überfremdungsinitiativen» begleitet, die allesamt das Ziel verfolgten, den Ausländeranteil an der schweizerischen Wohnbevölkerung zu reduzieren. Obwohl von der Stimmbevölkerung mit 54 Prozent abgelehnt, gilt die Schwarzenbach-Initiative von 1970 als Wendepunkt der schweizerischen Migrationspolitik. Einerseits führte der Bundesrat Einwanderungsquoten ein, und andererseits beschnitt er die Rechte der Immigranten noch mehr: Die Stelle zu wechseln, war erst nach einem Jahr erlaubt, und erst nach drei Jahren durften die Gastarbeiter in einem anderen Kanton arbeiten oder einen anderen Beruf ausüben. Um die Einwanderung systematisch zu kontrollieren, führte das damalige Bundesamt für Ausländerfragen 1973 das zu jener Zeit aufwändigste statistische Instrument ein: das Zentralregister (ZAR), mit dem Ausländer erfasst werden konnten. Im Laufe der Siebzigerjahre sank der Ausländeranteil in der Schweiz, denn im Zuge der Ölkrise gingen in der Schweiz 340 000 Arbeitsplätze verloren. 228 000 (67 Prozent der Entlassenen) waren Ausländer, die in ihre Heimat zurückkehren mussten. Viele verfügten über keine Arbeitslosenversicherung. Auf diese Weise exportierte die Schweiz ihre Arbeitslosigkeit.

Kreis-Modelle schaffen unterschiedliche Rechte
bei der Zuwanderung

In den Neunzigerjahren wurde die Beziehung zur EU zum brennenden innen-
politischen Thema. Da die EU eine verbesserte soziale und rechtliche Stellung
für ihre Staatsbürgerinnen und Staatsbürger verlangte, wurde der Beitritt zum
Europäischen Wirtschaftsraum (EWR) als Prüfstein für die Zulassungspolitik
gesehen. Fremdenfeindliche Kräfte erhielten neuen Auftrieb, sodass der Bundesrat 1992 in seinem Bericht über Extremismus in der Schweiz besorgt fest-
stellte, angesichts der wirtschaftlichen und sozialen Probleme würden die Ausländerinnen und Ausländer immer mehr zu Sündenböcken gemacht.

Um die EU-Forderungen nach einer Besserstellung ihrer Bürgerinnen
und Bürger zu erfüllen, führte die Schweiz das Drei-Kreise-Modell ein. Es
beruhte auf der Annahme, die Schweizer Ausländerpolitik habe nicht nur die
Anzahl Ausländer, sondern auch die kulturelle Distanz zu beachten, die für die
Angst vor Überfremdung verantwortlich sei. Ob ausländische Arbeitnehmerin-
nen und Arbeitnehmer in der Schweiz zugelassen wurden, hing künftig davon
ab, ob sie aus einem «der Schweiz nahestehenden Kulturkreis» kamen. Die
Einschätzung, was denn ein «nahestehender Kulturkreis» war, stützte sich auf
Stereotype ab. Zum inneren Kreis zählten die EU und EFTA, für die fortan die
volle Personenfreizügigkeit galt, zum mittleren Kreis gehörten die USA,
Kanada und die osteuropäischen Länder und zum äusseren Kreis alle anderen,
deren Staatsangehörige nur in Ausnahmefällen zugelassen wurden. Die Auswirkungen waren sofort spürbar: Einwandernde aus Jugoslawien wurden vom
zweiten in den dritten Kreis zurückversetzt und von der Rekrutierung als Saisonniers ausgeschlossen.

Die neu gegründete Eidgenössische Kommission gegen Rassismus (EKR)
sowie zivilgesellschaftliche und kirchliche Organisationen kritisierten das Drei-
Kreise-Modell als rassistisch. Aber auch Unternehmen, die sich qualifiziertes
Personal aus aussereuropäischen Ländern wünschten, waren nicht zufrieden.

Durch die Einführung des freien Personenverkehrs mit der EU im Jahr
2002 verbesserte sich die rechtliche und soziale Situation der Migrantinnen
und Migranten aus der EU. Das Saisonnierstatut galt offiziell als abgeschafft.

Allerdings bestehen seither mit Kurz- und Saisonaufenthalten nach wie vor prekäre Aufenthaltsstatute. Bürgerinnen und Bürger ausserhalb der EU wurden unter der Ausländergesetzgebung benachteiligt. Die legalen Zugangsmöglichkeiten wurden für sie kleiner.

Ein folgenschwerer Entscheid wurde für die künftige Asylpolitik gefällt: Staatsbürgerinnen und -bürger aus Ländern mit Menschenrechtsverletzungen durften fortan ausschliesslich als Asylsuchende und nicht als Arbeitnehmende in die Schweiz einreisen.

Asylpolitik: Weitherzige Aufnahme weicht Abbau von Rechten

Während die Einwanderung von Gastarbeitern in der Zeit des Kalten Krieges sehr kontrovers diskutiert wurde, praktizierte die Schweiz in derselben Zeit eine grosszügige Asylpolitik. 1957, zwei Jahre nach dem Beitritt zur Flüchtlingskonvention der Vereinten Nationen, erklärte der Bundesrat die Asylgewährung zur staatspolitischen Maxime: «Im Hinblick auf die Pflicht, eine der schweizerischen Tradition entsprechende Asylpraxis einzuhalten, ist eine freie, weitherzige Aufnahme von Flüchtlingen in Aussicht zu nehmen.»[3] Bis Anfang der Achtzigerjahre nahm die Schweiz kollektiv Flüchtlinge aus Ungarn, Tibet, der Tschechoslowakei, Chile und Polen auf, ohne dass Einzelfälle geprüft wurden. Als Fluchtgrund galt nebst der begründeten Furcht vor Verfolgung auch ein «psychologisch unerträglicher Druck».

Am 1. Januar 1981 trat das erste Asylgesetz in Kraft. Asyl und Schutz erhielt, wer in seiner Heimat aufgrund seiner Rasse, Religion, Nationalität, sozialer Stellung oder politischer Anschauung verfolgt wurde. In den Achtzigerjahren führten steigende Asylgesuche sowie Asylgesuche aus entfernteren Herkunftsländern – zum Beispiel von tamilischen Flüchtlingen aus Sri Lanka – zu heftigen asylpolitischen Debatten. Deshalb wurde das Asylgesetz bis zum heutigen Zeitpunkt einmal total- und viele Male teilrevidiert. Durch die Revisionen sollten die Verfahren gestrafft werden. Damit einher ging jedoch vor allem ein stetiger Abbau der Rechte von Asylsuchenden.

Wo stehen wir heute?

Die Annahme der Masseneinwanderungsinitiative am 9. Februar 2014 war für viele ein Schock. Dies zeigte die eine Woche später stattfindende Kundgebung «Für eine offene und solidarische Schweiz», an der 12 000 Menschen auf dem Bundesplatz teilnahmen. Gleich nach der Abstimmung begann auch der «Kampf um Kontingente» für die verschiedenen Wirtschaftszweige. Keiner will auf «seine Ausländer» verzichten. Und so wird immer deutlicher, dass es selbst den Initianten nicht wirklich um Höchstzahlen und Kontingente geht, sondern hauptsächlich um die Bewirtschaftung des Themas «Ausländer». Noch bis 2017 hat die Schweiz Zeit, eine Lösung zu finden, die sowohl von der EU als auch im Inland akzeptiert wird.

Abgesehen von diesem Seilziehen bietet die gegenwärtige Situation die Chance, grundlegende Probleme in der Schweiz anzugehen. Denn die Diskussion über die Zuwanderung ist nur die Spitze des Eisbergs von drängenden Aufgaben. Migrationspolitik bedeutet darum vor allem, prekäre Lebenssituationen zu verbessern und soziale Rechte, unabhängig von der Herkunft, zu stärken. Zu den prekären Lebenssituationen: Selbst der ehemalige Arbeitgeberverbandspräsident plädiert in diesem Sozialalmanach dafür, die in der Schweiz geltenden Arbeitsbedingungen seien einzuhalten, die Vereinbarkeit von Beruf und Familie sei zu fördern und die Beschäftigung älterer Arbeitnehmender zu einem Bestandteil der Personalpolitik zu machen. Dazu gehören, nimmt man diese Beteuerungen ernst, existenzsichernde Löhne, ein gut ausgebautes Angebot für flächendeckende Kinderbetreuung samt guter Frühförderung sowie flexible Arbeitsmodelle und Teilzeitarbeit auch für Männer, um die unbezahlte Betreuungsarbeit besser aufteilen zu können. Unternehmen stehen in der Pflicht, allen ihren Arbeitnehmenden regelmässig sinnvolle Weiterbildungen zu gewähren, damit sie in einem sich schnell verändernden Arbeitsumfeld mithalten können. Gerade wurde wieder verpasst, Letzteres im Weiterbildungsgesetz umzusetzen. In unserem Land leben zudem Tausende von Migrantinnen und Migranten mit einem Berufsabschluss, der in der Schweiz nicht anerkannt ist. Sie verrichten Tätigkeiten in Niedriglohnsektoren, wofür sie unterbezahlt und überqualifiziert sind. Für sie braucht es erreichbare und zahlbare Nachholbildungen. Und gerade im Niedriglohnbereich arbeiten auch bis zu 250 000 *Sans-Papiers*, viele in privaten Haushalten unter sehr prekären Bedingungen. Sie werden gebraucht in der Schweiz und sollen darum unter Vorweisung eines Arbeitsplatzes oder nach einer gewissen Dauer in der Schweiz einen regulären Aufenthaltsstatus erhalten. Prekäre Situationen schaffen zunehmend auch die steigenden Mieten, die vielen Menschen einen grossen Teil des Haushaltsbudgets auffressen. Die Förderung von günstigem Wohnraum würde Marktmechanismen auf dem Wohnungsmarkt eindämmen und tut dringend not.

Eine Asylpolitik, die die Grundrechte garantiert

In den Diskussionen über die Personenfreizügigkeit wird die Asylpolitik mehr oder weniger ausgeblendet. Bundesrätin Sommaruga beteuert, dass Asylsuchende und Flüchtlinge nicht von Kontingenten und Begrenzungen betroffen sein sollen. Demgegenüber hält das Eidgenössische Justizdepartement im Umsetzungskonzept zur Masseneinwanderungsinitiative vom 20. Juni 2014 fest, dass bei Personen im Asylverfahren auf Höchstzahlen und Kontingente verzichtet werde, nicht jedoch bei vorläufig Aufgenommenen und anerkannten Flüchtlingen mit Aufenthaltsbewilligung. Auch wenn es betont, dass die Schweiz völkerrechtliche Verpflichtungen weiterhin einhalte, wird sich der politische Druck, die Rechte insbesondere von vorläufig Aufgenommenen abzubauen, verschärfen. Caritas Schweiz hat im vergangenen Jahr in zwei Positionspapieren[4] aufgezeigt, wie das Schweizer Asylrecht nach stetigen Verschärfungen an einem Punkt angelangt ist, wo es Asylsuchenden grundlegende Rechte nicht mehr gewährt. Einerseits besteht ein Spannungsfeld zwischen den Kinderrechten und der Schweizer Asylpolitik: Die Schweiz hat 1997 die Kinderrechtskonvention ratifiziert und sich dadurch verpflichtet, das Kindeswohl bei allen staatlichen Massnahmen zu berücksichtigen. Das geschieht aber nur mangelhaft: Es fehlt an kindergerechten Unterkünften und Integrationsmassnahmen für asylsuchende Jugendliche, die Situation der unbegleiteten minderjährigen Asylsuchenden ist prekär, und Kinder sind vom Nothilferegime betroffen und auf Ausschaffungsflügen zu finden, wo sie nicht hingehören. Zum anderen wird das Prinzip der «Gleichheit vor dem Gesetz» verletzt: So entsprechen Asylverfahren nicht den üblichen Verwaltungsverfahren, die Asylsuchenden erhalten, auch wenn sie in Wohnungen untergebracht sind, viel weniger Sozialhilfe, sie dürfen anfangs auch keiner Erwerbstätigkeit nachgehen, kommen bereits bei einem Aufenthalt ohne gültige Aufenthaltsbewilligung N in Haft, sie können das Recht auf Eheschliessung nicht in jedem Fall geltend machen und auch bei längerem Aufenthalt oft nicht an Integrationsmassnahmen teilnehmen. Um die Ungleichheit vor dem Gesetz zu beheben, sind zahlreiche Massnahmen nötig. Um faire Asylverfahren zu garantieren, die den Standards üblicher Schweizer Verwaltungsverfahren entsprechen, braucht es unabhängige Rechtsvertretungen, genügend lange Beschwerdefristen und eine zweite Beschwerdeinstanz. Gleichheit vor dem Gesetz bedeutet auch, dass Asylsuchende in vergleichbaren Lebenssituationen – beispielsweise wenn sie in einer Wohnung leben – gleich hohe Sozialhilfeansätze erhalten, dass sie von Anfang an einer Erwerbstätigkeit nachgehen dürfen und das unbedingte Recht auf Eheschliessung haben.

Raus aus der Enge!

Nebst dem Eintreten für die grundlegenden Rechte der Asylsuchenden möchte Caritas einen Beitrag leisten, den gegenwärtigen (Migrations-)Diskurs aus der Enge herauszuführen. Darum kommen in diesem Sozialalmanach bekannte Persönlichkeiten aus Politik, Wirtschaft, Wissenschaft und Kultur zu Wort. In persönlichen Essays, Beiträgen und Interviews äussern sie sich zu einer offenen Schweiz. Die vielen spontanen Zusagen und die Beiträge zeigen, dass es vielen Menschen ein Anliegen ist, die Schweiz als Einwanderungsland zu begreifen und sich für eine vielfältige und soziale Gesellschaft einzusetzen.

Abschliessen möchte ich mit einigen Gedanken zum Profil der heutigen Migrantin und des heutigen Migranten, die Catherine Wihtol de Wenden, Forschungsdirektorin des Zentrums «CERI – Sciences Po» in Paris, in einem Interview mit der Zeitung «Le Temps»[5] geäussert hat:

- Die Migrantinnen und Migranten haben etwas Ressourcen (teilweise lange angespart) und Beziehungen, sind oft urban, gebildet und überzeugt, dass sie mit «diesem Gepäck» eine Arbeit annehmen können, vielleicht auch eine unqualifizierte.
- Die jungen Männer zwischen 18 und 35, die im Meer gestorben sind, waren gesund, studiert, bereit, zu arbeiten: eine Tragödie, aber auch eine «Vergeudung».
- Man sollte sich über die Mobilität als ein weltweites öffentliches Gut freuen. Sie ermöglicht es Menschen, eigene Projekte zu verwirklichen.
- Seit dreissig Jahren hat man eine Strategie der Abschreckung und der Unterdrückung gewählt. Die Unterdrückung bleibt bestehen, die Abschreckung nicht. Die Migration steigt dennoch, aber sie wird für die Betroffenen viel gefährlicher.
- Global leben nur 3 Prozent der Menschen ausserhalb ihres Landes, das ist wenig.

Anmerkungen

[1] BFM, 2012.
[2] Der folgende Rückblick stützt sich auf Ausführungen in: Wicker, 2003.
[3] Steiger, o.J.
[4] Hochuli, 2013. Hochuli, 2014.
[5] «Le Temps», 17.3.2014.

Literaturhinweise

Bundesamt für Migration (BFM): Ausländerinnen, Ausländer und Asylsuchende in der Schweiz. Bern, 2012.

Hochuli Marianne: Kinder und Jugendliche in den Zwängen des Asylrechts. Positionierung der Caritas zum Spannungsfeld zwischen Kinderrechten und Schweizer Asylpolitik. Caritas-Positionspapier, Dezember 2013.

Hochuli Marianne: Zur Asylrechtspolitik der Schweiz. Menschenrechte und verfahrensrechtliche Standards respektieren. Caritas-Positionspapier, Mai 2014.

Steiger Eduard Adolf von (Hrsg.): Erklärung des Bundesrates vom 1. Februar 1957 betr. «Grundsätze für die Handhabung des Asylrechts in Zeiten erhöhter Spannung und eines Krieges». In: Ludwig Carl: Die Flüchtlingspolitik der Schweiz von 1933 bis 1955. Beilage zum Bericht des Bundesrates an die Bundesversammlung über die Flüchtlingspolitik der Schweiz von 1933 bis zur Gegenwart. Bern, o.J.

Wicker Hans-Rudolf, Fibbi Rosita, Haug Werner (Hrsg.): Migration und die Schweiz. Zürich, 2003.

Martine Brunschwig Graf

De l'émigration d'hier à l'immigration d'aujourd'hui

Der vorliegende Beitrag ist auf Französisch verfasst worden. Wir drucken ihn in der Sprache der Verfasserin ab; im Anschluss an das Original befindet sich die Übersetzung ins Deutsche.

C'est un privilège que de pouvoir écrire sur le thème de l'immigration, librement, sans contraintes politiques immédiates et avec la possibilité de faire parler son cœur autant que son esprit. C'est ainsi que j'apporte ma contribution à l'Almanach social de Caritas et, une fois n'est pas coutume, que je saisis cette occasion pour lier des éléments plus personnels à des considérations plus globales.

Parler d'immigration, dans la Suisse d'aujourd'hui, me renvoie immédiatement à un souvenir, celui de Nova Friburgo, cette cité brésilienne fondée par des Fribourgeois fuyant la misère au début du 19e siècle. Et de citer Martin Nicoulin, historien dans La Genèse de Nova Friburgo : « La Suisse vit l'heure, plutôt facile, de l'immigration. Pourtant un simple contact avec l'histoire apprend que la Confédération a vécu pendant longtemps la période inverse, celle de l'émigration. Le temps d'ailleurs n'est pas très éloigné où le Suisse s'en allait sous d'autres cieux gagner son pain quotidien. Ainsi, les problèmes que l'étranger pose aujourd'hui à la Suisse celle-ci les posait hier aux autres pays. »[1]

Émigration des citoyens les plus faibles

Cette émigration n'était pas le fruit du hasard, mais celui d'une volonté organisée de la Suisse officielle de l'époque, incapable d'assurer la subsistance de ses habitants et cherchant à résoudre ce problème vital en « exportant » un certain nombre d'entre eux. Cette politique d'émigration n'a pas été toujours été synonyme de réussite, loin s'en faut. Un pasteur constate à l'époque que dans les descendants d'immigrés au Brésil avec lesquels il a gardé le contact, « personne, en dessous de 24 ans, ne sait ni lire ni écrire ». Et que dire des considérations de l'ambassadeur extraordinaire von Tschudi qui constate, en 1860 : « Pour ne pas entretenir à la maison du fonds des pauvres des vieillards qui n'avaient plus que quelques années à vivre, on les a exposés à un voyage lointain par mer, à un voyage par terre extrêmement pénible et aux influences d'un climat auquel ils n'étaient point accoutumés… »[2]

Ainsi, il y a près de deux siècles, la Suisse expatriait ses citoyens les plus faibles. Ceux-ci partaient vers des terres pas toujours hospitalières et tentaient de construire une nouvelle vie dans des conditions particulièrement difficiles. Nombre d'entre eux y ont perdu la santé quand ils n'y ont pas perdu la vie. Ces migrants-là, notre pays en parle peu et ne cultive pas leur souvenir.

Leur déracinement a sans doute été très douloureux et la décision de partir, lorsqu'elle ne s'est pas faite sous la contrainte, se teintait à la fois d'espoir et de douleur. Ceux qui n'ont pas eu à s'exiler ont peu à peu oublié les expatriés et avec cet oubli est aussi venu le temps de l'indifférence et de l'ignorance.

À l'inverse, depuis le début du vingtième siècle, la Suisse est devenue terre d'immigration. Elle y a toujours trouvé son compte, car cette immigration puise sa raison d'être dans un besoin de main-d'œuvre engendré par un développement économique source de prospérité. Appelés à grands renforts en période de haute conjoncture, les étrangers sont aussi les premiers à faire les frais des périodes de crise. Il suffit de se souvenir de la pratique du statut de saisonnier, issu d'une loi de 1931 et supprimé en 2002. Les travailleurs venaient en Suisse pour la saison et pour autant qu'on ait besoin d'eux. Après quatre saisons pleines consécutives, un saisonnier pouvait espérer un permis B. Dans la réalité, il attendait bien davantage, en raison de la conjoncture, des besoins particuliers et des entreprises. Comment ne pas mentionner les conditions précaires et d'isolement dans lesquelles vivaient nombre de ces immigrés provisoires et comment ne pas souligner combien la séparation familiale devait peser. Pourtant, à l'époque, il existait un consensus pour maintenir ce statut, consensus politique qui s'étendait de la gauche à la droite, si l'on en croit le très faible score de l'initiative populaire « Être solidaires » en 1981 (moins de 20 % de oui) visant à le supprimer.

Ce statut que tout le monde pensait enterré, grâce à la libre circulation entrée en vigueur en 2002, semble séduire certains après le vote sur l'immigration du 9 février dernier. Pourtant, à l'époque, le statut de saisonnier n'a en rien empêché les initiatives xénophobes de fleurir dans les années septante. Réserver un traitement de résident de seconde zone aux immigrants n'améliore en rien le degré de tolérance de la population à leur égard.

Manque de mémoire et d'empathie

En fait, ce qui manque, c'est de la mémoire et de l'empathie. La généalogie pourrait nous aider. Celle de ma famille ne m'a pas seulement indiqué les noms et les prénoms de « ma lignée », mais aussi qui étaient ces gens qui nous ont permis d'être là aujourd'hui. Pour ce qui me concerne, l'immigration est inscrite dans les gènes. À chaque débat sur ce thème, je ne peux m'empêcher d'avoir une pensée pour mes ancêtres paternels, juifs alsaciens venus chercher en Suisse la tolérance aussi bien que la subsistance au moment de l'annexion de l'Alsace à l'Allemagne en 1871. Et je pense tout autant à mes ancêtres maternels, quittant l'Italie du Nord au début du 20ᵉ siècle pour essayer de construire un avenir meilleur en Suisse, au propre et au figuré d'ailleurs puisqu'ils ont fait partie des bâtisseurs de l'époque.

Notre pays s'est forgé une identité dont l'immigration est l'une des composantes fortes. Les plus ancrés dans les traditions ne possèdent pas nécessairement les racines les plus anciennes. Les migrations par nécessité économique marquent profondément notre histoire. Que notre pays ait dû laisser partir les siens faute d'être capable d'offrir les conditions d'y vivre ou qu'il ait depuis nombre d'années fait appel à ceux qui partaient de chez eux pour les mêmes raisons, toute est question de mouvement, dans un sens ou dans l'autre. La seule chose qui ne peut caractériser la Suisse, c'est l'immobilité et la fermeture des frontières.

Il manque, aujourd'hui, le discours politique qui nous rappelle ces éléments. À force de rechercher comment endiguer le mouvement, nous perdons de vue que ce mouvement constitue un élément de la prospérité et du bien-être. Nous oublions surtout de quoi nous sommes faits.

À la mémoire est liée l'empathie. Voir l'autre, celui qui vient d'ailleurs, comme un membre de la communauté demande parfois un certain effort. C'est là où la capacité à se mettre à sa place joue un rôle essentiel. Ces immigrants d'aujourd'hui ont tous une histoire, celle qui les a faits tels qu'ils sont, celle qui les a poussés à migrer, celle qui les a conduits ici. Cette histoire présente bien des similitudes avec celle de nos ancêtres, ceux qui sont partis ailleurs tout comme ceux qui sont venus ici pour s'enraciner. La couleur, la culture, les traditions peuvent fortement différer, mais la nécessité de bâtir un avenir meilleur reste la même, à travers les époques, d'un continent à l'autre.

Notes

[1] Martin Nicoulin: La Genèse de Nova Friburgo. Émigration et colonisation suisse au Brésil, 1817–1827. Fribourg, Éditions universitaires, 1973.

[2] L'envoyé extraordinaire de Suisse au Brésil, Johann Jakob von Tschudi, au Conseil fédéral, 1860. Documents diplomatiques de la Suisse.

Martine Brunschwig Graf

Auswanderung gestern, Einwanderung heute

Es ist ein Privileg, ganz frei und ohne direkte politische Zwänge über das Thema «Einwanderung» schreiben zu können und dabei nicht nur den Verstand, sondern auch das Herz sprechen zu lassen. So nutze ich in diesem Beitrag die Gelegenheit, persönliche mit grundsätzlichen Aussagen zu verknüpfen.

Beim Thema «Einwanderung in die Schweiz» kommt mir als Erstes Nova Friburgo in den Sinn, eine Stadt in Brasilien, die Anfang des 19. Jahrhunderts von Freiburger Armutsflüchtlingen gegründet wurde. Der Historiker Martin Nicoulin hat die Entstehung von Nova Friburgo erforscht und sagt dazu Folgendes: «Die aktuelle Phase mit Einwanderung ist für die Schweiz vergleichsweise einfach. In der Vergangenheit war die Eidgenossenschaft lange mit dem umgekehrten Phänomen, der Auswanderung, konfrontiert. Vor gar nicht allzu langer Zeit wanderte der Schweizer aus, um sein täglich Brot anderswo zu verdienen. Die Probleme, die die Schweiz heute mit dem Ausland hat, hat sie selbst damals anderen Ländern gemacht.»[1]

Die schwächsten Bürger ins Ausland

Diese Auswanderung war kein Zufall. Sie war gewollt und wurde organisiert, weil die Schweizer Behörden damals nicht in der Lage waren, das Überleben aller Einwohner zu sichern. Sie versuchten deswegen, das Problem zu «exportieren». Dabei interessierte wenig, ob die Auswanderer erfolgreich waren. Man schickte einfach die Schwächsten weg. Ein Pastor stellte damals fest, dass von den Nachkommen der Auswanderer nach Brasilien, mit denen er in Kontakt geblieben war, niemand unter 24 Jahren lesen oder schreiben konnte. Und der Botschafter von Tschudi stellte 1860 fest: «Auswandern sollten vor allem die Alten, die nur noch wenige Jahre zu leben hatten, denn so konnte man Fürsorgegelder sparen.»[2]

Die Schweiz hat also vor knapp zwei Jahrhunderten die schwächsten ihrer Bürger ins Ausland geschickt. Wohlwollend aufgenommen wurden sie dort aber nicht. Es war hart, sich in der Fremde eine neue Existenz aufzubauen. Viele wurden dabei krank, viele starben vorzeitig. Über diese Migranten spricht unser Land wenig, ihrer wird nicht gedacht.

Die Entwurzelung tat sicher weh, und die Entscheidung, auszuwandern, ob freiwillig oder nicht, wurde mit einem Gefühl der Hoffnung und des Schmerzes getroffen. Diejenigen, die nicht auswandern mussten, haben mit der Zeit die Auslandschweizer vergessen, und mit diesem Vergessen begann die Zeit der Gleichgültigkeit und Ignoranz.

Die Schweiz ist jetzt ein Einwanderungsland

Und jetzt passiert in der Schweiz seit Anfang des 20. Jahrhunderts das Umgekehrte, sie ist ein Einwanderungsland. Auch davon profitiert sie, denn die Einwanderung ist eine Folge des Arbeitskräftebedarfs aufgrund des Wirtschaftswachstums, das zu mehr Wohlstand führt. Ausländer werden in Zeiten der Hochkonjunktur gebraucht und ins Land geholt, und sie sind die Ersten, die die Wirtschaftskrisen zu spüren bekommen. Ein Beispiel dafür ist das Saisonnierstatut, das durch ein Gesetz von 1931 geschaffen und 2002 abgeschafft wurde. Die Arbeiter kamen für eine Saison in die Schweiz, sofern man sie brauchte. Waren sie in vier aufeinanderfolgenden Jahren eine vollständige Saison lang beschäftigt, konnten sie auf einen Permis B für Jahresaufenthalter hoffen. Normalerweise mussten sie länger warten, je nach Konjunktur und Bedarf ihres Arbeitgebers. Nicht unerwähnt bleiben dürfen die prekären Lebensverhältnisse, die Einsamkeit und die schmerzhafte Trennung von der Familie, die das Leben vieler dieser vorläufigen Einwanderer prägten. Und dennoch gab es damals einen politischen Konsens für den Erhalt des Saisonnierstatuts, dem das gesamte politische Spektrum zustimmte, was man zumindest dem schwachen Ergebnis der Volksinitiative «Mitenand» (unter 20 Prozent Ja-Stimmen) zur Abschaffung des Saisonnierstatuts entnehmen kann.

Mit der Personenfreizügigkeit, die 2002 in Kraft trat, schien der Saisonnierstatus endgültig begraben, aber seit der Abstimmung vom 9. Februar 2014 liebäugeln einige wieder damit. Dabei verhinderte dieser Status in den Siebzigerjahren fremdenfeindliche Initiativen keineswegs. Man kann von der Bevölkerung nicht mehr Toleranz erwarten, wenn man aus Einwanderern Bürger zweiter Klasse macht.

Es fehlt an Erinnerungsvermögen und Empathie

Was uns fehlt, ist Erinnerungsvermögen und Empathie. Aber vielleicht könnte uns ein Blick auf unsere Vorfahren helfen. Der Stammbaum meiner Familie zeigt mir nicht nur Namen und Vornamen meiner Vorfahren, sondern auch, wer diese Menschen waren, dank deren wir heute da sind. Bei mir ist die Einwanderung in den Genen. Jedes Mal, wenn über dieses Thema diskutiert wird, muss ich an meine Vorfahren väterlicherseits denken. Es waren elsässische Juden, die 1871 in die Schweiz kamen, als das Elsass von Deutschland annektiert wurde. Sie kamen in der Hoffnung, hier Toleranz und das Nötigste zum Überleben zu finden. Und ich denke an meine Vorfahren mütterlicherseits, die Anfang des 20. Jahrhunderts Norditalien verliessen, um sich in der Schweiz eine bessere Zukunft aufzubauen – übrigens im übertragenen und im eigentlichen Sinne, denn sie gehörten zu den Bauleuten von damals.

Die Identität, die sich unser Land aufgebaut hat, wird zu einem grossen Teil von der Zuwanderung geprägt. Menschen, die sich den Traditionen tief verbunden fühlen, sind hier nicht unbedingt ewig verwurzelt. Migration aus wirtschaftlicher Not prägt ganz wesentlich unsere Geschichte. Immer hat es Bewegung gegeben, in die eine oder die andere Richtung: Auswanderung, weil die Schweiz die nötigen Lebensvoraussetzungen nicht für alle bieten konnte, und Einwanderung, wie in den letzten Jahren, weil Arbeitskräfte geholt wurden, die aus demselben Grund ihr Land verlassen mussten. Das Einzige, was die Schweiz sicher nicht charakterisiert, sind Unbeweglichkeit und geschlossene Grenzen.

Was heute fehlt, ist ein politischer Diskurs, der uns an diese Tatsachen erinnert. Je mehr wir nach Möglichkeiten suchen, diese Bewegung einzuschränken, desto mehr verlieren wir aus den Augen, dass sie Teil unseres Wohlstandes ist. Wir vergessen vor allem, was uns zu dem gemacht hat, was wir sind.

Erinnerung befähigt zur Empathie. Menschen als Teil unserer Gemeinschaft zu betrachten, die nicht von hier sind, kann mühsam sein. Aber hier spielt das Einfühlungsvermögen eine wesentliche Rolle. Die Einwanderer von heute haben alle eine Geschichte, die sie geprägt hat, die sie dazu motivierte, auszuwandern, die sie hierher geführt hat. Diese Geschichte weist viele Ähnlichkeiten mit der Geschichte unserer Vorfahren auf, derjenigen, die ausgewandert sind, und derjenigen, die kamen, um hier Wurzeln zu schlagen. Die Hautfarbe, die Kultur, die Traditionen können sich deutlich unterscheiden, aber die Notwendigkeit, sich eine bessere Zukunft aufzubauen, bleibt dieselbe, über alle Epochen und Kontinente hinweg.

Anmerkungen

[1] Nicoulin Martin: La Genèse de Nova Friburgo. Émigration et colonisation suisse au Brésil, 1817–1827. Éditions universitaires, Fribourg, 1973.
[2] L'envoyé extraordinaire de Suisse au Brésil, Johann Jakob von Tschudi, au Conseil fédéral, 1860. Documents diplomatiques de la Suisse.

Georg Kreis

Eigennutz und Gemeinnutzen

Von Zeit zu Zeit erinnern wohlmeinende Stimmen zu Recht an die Leistungen, die von Migrantinnen und Migranten in der Schweiz erbracht worden sind: von den Hugenotten im 17. Jahrhundert über die liberalen Professoren des frühen 19. Jahrhunderts und mindestens bis zu den Italienern vor allem in der zweiten Hälfte des 20. Jahrhunderts. Die einen haben, um nur zwei klassische Kategorien zu nennen, die Tunnels, Kraftwerke und Strassen und sogar die Landesausstellung «Expo 64» in Lausanne gebaut, die anderen haben Schulen, Seminare, Universitäten aufgebaut und dazu beigetragen, um es zuzuspitzen, dass die Einheimischen des schweizerischen Alpenlandes alphabetisiert wurden.

Das sollte man zumindest anerkennen, vielleicht sogar verdanken. Etwas in diese Richtung ging zum Beispiel das verdienstvolle Buch von Ernst Halter «Das Jahrhundert der Italiener in der Schweiz».[1] Okay, vielleicht wird man gelegentlich zum Jahrhundert der Türken, Tamilen oder Albaner entsprechende Bücher machen.

Aus einer Gegenposition dazu kann man – wiederum mit einiger Berechtigung – betonen, dass niemand gleichsam der Schweiz zuliebe eingewandert und hier tätig gewesen ist. Man tat es, weil dies einer bedrängenden Notwendigkeit und/oder dem Eigeninteresse entsprach. Für Migration ist bekanntlich abstossendes *push* und/oder anziehendes *pull* nötig. Trotzdem erübrigt sich deswegen eine Würdigung dessen nicht, was aus der persönlichen Migrationsmotivation für das Einwanderungsland am Schluss an Ertrag herausgeschaut hat. Diese Würdigung ist darum umso angebrachter, als es bei Alteingesessenen aus einer sonderbaren Ressentimenthaltung heraus eine Tendenz gibt, Fremde schnell dem Verdacht auszusetzen, sie seien nur Schmarotzer, «Einwanderer» in die attraktiven Sozialwerke der Schweiz und dergleichen.

Varianten der Aufnahmebereitschaft

In der Debatte um die Zuwanderung werden die beiden Kategorien – die Arbeits- und die Asylmigration – permanent vermischt. Sie sind sachlich ja auch schwer auseinanderzuhalten. Die Überschneidung findet sich im Begriff des Wirtschaftsflüchtlings: Eigentlich trifft diese Bezeichnung für viele regulär rekrutierte Arbeitsmigranten und nicht bestellte Asylmigranten zu, die hoffen, hier einen Arbeitsplatz in der Wirtschaft zu bekommen. Während bis in die 1970er-Jahre wenig fundamentale Vorbehalte gegenüber Asylsuchenden herrschten, die Arbeitsuchenden und gesuchten Arbeitskräfte dagegen in den Schwarzenbach-Zeiten wachsender Ablehnung begegneten, drehten die Verhältnisse in den 1980er-Jahren: Die generellere Einwanderungsfeindlichkeit richtete sich mehr und mehr gegen die neu als «Asylanten» bezeichneten Asylsuchenden.[2] Inzwischen ist dieser gedankenlos verwendete, scheinneutrale, aber wie im Fall von Simulanten und Querulanten mit dem «-anten»-Suffix versehene pejorative Begriff in die Alltagssprache eingegangen. Zwei grosse Flüchtlingswellen (aus Ungarn 1956 und aus der Tschechoslowakei 1968) wurden unter anderem auch darum problemlos aufgenommen, weil sie sehr willkommene Arbeitskräfte brachten. Das waren zu einem grossen Teil gut qualifizierte Arbeitskräfte, für deren Ausbildung der Aufnahmestaat nicht hatte aufkommen müssen. Ob Arbeits- oder Asylmigration ist mittlerweile aus der Abwehrhaltung heraus fast einerlei, und die Begriffe finden sich denn auch schön beisammen im Katalog der Fremdkategorien der «Masseneinwanderungsinitiative».

Wie Mythen es so an sich haben, können sie weiterleben, auch wenn ein entsprechender Inhalt nicht vorhanden ist. Noch immer gibt es die Meinung, dass die Schweiz sozusagen als nationales Alleinstellungsmerkmal die Eigenschaft hat, Asylland zu sein. Das mag in der Vergangenheit eine kleine Berechtigung gehabt haben. Die Aufnahme von Flüchtlingen hing in hohem Mass von der Aufnahmebereitschaft der in bestimmter Hinsicht gleichartigen Unterstützungsgruppen im Land ab: konkret etwa der Reformierten im Falle der erwähnten Hugenotten, der katholischen Konservativen im Falle der französischen Revolutionsflüchtlinge, der eigenen Liberalen gegenüber den fremden Liberalen, der schweizerischen Sozialisten bei den nichtschweizerischen Sozialisten und während der Zeit des Nationalsozialismus der einheimischen gegenüber den ausländischen Juden. Da in der heterogenen Schweiz eine Vielfalt von potenzieller Aufnahmebereitschaft bestand, ergab das in der Summe das, was man spätestens seit dem Krieg von 1870/71 «Asyltradition» nannte.

Soll man etwas gegen diese Zuschreibung haben? Dazu kann es, wie immer, mindestens zwei Meinungen geben: Einerseits stört und ärgert der Mythos, weil er als Schein- oder Ersatzrealität fungiert und Defizite aus- oder überblendet. Bekanntlich wird in letzter Zeit eine harte Flüchtlingspolitik auch damit gerechtfertigt, dass man den echten Kern der Asyltradition schützen und die Flüchtlingshilfe den wirklich Bedürftigen zukommen lassen wolle. Andererseits will man den Mythos in Form eines etablierten Ideals selber hochhalten, weil er einen verbindlichen Bezugspunkt bildet und die Gesellschaft verpflichten könnte, die realen Haltungen möglichst mit dem Ideal in Einklang zu bringen. Beizufügen ist aber, dass inzwischen andere Länder nicht weniger als die Schweiz Anlaufstellen für Menschen bilden, die auf der Suche nach einem besseren Lebensort sind.

Wir reden auch in diesen Belangen verständlicherweise, jedoch etwas zu schnell, von der Schweiz als gleichgestimmter Einheit. Nicht nur gibt es auf der individuellen Ebene erhebliche Unterschiede, sondern auch unter den schweizerischen Staatsteilen, die wir Kantone oder gar eigene Republiken nennen. Die Unterschiede werden in den Polizeidirektoren- und -kommandantenkonferenzen gut sichtbar, wenn jeder hinter seinem auf dem Pult aufgestellten kleinen Kantonsfähnchen die eigenen Standpunkte darlegt; Standpunkte zu Unterbringung, Sicherheitskontrollen, Übersetzungshilfe, schulischer Integration usw.

Grössere Unterschiede zeigen sich auch bei den Haltungen zu den Einbürgerungen. Diese bilden zwar einen speziellen Akt in der Fremdenpolitik. Als die Integration sozusagen abschliessender Vorgang sagen sie aber auch etwas aus über die Einstellung zu Beginn des Aufnahmeprozesses von Zuzügern. Dazu ein alter Vorschlag: Man sollte allen Zuzügerinnen und Zuzügern bei ihrer Einreise im Hinblick auf ihre spätere Einbürgerung eine Karte in die Hand drücken, die Auskunft gibt über die verschiedenen kantonalen und kommunalen Einbürgerungsregime, damit sie sich nicht am «falschen» Ort niederlassen, wird doch bei Einbürgerungsverfahren auf Anwesenheitsjahre abgestellt und muss man im Fall einer Ablehnung an einem anderen Ort mit der Anrechnung wieder von vorne beginnen. Die Pointe dieses sonderbaren Systems besteht übrigens darin, dass die einzelnen Gemeinden als «Schweizermacher» im positiven wie im negativen Sinn für die ganze Schweiz handeln. Ein im einbürgerungsfreundlichen Jura einmal eingebürgerter *citoyen* muss nachher im Aargau oder in der Ostschweiz ohne Wenn und Aber als gleichwertiger Eidgenosse akzeptiert werden.

Apropos «Schweizermacher»: Dieser humorvoll-kritische Streifen von Rolf Lyssy (1978) soll mit gegen einer Million Zuschauer der erfolgreichste Schweizer Film seit der statistischen Erfassung sein. Man lacht gerne sozusagen auch über sich selbst. Doch wie viel hat dieser Film in der Sache selbst bewirken können?

Gesellschaftseffekte

Es sei durchaus eingeräumt: Zuwanderung ist nicht immer eine Erfolgsgeschichte, und Immigranten sind nicht stets und automatisch ein Gewinn für die Gesellschaft. Wenn Integration nicht stattfindet, nicht gelingt, dann bedeutet das aber einen doppelten Schaden: Es ist ein Schaden für die eingereisten Menschen, wenn sie nicht wenigstens teilweise auch innerlich im neuen Land ankommen. Es ist aber immer auch ein Schaden für die Aufnahmegesellschaft. Integrationsarbeit ist im Gegensatz zu einer stark verbreiteten Meinung nicht einfach ein weiteres Geschenk an Zugewanderte (neben Nahrung und einem Dach über dem Kopf), sie ist auch eine Wohltat, welche die Gesellschaft sich selber zukommen lässt.

Es gibt eine Tendenz, bei Zugewanderten stets zu beachten, was ihnen im Vergleich zu unserer Normalausstattung «fehlt», und dabei zu übersehen, was sie an zusätzlichen Fähigkeiten mitbringen, über die wir nicht verfügen. Ein Unternehmen wie Novartis verhält sich da anders (allerdings im Segment der hochqualifizierten und gutbezahlten Arbeitskräfte) und nutzt bewusst die kulturelle Vielfalt der Menschheit. Eine bescheidene, aber viel zu dürftige Nutzung von Zusatzqualität eingewanderter Menschen gab und gibt es in der Armee und im zivilen Nachrichtendienst: Man nutzt bis heute die Sprach- und Länderkenntnisse, um sich ein Bild vom Rest der Welt zu machen, zum Beispiel im Abhördienst der «Gruppe Ohr», die fremde Radiosendungen auszuwerten hatte. Kulturelle Diversität ist aber nicht nur in der gezielten Nutzung nützlich, sie belebt auch in nicht berechenbarer Weise und fördert die Kreativität der Gesellschaften. Man könnte von «Blutauffrischung» sprechen, wenn dies nicht doch eine zu biologistische Auffassung wäre.

Heute ruft man vor allem nach höher entwickelter Qualität (oder nach *skills*). Bekanntlich benötigte gerade die Schweiz aber auch *manpower* im niedriger qualifizierten Arbeitssegment und dazwischen viele geduldige Menschen im Pflegebereich. Und sie braucht als überalterte Gesellschaft wie fast alle europäischen Länder junge Menschen. Sollte man sich daran stören, dass Eingewanderte mit zu bescheidenem (Aus-)Bildungsgepäck ins Land kommen, und sollten, wie das heute laut gefordert wird, nur noch hochqualifizierte Menschen als niederlassungswürdig eingestuft werden, könnte man auch einen Blick auf die vielen erfolgreichen Secondos und Secondas werfen, die (neben den schwierigen Angehörigen der Einwanderungsjugend, die es auch gibt) Aufsteiger sind, weil sie es gerade wegen ihrer schwachen Ausgangslage im Leben zu etwas bringen wollen.

Dass es solche Aufsteiger gibt, ist von Zeit zu Zeit auch ein Medienthema. Im «Magazin» des «Tages-Anzeigers»[3] brachte Martin Beglinger zum Beispiel sieben Porträts von «guten Albanern»; solchen, die als Ärzte, Ökonominnen, Unternehmer (und nicht nur als Fussballstars) erfolgreich waren und sind. In diesem Artikel wird, was einem Trend entsprechen könnte, nicht nur Integration, sondern auch Assimilation als positive Sache angesehen. Sofern sie freiwillig selbst erbracht und nicht von aussen forciert wird, kann man dem ja etwas Positives abgewinnen. Und für die Gesamtgesellschaft wie für die Immigranten ist es sicher wünschenswert, dass die bestehenden Grundwerte nicht massiv infrage gestellt werden. Soziale Ordnung (zum Beispiel die ordentliche Abfallentsorgung) soll aber nicht nur bei den Fremden angemahnt, sondern auch gegenüber den Einheimischen verteidigt werden.

Man kann die Leistungen der Immigrationsmenschen würdigen, ohne sie zu idealisieren.[4] Es könnte aber sein, dass manche insbesondere zwei Qualitäten haben: Erstens könnten sie zu den Menschen gehören, die aus ihrem Leben etwas machen wollen, darum ihr Schicksal in die Hand nehmen und aus der Heimat wegziehen und sich bemühen, am neuen Ort eine Existenz aufzubauen. Und zweitens könnten sie mit ihrer Differenz nicht nur die gewürdigte Vielfalt bereichern, sondern auch eine besonders interessante Mischung von Sozialkompetenz in sich tragen, wenn sie, wie dies im Zusammenhang mit zugewanderter Stadtbevölkerung gewürdigt wird, nicht mit grösster Selbstverständlichkeit «dazugehören» und vielleicht gerade deswegen gleichzeitig mit ganz unterschiedlichen Menschen Kontakt haben.[5] Natürlich gibt es auch den anderen Typus des Fremden, der möglichst zurückgezogen lebt und neben der Ausschliessung durch die Mehrheitsgesellschaft eine Selbsteinschliessung in seinem Milieu-Ghetto betreibt.

Eigennutz – Gemeinnutzen? Die Zugezogenen sind – auch in diesem Text – einer ständigen Bewertung ausgesetzt. Da wird stets, um nur ein banales und zugleich ernstes Beispiel zu nennen, überkritisch geprüft, ob eine alleinstehende Mutter ihren pubertären Sohn im Griff hat, derweil die vielen anderen Menschen mit dem wirklich unverdienten Privileg, zur alteingesessenen Bevölkerung zu gehören, fraglos akzeptiert werden. Ist das gerecht, ist das fair?

Anmerkungen

[1] Für die Variante der deutschen Einwanderung in der ersten Hälfte des 19. Jahrhunderts vgl. Kreis, 2013.

[2] Kreis, 1995. Aus historischen Gründen sei noch auf eine von der Caritas angeregte Publikation verwiesen: Bucher Beat, Hartmann Alois (Hrsg.): Flucht. Ursachen, Hindernisse, Auswege. Ein Handbuch zu Asyl- und Flüchtlingsfragen. Rex-Verlag, Luzern, 1988.

[3] «Magazin», Nr. 39, 2007.

[4] Ansätze zu einer Typisierung bei Klaus J. Bade: Homo Migrans. Wanderungen aus und nach Deutschland. Erfahrungen und Fragen. Essen, 1994. Vom gleichen Autor: Europa in Bewegung. München, 2000.

[5] Anknüpfend an Georg Simmels «Exkurs über den Fremden» von 1908 hält Walter Siebel fest: «Der Fremde kennt zwei Kulturen, ohne einer von ihnen ganz anzugehören. [...] Dadurch [ist] er in besonderer Weise genötigt zu kritischer Reflexion. Deshalb ist der Fremde zu besonderen künstlerischen, wissenschaftlichen und wirtschaftlichen Leistungen befähigt» (Siebel, 2000, S. 270).

Literaturhinweise

Bade Klaus J.: Homo Migrans. Wanderungen aus und nach Deutschland. Erfahrungen und Fragen. Klartext-Verlag, Essen, 1994.

Bade Klaus J.: Europa in Bewegung. C. H. Beck Verlag, München, 2000.

Bucher Beat, Hartmann Alois (Hrsg.): Flucht. Ursachen, Hindernisse, Auswege. Ein Handbuch zu Asyl- und Flüchtlingsfragen. Rex-Verlag, Luzern, 1988.

Halter Ernst: Das Jahrhundert der Italiener in der Schweiz. Offizin-Verlag, Zurich, 2003.

Kreis Georg: Schweizerische Asylpolitik in Vergangenheit und Gegenwart. In: Heiss Gernot, Rathkolb Oliver (Hrsg.): Asylland wider Willen. Flüchtlinge in Österreich im europäischen Kontext seit 1914. Verlag Jugend und Volk, Wien, 1995, S. 264–279.

Kreis Georg: Der deutsche Aufbaubeitrag an die Schweiz von 1848. In: Niederhäuser Peter (Hrsg.): Winterthurer Weltgeschichten. Zürcherisch-deutsche Beziehungen im 19. Jahrhundert. Chronos-Verlag, Zürich, 2013, S. 11–23.

Siebel Walter: Urbanität. In: Häussermann Hartmut (Hrsg.): Grossstadt. Soziologische Stichworte. Opladen, 2000, S. 264–272.

Ein Gespräch mit Marco Solari

«Ich bin das Kind zweier Exoten»

Seit Jahrzehnten repräsentiert Marco Solari die Schweiz: als Direktor der «Ente Ticinese per il Turismo», als Delegierter für die 700-Jahr-Feier der Eidgenossenschaft, als Präsident des Internationalen Filmfestivals von Locarno, als Vorstand von Schweiz Tourismus oder als Initiator einer neuen Landesausstellung («Gottardo 2020»). Die Perspektive des Fremden, des Ausländers, ist ihm ebenso vertraut aus der Zeit, als er, ein Tessiner Kind, in Bern in die Schule ging.

Herr Solari, Ihr Vater war Direktor der Eidgenössischen Fremdenpolizei, des heutigen Bundesamtes für Migration. Wie hat dies Ihr Bild von «Fremden» geprägt?

Meine Erinnerungen an die Arbeit meines Vaters sind die eines extrem anständigen Mannes, der sein enormes Pflichtbewusstsein mit einem grossen Verständnis für die persönliche Situation von Migranten verbinden musste. Dieser Spagat – es waren damals die Zeiten des Saisonnierstatuts und der ersten italienischen Fremdarbeit – ist sicher nicht immer gelungen. Ich glaube, dass er sehr unter der Situation gelitten hat. Manchmal sagte meine Mutter am Abend: «Heute musste er wieder streng sein.» Man konnte dies in seinen Augen sehen. Die Sympathien für die Immigranten, die er hatte, waren sehr konkret. Für uns, die wir aus dem Tessin kamen, war die *italianità*, welche die Fremdarbeiter nach Bern brachten, sehr bedeutungsvoll. Ich erinnere mich an Bilder an Samstagen am Bahnhof Bern, die unendliche Traurigkeit, die Melancholie, das Heimweh, das man von den Augen dieser Leute ablesen konnte. Das hat mich sehr ergriffen. Die Arbeiter schauten den Zügen nach, sogar den Güterzügen, die nach Süden fuhren, dahin, wo sie ihre Frau und ihre Kinder zurückgelassen hatten.

Später, als ich grösser war, habe ich die Frage gestellt: «Ist das richtig?» Mein Vater, der ein hochintelligenter, rhetorisch versierter Mann war, ist mir die Antwort schuldig geblieben. Er wusste in seinem Herzen, dass das Saisonnierstatut nichts Gutes war. Ich weiss aus Zeitungsartikeln und Briefen, dass er sich beim Bundesrat immer wieder starkgemacht hat für eine liberale Auslegung. Wo er konnte, operierte er mit grossem Verständnis und machte bei Entscheiden über Familiennachzüge Ausnahmen. Dennoch war sein Pflichtgefühl ausgeprägt, und er fühlte sich verpflichtet, konsequent zu sein. Die Schwierigkeiten meines Vaters, Gesetze umzusetzen, haben mich stark geprägt.

Die «Fremden» der damaligen Zeit in der Schweiz waren also die Italiener, denen Sie sich als Sohn eines Tessiner Vaters und einer Berner Mutter verbunden fühlten?

Die Italiener waren für uns Tessiner unsere Brüder. Die Bergamasken, die Lombarden, sie stammten von gegenüber der Landesgrenze, sie kamen aus den gleichen Tälern wie wir, sie dachten gleich wie wir. Später kamen die Immigranten von weiter her, zuerst immer südlicher aus Italien, dann kamen auch Spanier, dann Portugiesen, und jedes Mal dachte man zuerst, dass dies jetzt ganz Fremde seien.

Welche Haltung hatten Sie als Kind selbst den Immigranten gegenüber?

Meine Sympathie war immer absolut auf der Seite der italienischen Fremdarbeiter. Ich habe sie nicht als Fremde angesehen. Ich habe später – in den Siebzigerjahren – den Maler Mario Comensoli kennengelernt und mich mit ihm über diese Zeit unterhalten. Er hatte die gleiche Sensibilität entwickelt wie ich. Die Menschen aus dem Süden hatten eine enorme Humanität und Melancholie. Sie waren allein, vielleicht an Weihnachten reisten sie einmal kurz nach Hause. Die Bilder dieser Menschen habe ich nicht vergessen. Sicher spielten dabei auch Erzählungen mit, die ich als Kind hörte von Tessinern, die selbst migriert waren, also innerhalb der Landesgrenzen. Es ist aus heutiger Sicht unvorstellbar, wie weit das Tessin, die Deutschschweiz und auch die Romandie in der damaligen Zeit voneinander entfernt waren.

Wie erlebten Sie dies im Alltag?

Ich kann mich erinnern, dass ich an meinem Kindervelo einen kleinen rot-blauen Wimpel besass. Damit habe ich als Neunjähriger meine *italianità*, meine *ticinesità* ausgedrückt. Einmal bin ich in eine Bande von Berner Jungen geraten, Kinder aus dem Länggassquartier. Sie bedrängten mich und beschimpften mich wegen dieses Wimpels. «Tschingg» war noch das freundlichste Wort. Ich war in der genau gleichen Situation wie die Italiener. Auf meine Reaktion auf diese Begegnung bin ich heute noch stolz: Ich habe den Tessiner Wimpel nicht etwa weggenommen, sondern ging in den Laden und kaufte mir einen zweiten und band ihn ebenfalls an das Lenkrad meines Velos.

Sie waren also selbst fremd in Bern?

Als Tessiner war man damals in Bern ein Fremder. Wir wurden als Italiener wahrgenommen. Ich hatte damals einen italienischen Freund, er hiess Carlo. Er hat mir eine Erzählung zum Lesen gegeben, von Fremdarbeitern, die Anfang des 20. Jahrhunderts mitgeholfen hatten, die Jungfraubahn zu bauen. Die Geschichte handelte von einem Kind, dessen Vater bei den Bauarbeiten stirbt. Er wird in Lauterbrunnen zu Grabe getragen, und an seinem Grab stand ganz allein ein ausländischer Junge. Meine Sympathien waren immer bei den Gastarbeitern, und sie sind es auch heute noch. Dieses Mitgefühl für Menschen, die so viel aufgeben mussten, ist ganz tief geblieben. Ich muss das allerdings ergänzen: So wie ich für Immigranten grundsätzlich mit Verständnis und Mitgefühl reagiere, reagiere ich auf der andern Seite mit absolutem Unverständnis, ja mit Abscheu, wenn Leute, die wir bei uns aufgenommen haben, die Gesetze missachten. Da bin ich intolerant und ablehnend.

Wie haben Sie die politische Diskussion der damaligen Jahre wahrgenommen? Das Saisonnierstatut ist ja aus heutiger Sicht geradezu der Inbegriff einer starken Abwehr gegenüber Immigranten, ein gesetzgeberischer Ausdruck von Fremdenfeindlichkeit. Dies kumulierte später in den Auseinandersetzungen um die Schwarzenbach-Initiative.

Es war eine Zeit, in der sehr emotional diskutiert wurde. Dennoch ging es zivilisiert zu und her. Schwarzenbach war ein intelligenter Gentleman, der

Überzeugungen hatte, die man nicht teilen konnte. Auch mein Vater hat mit ihm Gespräche geführt. Schwarzenbach war kein Fanatiker, kein Hasser. Die heutige Diskussion empfinde ich als härter und schärfer. Aber wir müssen diese Diskussion auch führen, wenn bald 25 Prozent der Bevölkerung Ausländerinnen und Ausländer sind. Wir sehen das im Tessin, wo die Situation noch ausgeprägter ist. Da ist fast jeder zweite Einwohner ein Immigrant. Die Frage muss schon kommen, ob irgendwann die Grenze erreicht ist.

Wie drückt sich das für Sie im Alltag konkret aus?
Zu den Zuzügern kommen inzwischen 60 000 Grenzgänger, die jeden Morgen mit dem Auto in die Schweiz fahren und am Abend zurück nach Italien. Die Nachteile sind offensichtlich. Diese Woche gab es einen harmlosen Unfall auf der Autobahn. Zwischen 17 und 20 Uhr war das ganze Tessin komplett paralysiert. Nichts ging mehr. Da entsteht schon das Gefühl, dass etwas ausser Kontrolle geraten ist. Der Erfolg von politischen Bewegungen wie der Lega dei Ticinesi beruht darauf, dass sie sich auf solche Bilder fokussieren.

Sie haben auch längere Zeit selbst im Ausland gelebt, so etwa in den Sechzigerjahren in Asien. Wie haben Sie die Rolle als Ausländer erlebt?
Ich war da natürlich in einer komplett anderen Situation als die Italiener in der Schweiz. Die Welt war zu dieser Zeit stark geprägt von einem kolonialen Weltbild, Europäer hatten nach wie vor eine prädominante Stellung. Dies hat meine Aufenthalte in asiatischen Ländern geprägt, ich war in diesem Sinn kein unterprivilegierter Fremder. Das kann man nicht vergleichen.

Was hat Sie ins Ausland geführt?
Ich habe in Genf mein Studium in Sozialwissenschaften absolviert. Um mir das Studium zu finanzieren, begann ich beim Reiseveranstalter Kuoni zu arbeiten. Freunde haben mich organisatorisch dabei unterstützt, dass ich in Asien und an andern Orten der Welt Aufgaben übernehmen und gleichzeitig mein Studium weiterverfolgen konnte. Eine Studienarbeit in praktischer Nationalökonomie habe ich auf einem Balkon in Ostjerusalem geschrieben. Die Möglichkeit zu solchen Erlebnissen hat mein Weltbild stark geprägt. Für mich persönlich ist das Ausland kein «Ausland», alles ist eins.

Das Bild der Schweiz basiert ja sehr stark auf der Vorstellung, dass es ein «Ausland» gibt. Wie sind Sie damit umgegangen, als Sie vom Bundesrat beauftragt wurden, 1991 die 700-Jahr-Feier der Schweizerischen Eidgenossenschaft zu gestalten?

Ich habe immer gesagt, dass es keine nostalgische, hurrapatriotische Feier geben darf, keine mythische, von oben dekretierte Fröhlichkeit. Ich sah die 700-Jahr-Feier als Anlass zum Überlegen, wohin wir als Schweiz gehen wollen. Dabei wurde klar, dass die Schweiz, wie wir sie früher hatten, sich ständig entwickeln und neue Werte annehmen muss. Das ist für viele Menschen, die einem überkommenen Bild des Landes verhaftet bleiben möchten, nicht einfach. Dennoch ist klar, dass diese Bewegung stetig weitergeht. Auch den 9. Februar, das Ja zur Masseneinwanderungsinitiative, sehe ich unter diesem Aspekt: Das war ein Rückschlag, aber dieses Abstimmungsergebnis unterbricht die Entwicklung nicht, kann sie gar nicht unterbrechen. Das ist ein Rad, das sich stetig weiterdreht, eine Bewegung, die nicht zu bremsen oder aufzuhalten ist. Dass wir uns abschotten können, ist reine Theorie. Das ist nicht möglich. Wir sind komplett vernetzt in der Welt, wie wir es noch nie waren. Wie stark unsere Jugend international vernetzt ist, sehe ich am Beispiel meiner Enkelkinder. Sie haben Freundschaften auf der ganzen Welt.

Was bedeuten Grenzen für Ihre Enkelkinder?

Das ist eine gute Frage. Die Antwort lautet ganz einfach: nichts! Ich bin in einem grossen Herrenhaus am Luganersee gross geworden. Dort haben wir, die wir ja in Bern wohnten, jede freie Minute verbracht – am Wochenende, über Festtage, in den Ferien. Das Haus liegt direkt am Seeufer, gegenüber ist Italien zu sehen. Meine ganze Jugend war von Erzählungen aus der Zeit des Zweiten Weltkriegs geprägt, einer Zeit, in der diese Grenze völlig geschlossen war. In der Nacht habe ich jeweils in meinem Zimmer Lichtkegel über die Decke gleiten sehen. Sie stammten von den Scheinwerfern der italienischen Zöllner, die den See nach Schmugglern absuchten. Mit dem Boot durften wir nur bis zur Mitte des Sees rausfahren. Die Grenze war eine Barriere, was aus heutiger Sicht absurd wirkt. Ich bin gross geworden mit der Idee von hermetisch abgeschlossenen Grenzen. Das hat sich völlig zerschlagen. Ich sage meinen Enkelkindern: «Kommt, wir gehen eine Pizza essen drüben in Italien.» Wir steigen ins Boot und sind in fünf Minuten auf der andern Seite. Heute gibt es dort keine Grenze mehr. Oder vielmehr ist die Grenze zu etwas Verbindendem geworden. Man geht gerne rüber, man arbeitet zusammen, man kennt sich. Früher waren die beiden Seiten des Sees zwei völlig abgeschnittene Orte, heute haben wir die gleichen Probleme, die wir gemeinsam lösen müssen. Dasselbe Gefühl gibt es in Basel und in Genf.

Aber haben wir diese Grenze nicht einfach verschoben?
Natürlich. Um Europa herum gibt es eine Mauer. Was früher der Bahnhof von Bern war, sind heute die Auffanglager in Lampedusa. Was Brig und Chiasso waren, sind unsichtbare Mauern, die wir am Mittelmeer aufgebaut haben. Wir haben die Grenze hinausgeschoben.

Was lässt sich aus Ihrer Sicht dagegen tun?
Die Probleme sind nur lösbar, wenn sie an der Wurzel gepackt werden. Das ist eine Titanenarbeit über Generationen. Die Bedingungen in Afrika und Vorderasien muss man verbessern. Das ist leicht gesagt, aber enorm schwierig zu realisieren. Betrachtet man ein Schiff mit tausend Flüchtlingen aus dem Flugzeug, kann es als Erfolg empfunden werden, wenn man dieses zur Umkehr bewegen kann. Wer auf dem Schiff ist und die werdende Mutter, den verzweifelten Vater, die Kinder sieht: Welches Herz bleibt da hart? Sobald «Nummern» zu Einzelschicksalen werden, wird es schrecklich. Das ist ein riesengrosses, existenzielles Problem. Ich bin dankbar für Leute, die sich einsetzen, um die Einzelschicksale zu verbessern. Die Arbeit der Caritas und anderer Organisationen ist bewundernswert. Sie versuchen die Probleme tatsächlich bei der Wurzel zu packen und die Bedingungen in den Ländern jenseits der europäischen «Mauern» zu verändern, welche die Leute zwingen, ihr Land zu verlassen. Wenn man Krankheit und Tod ausgeliefert ist, nimmt man alles auf sich, um die Situation zu verbessern. Ich denke, wir könnten diese Probleme lösen, wenn der Wille da wäre.

Ihre Tätigkeiten im Tourismus, aber auch als Präsident des Filmfestivals von Locarno, haben Sie immer wieder mit Menschen aus aller Welt zusammengebracht. Welches Bild der Schweiz erhalten Sie da gespiegelt?

Die Besucher sind manchmal erstaunt über gewisse Unfreundlichkeiten oder eine gewisse Verschlossenheit. Andererseits treffe ich auch immer wieder Leute, die mit Vorurteilen kommen und eine Schweiz entdecken, die offen ist und auf die Leute eingeht. Die Besucher sind zum Teil überrascht, dass sie ein anderes Land antreffen, als sie erwartet haben.

Diese Besucher kommen also mit einem negativen Bild in die Schweiz?
Das Image der Schweiz hat schon gelitten. Es gibt einen Film mit dem Titel «The Ugly American». Wir sind analog dazu schon etwas zu «Ugly Swiss» geworden. Darum ist es wichtig, dass wir immer auch wieder zeigen, was die Realität ist und was die Schweiz leistet. Ich denke an die Direktion für Entwicklungszusammenarbeit mit ihren vielen Projekten, aber auch an die Caritas und viele andere Organisationen, die weltweit tätig sind. Die Schweiz hat natürlich den Hang, mit eigenen Leistungen nicht zu protzen. Diese Zurückhaltung gibt es auch im karitativen Bereich. Ich sehe das bei meiner Arbeit in den Stiftungen «Accentus» und «Symphasis» der Credit Suisse. Viele sehr reiche Leute protzen nicht mit ihrem Geld, sie möchten Gutes bewirken und tun dies auch sehr grosszügig. Sie verlangen aber auch, dass das Geld richtig gut schweizerisch eingesetzt wird. Sie wollen die Garantie haben, dass ihr Vermögen in professionelle Hände kommt und kein Missbrauch passiert. Das Klischee des «Ugly Swiss» kommt unter anderem davon, dass der Schweizer ungern von sich redet und davon spricht, was er Gutes tut. Meines Erachtens müsste man da mehr tun. Die Schweizer haben einen Hang zum Understatement.

Im Tourismus ist ja Gastfreundschaft ein zentraler Begriff. Wie verträgt sich das mit einer abwehrenden Haltung gegenüber «Fremden»?
Sehen Sie, Tourismus ist ein Geschäft. Es ist natürlich schön, wenn ideelle Gründe hinter dem Tourismus stehen. Ich habe immer betont: Ohne ein Lächeln, eine freundliche Geste bleibt der Tourismus eine ökonomische Transaktion. Die Gastfreundschaft im Tourismus und jene gegenüber Flüchtlingen sind zwei sehr verschiedene Dinge. Grundsätzlich müsste jemand, der im Tourismus arbeitet, Menschen aus der Fremde gern haben, weil er sie kennt. Man hat immer Angst vor etwas, das man nicht kennt. Solange es um allgemeine

Prinzipien und Statistiken geht, können die Menschen verschlossen, «zu» sein. Die gleichen Leute setzen sich dann auf einmal bei Einzelschicksalen ein, wenn die Menschen ein Gesicht haben. Wenn ein kosovarisches Kind in der Klasse sympathisch ist, hat man Verständnis und wehrt sich, wenn eine Ausweisung aus der Schweiz droht. Die Gefühle ändern sich in einer solchen Situation stark. Auf der Ebene einer persönlichen Beziehung verschwinden Vorurteile.

Leider beschränkt sich diese Haltung sehr oft auf den persönlichen Bereich. Das Bild einer homogenen Schweiz ist noch immer sehr dominant.

Mein Freund Carlo aus der dritten Klasse in Bern war als Ausländer damals die absolute Ausnahme. Der erste dunkelhäutige Soldat in einer RS war ein Ereignis, heute ist eine solche Durchmischung völlig normal. Es gibt keinen Bereich mehr, der absolut schweizerisch ist. Banken, Spitäler, Altersheime, Schulen, nichts würde heute mehr funktionieren, wenn hier nur Schweizer tätig sein dürften. Das ist ein absoluter Mythos. Man muss Verständnis haben für Nostalgiker, aber ihre Schweiz ist wie aus dem Märchenbuch. Es gibt sie nicht mehr.

Sie sind ein liberal denkender Mensch. Welche Rolle spielt in diesem Verständnis die Offenheit gegenüber Ausländern?

Sie ist sehr wichtig und wurzelt in meinem Grundverständnis des Lebens. Was wollen wir auf dieser Welt? Wozu sind wir da? Wer sich etwas mit Philosophie und Literatur abgibt, bekommt immer wieder die gleichen Antworten: Wir sind da, um andern zu geben, um Liebe zu geben. Im Prinzip sollten wir jeden Tag denken: «Wie können wir etwas geben?»

Welche Rolle hat in diesem Denken Ihre Herkunft aus zwei Kulturen innerhalb desselben Landes?

Meine protestantische Berner Mutter war im Tessin eine Exotin, mein katholischer Vater war als Tessiner Jurist in Bern ein Exot. Ich bin also das Kind zweier Exoten der damaligen Zeit und muss mit der Zerrissenheit zwischen Nord und Süd leben. Ich spüre beides in mir, und indem ich diese Zerrissenheit spüre, überwinde ich sie.

Das Gespräch führte Stefan Gribi

Peter Schneider

Integration in was?

Der Tanz ums Goldene Kalb der Integration wird von vielen Melodien und Rhythmen begleitet. Ich möchte im Folgenden zeigen, dass es unmöglich ist, aus dieser Integrationskakophonie eine harmonische Volksweise zu destillieren. Denn der Begriff «Integration» selbst ist so sehr durchsetzt mit unhaltbaren Implikationen, dass er nicht als Bestandteil einer politischen Utopie für das Zusammenleben taugt.

Als (rechter) Kampfbegriff ist Integration das Gegenstück zum linksgrün konnotierten Konzept der Multikultur; als Konsensbegriff über alle Parteien hinweg erscheint er als Alternative zur Horrorvorstellung der Ausbildung von Parallelgesellschaften. Von links bis rechts kämpft man freilich mit diesen Schlagwörtern lediglich für oder gegen Windmühlen, anders formuliert: für oder gegen anachronistische Phantasmagorien.

Von solchen Kämpfen mit den Hervorbringungen der eigenen Einbildungskraft handelt bekanntlich Miguel Cervantes' Roman «Don Quijote» (1605 erschien der erste Teil). Der Titelheld des Romans ist ein armer spanischer Landadeliger, dem das Lesen allzu vieler Ritterromane den Geist vernebelt hat. Zusammen mit seinem treuen (aber ob der Verstandesverwirrungen seines Herrn immer wieder verzweifelnden) Diener Sancho Pansa zieht Alonso Quijano alias «Don» Quijote in die Welt der Neuzeit hinaus, die er beständig als die heroische Ritterzeit des Mittelalters romantisiert. Legendär ist dabei sein Kampf gegen die Windmühlen geworden, die Quijote für Ungeheuer hält. Stets kriegt er fürchterlich eins auf die zusammengebastelte Rüstung und macht sich vor der dem Mittelalter längst entwachsenen Mitwelt lächerlich.

Wenn ich den Kampf um und für die Integration als einen Kampf um, für und gegen Windmühlen bezeichne, dann meine ich damit dessen anachronistischen Gehalt. Wenn man dem Islam (ein beliebter Gegenstand der Integration) pauschal vorwirft, er sei noch nicht in der Gegenwart der aufgeklärten säkularen Moderne angekommen, so tut man das gerne verbunden mit einer anachronistischen Forderung an die islamische Kultur: Die Muslime, heisst es, müssten sich, wenn sie bei uns leben wollen, unserer Kultur anpassen. Im Fall der Musliminnen bedeutet das konkret: Sie müssten zum Beispiel auf das Tragen eines Kopftuchs verzichten, weil die Verwendung dieses kulturellen Symbols der Integration in unsere Kultur entgegenstehe. In was bitte? Es gibt diese Kultur schlicht nicht, ausser im Plural, als Konglomerat multipler Kulturen. Integration in *eine* Kultur – die unsere – ist also ein kulturelles Ding der Unmöglichkeit. Integrieren kann man sich allenfalls in eine sehr begrenzte Gruppe.

Es gehört zur Ironie des Schicksals, dass es sich bei unseren hiesigen, mit grösster Besorgnis und viel Angstlust beobachteten Islamisten, der Führungsclique des Islamischen Zentralrats, um Schweizer Konvertiten Don Quijotischen Zuschnitts handelt, deren grosse Integrationsleistung darin besteht, sich in einen selbst gegründeten Verein perfekt integriert zu haben. Quaasam Illi ist so etwas wie ein Elvis-Double des Islams und Nora Illi seine in einschlägigen Talkshows gern gesehene (kleiner Scherz!) Prophetin.

Der Begriff der Integration umfasst beide Bewegungen: einerseits diejenige, die vom Fremden ausgeht, der sich in eine Gruppe integrieren will, und andererseits diejenige, mit der die Gruppe den Neuankömmling bei sich aufnimmt. Eine Geschichte, um die man eigentlich nicht viel Aufhebens machen müsste, denn sie geschieht alle Tage: Der frisch angeheiratete Schwiegersohn muss sich an die «Mödeli» der neuen Familie gewöhnen und den Umgang mit den neuen Verwandten einüben, so wie die Familie der Braut sich an die Eigenheiten des neuen Familienmitglieds gewöhnen und gegebenenfalls auf dessen Eigenarten Rücksicht nehmen muss. Manche Schwiegersöhne können das besser als andere, und manche Familien haben mehr und ärgere Marotten, als einem gewöhnlichen Sterblichen zumutbar sind (oder auch umgekehrt) – und je nachdem pendelt sich das Verhältnis der Beteiligten im Dreieck zwischen intimer Nähe, kühler Distanz und heisser Ablehnung ein. Niemanden wundert das, und niemand raunt von der Gefahr der Bildung von Parallelfamilien, selbst dann nicht, wenn sich Gruppen innerhalb der Familie bilden, die einander aufs Blut befehden.

Parallelgesellschaften sind nicht die Folge von Einwanderung, sondern ein typisches Kennzeichen liberaler und sozial inhomogener Gesellschaften. Manche dieser «Parallelen» schneiden sich schon ein ganzes Stück vor dem Unendlichen, manche nicht einmal dort. Die Liebe sorgt manchmal dafür, dass sich diese «Parallelen» (familiär) sogar verknoten können; die Regel ist das nicht. Und eher kommen eine traditionell-muslimische Zahnärztin aus Ägypten und ein ungläubiger Journalist aus Luzern zusammen als eine Tochter aus dem Basler «Daig» mit einem Arbeitersohn aus Albisrieden (auch die Rekrutenschule war einmal ein Ort solcher Begegnungen der dritten Art). Man lese Pierre Bourdieus «Die feinen Unterschiede», und man erfährt, wie fein und zugleich immens gross die kulturellen Differenzen sind, welche die ökonomischen Klassen voneinander trennen.

Die Integrationsleistung von Familien angesichts des in ihnen herrschenden Konfliktpotenzials ist erstaunlich gross, aber sie beruht keineswegs auf der Existenz oder der Herstellung von Gleichheit. Gilbert Chesterton, der Vater der Father-Brown-Figur, hat in einem seiner Essays darauf hingewiesen, dass man nicht als Ethnologe in ferne Länder reisen muss, um dem Exotischen zu begegnen. Das ganze Panoptikum kultureller Bizarrerien und Unverträglichkeiten begegne einem nämlich zuallererst in der Familie, einem durch Zufall und nicht durch Wahl zusammengewürfelten Haufen seltsamer Gestalten, die es trotzdem irgendwie miteinander aushalten. Oder auch nicht. Denn die Familie ist nicht der Kern, sondern das Gegenstück der Gesellschaft. In der Familie herrscht der Zwang des Zufalls, in der Gesellschaft die Freiheit der Wahl – jedenfalls ihrem Ideal nach. Man kann sich mit vielen Gleichgesinnten zusammentun und beginnt, sein eigenes «Biotop» für die Welt zu halten. Das ist menschlich, aber fatal.

Richtig problematisch wird es mit der Integration, wenn sie zum politischen Kampfbegriff wird. Der Fremde hat sich gefälligst zu integrieren. Basta! Ein zweiseitiger Prozess? Wäre ja noch schöner! Und plötzlich soll sich der aufgeklärte Staat so aufführen, wie man es dem türkischen Patriarchen vorwirft, dass er es tut. Er soll nicht bloss die Einhaltung der bürgerlichen Rechte und Pflichten durchsetzen (was zweifellos seine Aufgabe ist), sondern auch die Kleidersitten. Dem ist nur eines entgegenzuhalten: Was nicht strafbar ist, ist erlaubt. Jeder blamiert sich auf eigene Kosten. Wie Don Quijote.

Alle Gesellschaften und Kulturen sind in sich heterogen und in Bewegung, und zwar sowohl die eigene als auch die fremde. Der Aufstieg der Arbeiterklasse zu einer politisch repräsentierten Gruppe etwa war das Ergebnis einer innergesellschaftlichen «Migration», welche die Schweiz mehr durchgerüttelt hat als die Einwanderung aus den Balkanstaaten. Wer von der paranoiden Angst heimgesucht wird, eine Gesellschaft könnte sich durch den Einfluss von Einwanderern verändern, hat nichts von der Dynamik moderner Gesellschaften begriffen und sollte vorsichtshalber in Nordkorea einen Asylantrag stellen. Wer meint, dass Integration unbedingt einen Jahrmarkt des fröhlichen Austauschs kultureller Eigenheiten darstellt – ein ganzjähriges Afro-Pfingsten (Winterthur) oder einen fortwährenden Karneval der Kulturen (Berlin) –, der sitzt einem Irrtum auf, den man als auf halbem Wege steckengebliebene Negation der Provinz bezeichnen kann. Mit Provinz meine ich hier nicht eine geografische Gegebenheit, sondern eine – zum Beispiel in Berlin gut zu beobachtende – Mentalität tendenziell aggressiven Milieuschutzes.

«Ich verlange von einer Stadt, in der ich leben soll: Asphalt, Strassenspülung, Haustorschlüssel, Luftheizung, Warmwasserleitung. Gemütlich bin ich selbst.» Etwa zwanzig Jahre, nachdem Karl Kraus diese Sätze schrieb, formulierte – ebenfalls in Wien – Alfred Polgar 1927 seine «Theorie des Café Central». Darin beschreibt er diese Wiener Caféhaus-Institution als einen jener Orte, an denen man öffentlich sein kann, ohne gleich «persönlich» werden zu müssen: Die «Centralisten», so schreibt er, «sind grösstenteils Leute, deren Menschenfeindschaft so heftig ist wie ihr Verlangen nach Menschen, die allein sein wollen, aber dazu Gesellschaft brauchen. [...] Es ist der traute Herd derer, denen der traute Herd ein Greuel ist, die Zuflucht der Eheleute und Liebespaare vor den Schrecken des ungestörten Beisammenseins. [...] Auch die, die keinerlei Beziehung verknüpft, empfinden diese Nichtbeziehung als Beziehung.»

Könnte man sich heute diese Art städtischen Nebeneinanders als die zivilisatorische Bedingung gelingender Integration vorstellen? Ich fürchte, nein.

Zum Schluss meiner Überlegungen möchte ich mich noch mit einem Argument in der Integrationsdebatte auseinandersetzen, für welches das Wort «Argument» eigentlich ein Euphemismus ist. Es lautet: Wir müssen die Ängste der Menschen ernst nehmen.

Es ist dies eine Floskel, die es der Politik erlaubt, sich von den Tatsachen zu verabschieden und sich ganz den Gefühlen (oder dem, was sie als solche behauptet) hinzugeben, ohne wie Don Quijote dafür ausgelacht zu werden. Eine Gesellschaft, die einem solchen Blödsinn auch noch applaudiert, wird zu einer grossen psychiatrischen Klinik. Wenn man Götz Alys Buch «Warum die Deutschen? Warum die Juden?» gelesen hat, muss man den Nationalsozialisten und -sozialistinnen eines immerhin lassen: Sie haben die Ängste und Wünsche der Menschen draussen im Lande ernst genommen. Doch man muss ja nicht jedes Problem immer gleich mit der grossen Nazi-Keule anrühren. Es reicht auch folgender Befund: Wenn in der Politik «Ängste ernst genommen» werden, dann werden vor allem Ressentiments bewirtschaftet. Und das ist nicht das, was ich mir unter Politik vorstelle.

Die Angst, die in Integrationsfragen angeblich ernst zu nehmen sei, sei die Angst der Einheimischen vor dem Fremden. Das ist nun gleich doppelt falsch. Erstens muss man, wie gesagt, nicht jedwede Angst ernst nehmen (es sei denn in der psychiatrischen Praxis), und zweitens ist es gewiss nicht die Angst vor dem Fremden, die zum Beispiel das Ja zur Masseneinwanderungsinitiative hervorgebracht hat.

In seinem «Leviathan» hat Thomas Hobbes die allgemeine Feindschaft der Menschen untereinander als eine Folge der naturwüchsigen Gleichheit der Menschen dargestellt: «Die Natur hat die Menschen sowohl hinsichtlich der Körperkräfte wie der Geistesfähigkeiten untereinander gleichmässig begabt; und wenngleich einige mehr Kraft oder Verstand als andere besitzen, so ist der hieraus entstehende Unterschied im ganzen betrachtet dennoch nicht so gross, dass der eine sich diesen oder jenen Vorteil versprechen könnte, welchen der andere nicht auch zu erhoffen berechtigt ist.» Kurz: Die Menschen sind einander erschreckend ähnlich. Hobbes' Problem ist also nicht, wie die bürgerlichen Subjekte mit der jeweiligen Andersheit des Anderen umzugehen hätten, sondern, wie man die fatale Tatsache der menschlichen Gleichheit politisch bewältigen soll. Übertragen auf den Alltag der Menschen, die sich angeblich vor den Fremden fürchten, bedeutet dies: «Zum Ärgernis werden sie [die Ausländer ...] nicht durch die Fremdheit ihrer besonderen Kultur, sondern dadurch, dass sie wie die Einheimischen Arbeitsplätze und Wohnungen brauchen, dass sie sich einen Mercedes kaufen, in die Disco gehen und die Kaufhäuser bevölkern. Gehasst an den Ausländern wird nicht ihre Andersartigkeit, sondern ihre Ähnlichkeit mit den Einheimischen [...]» (Wolfgang Pohrt). Ein Problem, das sich auch den Schweizer Bundesbahnen angesichts des «Klassenkampfes» in den Pendlerzügen zu Stosszeiten stellt und Christoph Mörgeli und Natalie Rickli in ihrem Kampf gegen deutsche Professoren und deutsches Servierpersonal, das – im Unterschied zu den Wallisern – so fremdartig spricht, dass es auch eine Zürcherin versteht.

Alma Redzic

«Du chasch ja mega guet Dütsch»

«Du chasch scho guet Dütsch.» Vor genau 20 Jahren bin ich als Elfjährige in die Schweiz eingewandert. Nach einem Jahr Aufenthalt sprach ich schon so gut Deutsch, dass ich in die Sekundarstufe A eingeteilt wurde. Wenn ich oben genannten Satz zu Geld machen würde – «für jede Satz en Stutz» –, hätte sich ein Sparkonto bis heute durchaus gelohnt. Schon vor Ende der Sekundarschule hatte sich meine Sprachkompetenz wesentlich erweitert und nebst Hochdeutsch beherrschte ich mittlerweile auch Dialekt. Die Umgebung quittierte diesen Umstand nicht selten mit: «Du chasch ja mega guet Dütsch.» Später, im Gymnasium, wurde meine Sprachfähigkeit ausserordentlich häufig mit folgenden Worten gelobt: «Bi dir ghört mr ja gar kei Akzent.» War es in den ersten Jahren eine ermunternde, motivierende Äusserung, die ich dankbar entgegennahm, fing es mich irgendwann an zu stören. Doch konnte ich die Ursache des Störeffekts nicht ausmachen. Ausserdem war der anerkennende Aspekt durchaus spürbar. Wie kann man sich über Anerkennung nicht freuen?

Ich gebe es zu, es ist mir nicht einfach zugefallen. Es handelt sich um etliche Stunden, die ich für das Erlernen der Sprache aufgewendet habe. Verben konjugieren, die Fälle der Nomen erkennen und anwenden, das Vokabular schlichtwegs durch unzählige Wiederholungen büffeln. Es hat mir in besonders peinlichen Momenten etliche Lacher beschert. Die Verwechslung des Wortes Ventilator mit Vibrator ist eine der delikaten Episoden. Aus Legobauklötzen, Drähten und einem Handventilator, der kaputtgegangen war, hatten mein Bruder und ich einen funktionierenden Handventilator gebaut. Wir hatten im Asylheim einen schweizerischen Betreuer und ich wollte ihm, so wie ein zwölfjähriges Kind eben, unsere tolle Konstruktion zeigen. Also sagte ich ganz stolz: «Sie müssen den Vibrator anschauen, den wir gebastelt haben.» Ein hoch errötetes Gesicht und mehrere Beteuerungen, dass er das wirklich nicht wolle, hielten mich nicht davon ab, in Windeseile in mein Zimmer zu rennen. Im Nu kam ich wieder zurück mit dem Ventilator in der Hand. Einem Honigkuchenpferd gleich strahlte ich über das ganze Gesicht. Der Betreuer krümmte sich vor lachen, meiner Mutter war das Ganze mehr als unangenehm. Denn sie hatte durchaus verstanden. Ich realisierte, dass ich etwas Unpässliches gesagt hatte, verstand aber nicht, was. Tagelang habe ich aus Angst und Scham nicht mehr Deutsch gesprochen.

Inzwischen lebe ich seit etwas mehr als zwanzig Jahren in der Schweiz, was zwei Drittel meines gesamten Lebens ausmacht, wobei das «-ic» im Namen mich der Aussenwelt unweigerlich verrät. Ich bin beruflich sowie politisch aktiv engagiert. Ich habe an unzähligen Podien teilgenommen und diverse Artikel geschrieben. Ich studiere Rechtswissenschaften. Alle, die mit mir in der Ausübung einer meiner Funktionen schriftlich oder persönlich kommunizieren, erfahren sodann eher früher als später oder können es sich zusammenrechnen, dass ich schon lange hier bin. Und ich höre es immer noch nach ein, zwei Gesprächen beiläufig: «Mr würd nie uf d Idee cho, dass du Uusländerin bisch. Du gsehsch gar nöt wie eini us.» Mit mehr oder weniger Erfolg nehme ich mir vor, keine Gegenfragen zu stellen, die in eine unangenehme Diskussion führen könnten. «Was heisst das genau? Wie spricht und sieht denn für dich eine Ausländerin aus? Woran erkennt man denn eine solche Ausländerin? Ist das etwas Schlechtes, wie eine Ausländerin zu sprechen oder auszusehen?» Um erfolgreich eine Diskussion zu vermeiden, versichere ich mir jeweils selbst, es sei nett gemeint. Das ist eine Strategie, die ich von einem Schweizer empfohlen bekam. Wenn aufgrund einer Aussage ein Zweifel in mir aufkäme, solle ich von derjenigen Interpretation ausgehen, die nicht im falschen Hals landen würde. Also folgerte ich, wenn ein Schweizer mir dieses Verhalten nahelegt und insbesondere erklärt, dass Schweizerinnen und Schweizer so funktionieren, dann wäre es besser, dieses Verhalten erkennen und verstehen zu lernen.

Die Sprache wortwörtlich zu beherrschen, ist das eine, die Floskeln und deren alltäglichen Gebrauch, das andere. Die Konnotationen mit all ihren

Zwei- und Mehrdeutigkeiten, insbesondere die sprachliche Diplomatie mittels nicht selten eingesetzten Konjunktivs, inhaltlich einordnen zu können, ist wiederum ein anderes Level. Die Bedeutung des Ausspruchs «C'est le ton qui fait la musique» zu erfassen, das dauert eine gefühlte Ewigkeit. Die Sprache bietet auch Muttersprachlerinnen und -sprachlern genügend Möglichkeiten, sich misszuverstehen. Der Spracherwerb ist die erste Hürde, um an der Gesellschaft teilzunehmen, und daher für die Integration unerlässlich. Jedoch ist dieser Integrationsschritt irgendwann abgeschlossen, und was es darüber hinaus für eine erfolgreiche Integration braucht, die nicht in völlige Anpassung mündet, darüber streiten sich vor allem die politischen Gemüter. Meines Erachtens ist die Assimilation weder sinnvoll noch möglich. Gerade die Vielfalt ist der Nährboden für die dringend benötigte Kreativität und Innovation in Gesellschaft, Kultur, Politik, Wirtschaft und Wissenschaft. Die Frage stellt sich sodann, wer die Messlatte für die Migrantinnen und Migranten wäre. Die urbane Zürcherin oder der ländliche Urner, um sich zu Anschauungszwecken gängiger Clichés zu bedienen?

Andere Migrantinnen und Migranten, die teilweise auch hier geboren wurden oder zumindest seit der Kindheit hier aufgewachsen sind, können dieselben Erfahrungen vorweisen und haben ein ebenso unangenehmes Gefühl. Es ist dieser Zwischenton, das zwischen den Zeilen. Sprache offenbart immer auch dahinterliegende Denkmuster und Werturteile. Jemandem mit ausländischen Wurzeln, der/die in der Schweiz sozialisiert wurde, zu versichern, er/sie spreche gut Deutsch, was zeigt das? Es wird von der wohl eher unbewussten als bewussten Annahme ausgegangen, dass Migrantinnen und Migranten in der Regel nicht über die nötige Sprachkompetenz verfügen und nicht oder bloss ungenügend in der Lage seien, sich diese überhaupt anzueignen. Wenn dann eine vermeintliche Ausnahme vorliegt, so wird diese hervorgehoben und beklatscht. Es scheint keine Rolle zu spielen, wie lange jemand in der Schweiz ist, was für einen Integrationsweg diese Person beschritten hat, um sich in dieser Kultur zurechtzufinden. Er/sie wird erstens immer noch als Ausländer/in wahrgenommen und zweitens an diesem einen Bild gemessen, das unzutreffender nicht sein könnte, jenem des dummen Ausländers, der dummen Ausländerin. Bildungsferne und Migrationshintergrund gehören für viele scheinbar zusammen. Das ist nicht minder diskriminierend als die Annahme, dass Migrantinnen und Migranten kriminell seien. Ausser natürlich die, die man persönlich kennt. Der jeweils obligate Zusatz, um eine fremdenfeindliche Aussage gegenüber dem/der aktuellen Gesprächspartner/in mit Migrationshintergrund zu rechtfertigen, lautet: «Du bisch ja nöt so.» Erwartet wird sodann, dass man selbst beipflichtet, nicht zu den bösen Ausländerinnen und Ausländern zu gehören, und sich als dankbar erweist, dass dies erkannt wurde. Ein Klassiker ist sodann: «Ich ha ja nüt gäg Uusländer, aber ...» Diese Aussage dient als Rechtfertigungsstrategie, ist allerdings mehr als leicht durchschaubar.

Der erwähnte Ratschlag meines schweizerischen Freundes, bei aufkommendem Zweifel diejenige Interpretation auszuwählen, die mir als Empfängerin der Botschaft am wohlwollendsten erscheint, ist ein Element der berühmten schweizerischen Diplomatie. Sie zu beherrschen ist eine Kunst, die gelernt werden will. Sie ist durchaus nützlich und konstruktiv einsetzbar, aber manchmal führt sie in eine Sackgasse. Das ist dann der Fall, wenn sie nicht Ausdruck eines echten Verständnisses und darauf basierenden Kompromisses oder Entgegenkommens ist, sondern bloss zum Zweck hat, einer möglichen Auseinandersetzung auszuweichen. Am Schluss eines Gesprächs, in dem Fragen offengeblieben sind und unausgesprochene Vermutungen in der Luft schwirren, fühlen sich die Parteien unbefriedigt. Nachzufragen oder gar ein Streitgespräch vom Zaun zu brechen, führt unweigerlich zur Blösse. Mit «Ich has nöt so gmeint» wird das Gegenüber das «Totschlagargument» einer jeden Diskussion bringen. «Er/sie häts ja nöt so gmeint», werden die Anwesenden je nach Konstellation und Gruppendynamik jeweils beipflichten, um Frieden einkehren zu lassen. Es bleibt fragwürdig, inwieweit sich Ausländerinnen und Ausländer diese sprachliche Diplomatie aneignen können sollten oder müssten. Wäre das noch Integration oder nicht bereits Assimilation? Ist diese Frage überhaupt sinnvoll gestellt? Könnte die Frage von der anderen Richtung angegangen werden? Sind alle Schweizerinnen und Schweizer ausgewiesene Diplomatinnen und Diplomaten, die jeder Auseinandersetzung aus dem Wege gehen? Natürlich nicht. Glücklicherweise nicht. So wie es nicht *die* urbane Zürcherin oder *den* ländlichen Urner gibt. Den typischen Schweizer, die typische Schweizerin gibt es nicht. Es war meinerseits einfältig, alle Schweizerinnen und Schweizer in diesen einen «Diplomaten-Topf» zu werfen, nur weil jemand sie mir so beschrieben hatte. Im Verlauf der Zeit konnte ich immer weniger den/die Schweizer/in beschreiben. Die Vielfalt ist eine befreiende Erkenntnis und ich möchte im Gegenzug darauf hinweisen, dass uns hier sozialisierten Migrantinnen und Migranten ebenso ausgesprochen gedient wäre, wenn man uns nicht primär mit dem Bild eines minderbegabten, bedürftigen oder kriminellen Menschen messen, sondern die Individualität erkennen würde. Die Aussage, man höre keinen Akzent und sehe auch nicht aus wie ein/e Ausländer/in, ist letztlich keine Anerkennung, denn sie stammt aus einem Vergleich, dessen Grundannahme an sich schon diskriminierend ist. Analog wäre es dasselbe, wenn ich zu einer Schweizerin, einem Schweizer nach dem Kennenlernen mit beachtlicher Anerkennung sagen würde: «Du bisch ja gar nöt bünzlig.»

Ein Gespräch mit Nathanael Su

Vom Unterschied zwischen «unbekannt» und «anders»

Die E-Mail-Antwort auf die Einladung zum Gespräch liess zuerst auf sich warten. Die Zusage kam dann nicht vorbehaltlos. Nathanael Su, Jazzmusiker und Dozent an der Hochschule Luzern – Musik, ist ein bedachtsamer, sorgfältiger Mensch. Auch im Gespräch prüft er seine Worte auf Präzision, korrigiert Nichteindeutiges, lässt sich und seinen Gedanken Zeit. Der Sohn eines kamerunischen Pfarrers und einer Schweizerin ist in der Schweizer Jazzszene seit 1987 aktiv und längst ein Begriff. Er studierte in Graz und in Boston und lebte früher in Kamerun.

Sie haben es sich lange überlegt, ob Sie sich zum Thema «Zuwanderung» überhaupt äussern möchten. Woher die Zurückhaltung?

Dafür gibt es tatsächlich Gründe. Zum einen erachte ich Migration und Zuwanderung als sehr komplexe Themen; da kann man sich mit Meinungen und Argumenten leicht übernehmen. Zum anderen bin ich mir dessen bewusst, dass es genug Personen gibt, die sich mit diesen Themen beruflich beschäftigen. Meine persönliche Meinung ist letztlich weder zwingend noch für eine Öffentlichkeit relevant.

Sie haben dann doch zugesagt …

Zu schweigen kam mir feige vor.

Warum, wo doch Ihre persönliche Meinung nicht zwingend ist?

Migration und Zuwanderung sind politische Themen und damit eine Angelegenheit einer breiten Öffentlichkeit. Politische Einflussnahme, politische Teilhabe besteht eben nicht nur darin, den Stimmzettel auszufüllen, sondern auch, sich am Diskurs zu beteiligen – auch dann, wenn man nicht Experte ist.

Zuwanderung beschäftigt Sie offensichtlich stark genug, dass Sie es beim Stimmzettel nicht belassen wollen.

Ja, das Thema beschäftigt mich auf vielen Ebenen. Die jüngsten Abstimmungen, zum Beispiel jene über die Masseneinwanderungsinitiative, aber auch die Entwicklungen in der Migrationspolitik des Bundes lassen mich immer mehr an unserer viel besungenen Demokratie zweifeln.

Drücken die Abstimmungen nicht gerade den sogenannten «Volkswillen» aus?

Meiner Meinung nach drücken sie vor allem aus, dass wir uns von der ursprünglichen Idee einer Demokratie entfernen.

Inwiefern?

In den vergangenen paar Jahren sind Entscheide getroffen worden – ganz besonders im Migrationsbereich –, die den Gedanken der Demokratie pervertieren. Das Stimmrecht zu haben, ist nicht nur ein Privileg. Es geht nicht nur darum, sich Gehör zu verschaffen, mit welchen Mitteln auch immer. Das Stimmrecht bedeutet zunächst Verantwortung, also die Fähigkeit und den Willen, verbindliche, nachvollziehbare und rationale Antworten auf offene Fragen zu suchen. Das Stimmrecht setzt zudem das Vertrauen voraus, dass die Person, die es ausübt, mündig und verantwortungsvoll handelt, also denkt. Selbstverständlich gehört zur Demokratie, dass man auch hin und wieder mit der eigenen Argumentation unterliegt, dass man andere nicht überzeugen konnte. Solange man davon ausgehen kann, dass die eigenen Argumente in einem rationalen Diskurs einfach zu schwach waren, ist dieser Umstand zu akzeptieren.

Die jüngsten Entscheide sind aber von Emotionen geleitet, sie sind unreflektiert und damit unmündig und falsch. Der Motor hinter diesen Entscheiden ist die Angst, ein Reflex, der sich immer nur auf hypothetische Risiken bezieht und eine wirkliche Reflexion unterdrückt. In einer Demokratie geht es aber darum, Abstand von momentanen Reflexen zu nehmen, Dinge sorgfältig gegeneinander abzuwägen, begründen zu können, zu reflektieren. Passiert das nicht mehr, wird das System dysfunktional.

Woran machen Sie diese Entwicklung fest?
Wenn die Mehrheit einer Gesellschaft gegen Zuwanderung, gegen Ausländer abstimmt, von denen sie unmittelbar abhängt – täglich, in ihrer ganzen Existenz –, dann ist dieser Entscheid nicht erklärbar, nicht rational und damit falsch. Aber nicht nur die Entscheide, sondern bereits die Haltungen, die sich in diesen politischen Entscheiden niederschlagen, sind für mich mit dem demokratischen Gedanken nicht vereinbar.

Von welchen Haltungen sprechen Sie?
Offensichtlich sehen wir uns immer noch als das Herrenvolk, das Max Frisch kritisch beschrieben hat. Offensichtlich haben wir aus der Zeit nichts dazugelernt, als wir Italiener als Saisonniers zur Arbeit holten, die wir selber nicht verrichten wollten. Wir haben sie mit einem Status bedacht, der ihnen unmöglich gemacht hat, ein volles Menschenleben zu führen; wir haben ihnen ein vollwertiges Menschenleben verweigert. Heute stehen wir immer noch an derselben Stelle: Wir holen Arbeitskräfte; wir reduzieren Menschen – hochqualifizierte Menschen – auf ihre einzige Funktion als Arbeitskraft. Obwohl wir diesen Menschen unendlich viel verdanken – wir sparen allein schon Milliarden, weil wir nicht in ihre Ausbildung investieren müssen –, verweigern wir ihnen die Gleichwertigkeit. Wie sollen aber diese Professoren, Ärzte, Fachkräfte ihren Kunden und Patienten begegnen, wenn sie permanent herabgestuft werden? Wie sollen sie sich fühlen? Es ist so: Sie sollen sich hier nicht wohlfühlen. Sie sind nur Arbeitskräfte, erfüllen Funktionen.

Eine andere Kategorie?
Offensichtlich, und ich weiss nicht, wie sich diese Kategorisierung mit dem Ideal einer Demokratie vertragen soll.

Sie sprechen von Mündigkeit und Reflexion als Voraussetzung für eine funktionierende Demokratie. Was heisst das konkret im Alltag, in der realen Umsetzung?

Wie wäre es mit Versöhnung angesichts der Tatsache, dass sich kein Einheimischer das Land seiner Geburt aussuchen kann, Ausländer aber sehr wohl die Schweiz als Lebens- und Arbeitsort wählen können? Allein mal die andere Perspektive einzunehmen, wäre schon ein Gewinn. Denn dann kann man sich die Frage beantworten, warum der andere, der nicht von hier ist, trotzdem hier sein will. Es sind wohl genau dieselben Gründe, weshalb es keine Emigrationswelle von Schweizern nach Kamerun gibt, obwohl das Land bürgerkriegs- und winterfrei ist. Denn die Gründe für das Hierseinwollen decken sich weitgehend mit jenen für mein Hierbleibenwollen und heissen: Prosperität, stabile Verhältnisse, Rechtssicherheit, verlässliche Infrastruktur. Wir – der Ausländer und ich als Inländer – sind uns also weitgehend einig, dass es gute Gründe dafür gibt, in der Schweiz zu sein. Der Schweizer mag noch seine verwandtschaftliche Einbettung als Bleibegrund erwähnen, was den anderen unwillkürlich daran erinnert, wie sehr er seine Verwandten in Kathmandu vermisst.

Genau die Gründe für das Hierseinwollen will man aber nicht gefährden. Das ist die Heimat, die man sich erschaffen hat.

Was heisst schon Heimat? Ich werde nie vergessen, dass mir der Grossvater eines gut befreundeten Musikers im Wohnzimmer seines Hauses in Capodistria im heutigen Slowenien erzählte, er habe sein ganzes Leben im selben Haus gelebt, habe aber drei- oder viermal die Nationalität wechseln müssen. Das sagte mir, dass nicht nur Menschen Grenzen überschreiten können, sondern dass auch Grenzen fähig sind, Menschen zu «überschreiten». Dem Wort «Vaterland» wünsche ich sogar einen natürlichen Tod, und zwar, weil es in Zukunft niemand mehr für eine vernünftige Aussage wird gebrauchen können.

Bei der jüngsten Abstimmung zum Thema «Zuwanderung» ging es darum, dass die Ressourcen des Landes nicht unbeschränkt sind.

Ja. Wenn man sich darauf einigt, dass die Dinge, die wir im Allgemeinen «Ressourcen» nennen (wie Land, Wasser, Luft oder Arbeit), sowohl beschränkt als auch quantifizierbar sind, so muss man zugeben, dass die Schweiz mit rund vierzigtausend Quadratkilometern eher klein ist. Aus dieser Perspektive werden die Dinge sehr schnell sehr kompliziert.

Aus diesem Grund ist zum Beispiel Menschen aus Kamerun freie Migration nach Europa untersagt.

Ich versuche es einmal mit einer naiven Hypothese: Wer eine Mauer baut, will offensichtlich seine Ruhe. Das ist nicht neu, denn das wollten schon die Römer: Ruhe vor Barbaren mit Bärten, und die Chinesen: Ruhe vor Nomaden auf Pferden. Heute die Israeli: Ruhe vor Palästinensern in Bomben, und die Amerikaner: Ruhe vor Mexikanern unter Drogen.

Abgesehen davon, dass die europäische Grenze (noch) keine physische Mauer ist, will man hier offensichtlich auch seine Ruhe. Die Frage ist nur: Wovor will Europa Ruhe? Wie immer wird es sehr schnell sehr kompliziert, weshalb ich mich auf Afrika beschränke.

Afrika war und ist ein Kontinent, wo man sich holt, was man braucht, ob organischer (inklusive menschlicher) oder anorganischer Natur.

Man kann das auch anders sagen: Afrika war und ist ein Kontinent, der fast alles hat, aber wenig damit anzufangen weiss. Europa konnte schon früh mit Afrika mehr anfangen als Afrika mit sich selbst. Und daran hat sich bis heute wenig geändert. Die europäischen Mittel zum Zweck waren damals, im Vergleich zu ihrer Banalität, erstaunlich wirkungsvoll: Glasperlen, Alkohol, Schiesspulver, die Bibel. Diesen banalen Mitteln konnten die Afrikaner wenig entgegenhalten. Schade.

Das ist kein Vorwurf an die Afrikaner; es ist nur so, dass es die Europäer waren, die die Dampfmaschine und ihre technologischen Konsequenzen erfunden haben. Und der daraus resultierende Durst musste gestillt werden. Genauso wenig kann man der islamischen Welt vorwerfen, sie hätte keine Aufklärung erfunden.

Deswegen sieht es auf dem afrikanischen Kontinent aus, wie es aussieht: Denn funktionieren tut nur, was man mit sich machen lässt. Dafür braucht es aber zwei: jemanden, der macht, und jemanden, der mit sich machen lässt. Im Fall Afrikas funktioniert das seit zweihundert Jahren bestens. Oder können Sie sich vorstellen, dass im Kanton Bern so um die tausend Soldaten der niederländischen Armee permanent stationiert wären? Ich auch nicht, denn zum Selbstverständnis eines souveränen Staates gehört, dass so etwas nicht sein darf. Frankreich darf das aber; Frankreich hat permanent stationierte Armeeeinheiten in afrikanischen Staaten. Das scheint kein Problem zu sein.

Daraus lässt sich eine Antwort auf Ihre Frage ableiten: Europa will Afrika, aber keine Afrikaner. Denn um diese ging es – ausser als extern stationierte Arbeitskräfte – seit der Entdeckung Afrikas nie. Deshalb sind die Grenzen dicht.

Sind Sie Schweizer oder Migrant?
Technisch gesehen bin ich Schweizer, im Kantonsspital Bülach geboren. Aufgewachsen bin ich aber in Kamerun, und erst im Alter von 14 Jahren bin ich in die Schweiz gezogen. Die damalige Fremdenpolizei hat mir zu diesem Zeitpunkt klargemacht, dass ich zu einer anderen Kategorie gehöre. Meine Mutter, Schweizerin, durfte einreisen; mir und meiner Schwester wurde die Einreise verweigert. Wir beide mussten zwei Monate in Deutschland auf eine Einreisebewilligung warten.

Wie sehen Sie sich selber?
Ich stelle mir die Frage nicht. Mich hat eher die Tatsache beschäftigt, dass ich mich aufgrund meiner Herkunft nie anonym fühlen konnte, denn in der Schweiz gelte ich als Schwarzer und in Kamerun, wo ich aufgewachsen bin, als Weisser. Man hat mir den Unterschied immer bewusst gemacht. Meine heutige Zurückhaltung geht wohl darauf zurück, denn es ist sehr anstrengend, immer aufzufallen.

Sie sprechen ohne Bitterkeit darüber.
Man kann den Menschen nicht verübeln, dass sie Unterschiede wahrnehmen.

In Ihrer Stimme klingt ein Aber mit.
Man darf von Menschen erwarten, dass sie lernen.

*

Das heisst?

Als mein Vater, ein Kameruner, in den Sechzigerjahren zu Besuch in die Schweiz kam, war er in dem Dorf, in dem die Familie meiner Mutter lebte, der erste Schwarze. Kein Wunder, dass er auffiel. Das ist verständlich. Man kann den Menschen keinen Vorwurf machen, dass ihnen etwas unbekannt ist. Man kann ihnen aber einen Vorwurf machen, wenn sie so tun, als wäre ihnen etwas unbekannt, obwohl es das nicht mehr ist. Es gibt einen Unterschied zwischen «unbekannt» und «anders».

Fallen Sie heute immer noch auf?

In hartnäckigen Fällen denke ich: «Ich bin so froh, dass meine Welt gross genug ist», doch in den meisten Fällen schiebt die gemeinsame Sprache den Unterschied beiseite. Zu meinem Glück sprach meine Mutter mit mir und meiner Schwester Schweizerdeutsch. Der Dialekt hat mir den Zugang zu dieser Gesellschaft verschafft. Ich setze ihn immer wieder bewusst ein, wenn ich Distanz bei einer ersten Begegnung wahrnehme, an der Kasse, am Schalter. Gemeinsame Sprache entwaffnet.

Zuwanderer haben diese Brücke nicht.

Bei ihnen bleibt der Unterschied immer bestehen.

Muss er denn verschwinden?

Manchmal frage ich mich tatsächlich, worum es in der Integrationspolitik geht. Das Vokabular hat sich zwar geändert: Früher sollten Ausländer «naturalisiert» werden, später sprach man von «Assimilation», also Anpassung, jetzt von Integration, also «Ganzmachung». All diese Begriffe drücken aus, dass jemand nicht so ist, wie er sein sollte. Immer muss der Einwanderer «ergänzt» werden, immer fehlt es ihm an etwas. Dass sich Menschen einander anpassen, liegt in ihrer Natur und zu einem gewissen Grad ist es auch notwendig. Aber es kann nicht sein, dass Menschen nur dann akzeptiert werden, wenn sie von anderen nicht mehr unterscheidbar sind. Es kann nicht nur Anpassung das Ziel sein, man darf und soll auch umgekehrt erwarten, dass Andersartigkeit ausgehalten wird.

Auch hier ist noch viel zu lernen. Ich hoffe doch sehr, dass wir mitten im Lernprozess sind. Ich versuche auch die politischen Entscheide, mit denen ich nicht einverstanden bin, so zu deuten.

Als Lernprozess?

Genau. Die gehäuften Abstimmungen über Migrationsfragen sind ein Zeichen dafür, dass wir uns mit dem Thema auseinandersetzen. Wir stecken also in einem Lernprozess, vielleicht erst in einer «Zahnungsphase». Es ist nur zu wünschen, dass die demokratischen Mittel, die uns zur Verfügung stehen, zu einem Diskurs auf erwachsenem, mündigem Niveau eingesetzt werden. Die Sorge darum beschäftigt mich sehr.

Herr Su, ich danke Ihnen für das Gespräch.

Das Gespräch führte Iwona Swietlik

Cécile Bühlmann

Für Menschenrechte gilt links und rechts nicht

Immer wieder wurde ich gefragt, warum ich mich politisch so intensiv und unermüdlich für die sogenannte «Ausländerfrage» starkmachen würde. Ich könnte es doch einfacher haben, als mich in diesem umstrittenen und ungeliebten Politikfeld zu bewegen und damit all den Hass und die Ablehnung auf mich zu ziehen. Dieser Ratschlag kam von Leuten, die sich um mich sorgten, weil sie wussten, dass mein Briefkasten von Hassmails überquoll, wenn ich wieder einmal gegen einen ausländerfeindlichen Vorstoss Stellung genommen hatte. Das war häufig der Fall, als ich noch aktiv in der Schweizer Politik und als Vizepräsidentin der Eidgenössischen Kommission gegen Rassismus (EKR) tätig war.

Ich selber habe mir die Frage so gar nie gestellt. Ich habe auch nie eine bewusste Wahl getroffen, mich schwerpunktmässig mit der Ausländerfrage zu beschäftigen. Mein Engagement hat sich ergeben, es hat einerseits biografische Gründe, und andererseits hat es mit meinem Menschenbild zu tun, das von der prinzipiellen Gleichwertigkeit aller Menschen ausgeht.

Die Anleitung zum gerechten Umgang mit andern kommt auch im berühmt gewordenen Satz von Kant, der als kategorischer Imperativ Geschichte gemacht hat, zum Ausdruck: «Was du nicht willst, dass man dir antut, dass füge auch keinem andern zu.» Die Testfrage, ob ich so behandelt werden möchte, wie wir das als Parlamentsmitglieder für andere Personen politisch beschlossen, habe ich mir bei jedem Entscheid gestellt und sie war mir eine wichtige Leitschnur für mein politisches Handeln.

Polarisierung der Politik

Wir waren wenige, die sich um die schwierige «Ausländerfrage» kümmerten. Ich war eine von ihnen; deshalb wurde ich von den Medien häufig um eine Stellungnahme angefragt. So entstand in der Öffentlichkeit der Eindruck, ich würde mich praktisch ausschliesslich um die Ausländer- und Migrationspolitik kümmern. Da ich oft gegen die aggressiv auftretende fremdenfeindliche Rechte Stellung bezog, wurde ich so etwas wie deren Kontrahentin. So stand ich dann oft in der «Arena» der fremdenfeindlichen Schweiz gegenüber. Beruflich beschäftigte ich mich damals mit der schulischen Integration von Kindern eingewanderter Eltern. Statt über deren real existierende Probleme in der Schweizer Gesellschaft reden und taugliche Lösungen debattieren zu können, wurde in der veröffentlichten Meinung pauschal Stimmung gegen die Eingewanderten gemacht. Damit wurde eine fruchtbare Debatte verunmöglicht und die Migrationsfrage verkam zu einem Rekrutierungsfeld der Schweizer Volkspartei. Es fiel mir auf, dass ich es in der alltäglichen Integrationsarbeit meistens mit differenzierten Menschen zu tun hatte, während die politischen Scharfmacher dort kaum anzutreffen waren. Denen begegnete ich dafür im Parlament und in der «Arena», die unter dem damaligen Moderator Filippo Leutenegger begonnen hatte, das Thema regelrecht hochzufahren.

Durch die zunehmende «Arenaisierung» der Politik reduzierten sich die politischen Fragen generell immer mehr auf den Gegensatz zwischen zwei Polen: Es gab immer mehr nur noch schwarz und weiss, rechts und links. In diesem Setting wird beim unpolitischen Betrachter der Eindruck erweckt, dass die Wahrheit irgendwo zwischen diesen beiden Polen liege. Aber gerade im Fall der Verteidigung der Menschenrechte gibt es nicht links und rechts. Sie bilden das Fundament des Rechtsstaates, auf dem die Demokratie aufbaut. Es gibt keine Demokratie ohne den Schutz der Menschenrechte und der Minderheiten. Sie bilden ein unzertrennliches Ganzes, und wer mit Volksinitiativen die Menschenrechte und den Schutz der Minderheiten auszuhebeln versucht, bedroht die Demokratie in ihren Grundfesten. Es ist ein seltsames Verständnis von Demokratie, wenn behauptet wird, dass alle Macht dem Volke gehöre und dass die Mehrheit immer Recht habe. Auch dem Stimmvolk sind Grenzen gesetzt, wo es um die Einhaltung von Völkerrecht und Verfassung geht. Die Debatte über die Relativierung oder gar Aufhebung der Europäischen Menschenrechtskonvention (EMRK) wirft ein schiefes Licht auf das Menschenbild der Befürworter solcher Vorstösse. Unliebsamen Menschengruppen wie Eingewanderten, Pädophilen, Muslimen und Personen, die schwere Straftaten begangen haben, werden bedenkenlos die Grundrechte beschnitten. Das ist eine unheilvolle Entwicklung.

Es braucht dringend alle vernünftigen politischen Kräfte für die Einhaltung der Menschenrechte. Das gleiche gilt für den Rassismus: Man kann nicht ein bisschen dafür und ein bisschen dagegen sein, sondern in einer aufgeklärten und den Menschenrechten verpflichteten Gesellschaft gibt es nur eines: Der Rassismus muss bekämpft werden! Man kann ja mit ethisch einwandfreien Gründen für oder gegen die Umfahrung eines Dorfes oder die Erhöhung von Steuern sein, man kann aber nicht mit ethisch einwandfreien Gründen für den Rassismus sein. So viel sollten wir wenigstens aus der Geschichte des 20. Jahrhunderts gelernt haben. Die Europäische Menschenrechtskonvention (EMRK) ist das Produkt dieses Lernprozesses. Sie zu relativieren oder gar abschaffen zu wollen, halte ich für eine fatale, kurzsichtige Entwicklung, denn die EMRK schützt die Rechte des Individuums und die Rechte der Minderheiten. Der demokratische Rechtsstaat zeichnet sich dadurch aus, dass er die Schwächsten schützt. Den Angriffen auf die EMRK muss deshalb energisch Einhalt geboten werden.

Ich möchte in dem Zusammenhang einen Text von Pastor Martin Niemöller, der das Konzentrationslager Dachau überlebt hat, zitieren. Es ist ein Text, den ich vor vielen Jahren einmal gelesen und seither nie mehr vergessen habe: «Zuerst kamen sie, um die Sozialisten zu holen. Ich sagte nichts, ich war ja kein Sozialist. Dann kamen sie, um die Gewerkschafter zu holen. Ich sagte nichts, ich war ja kein Gewerkschafter. Dann kamen sie, um die Juden zu holen. Ich sagte nichts, ich war ja kein Jude. Dann kamen sie, um mich zu holen. Und es war niemand mehr da, der etwas hätte sagen können.»

Die Verfassung garantiert den Schutz vor Diskriminierungen

Das Menschenbild der Gleichwertigkeit hält Artikel 8 der Bundesverfassung fest. Dieser lautet: «1) Alle Menschen sind vor dem Gesetz gleich. 2) Niemand darf diskriminiert werden, namentlich nicht wegen der Herkunft, der Rasse, des Geschlechts, des Alters, der Sprache, der sozialen Stellung, der Lebensform, der religiösen, weltanschaulichen oder politischen Überzeugung oder wegen einer körperlichen, geistigen oder psychischen Behinderung.»

Das heisst nichts anderes, als dass alle Menschen eine unantastbare Würde haben, dass alle Menschen, ohne Ansehen der Herkunft, des Geschlechts, der Religion und Sprache, der sozialen Stellung, gleichwertig sind. Das heisst, dass man auch einem kriminell gewordenen Asylsuchenden die Nothilfe nicht verweigern darf, auch wenn einem dieser persönlich noch so unsympathisch ist. Die Unantastbarkeit der Menschenwürde drückt aus, dass man einem Menschen ein Minimum zum Überleben nicht vorenthalten darf, und zwar einfach aufgrund seines Menschseins. Das heisst auch, dass jeder kriminell gewordene Mensch ein Recht auf einen fairen Prozess haben soll und Ausschaffungen und lebenslange Verwahrungen verhältnismässig sein müssen. Das ist etwas vom Schwierigsten, das es in der Politik zu vermitteln gilt: Es geht nicht darum, ob mir jemand sympathisch ist oder nicht, ob er einheimischer oder ausländischer Herkunft ist, ob schwarz oder weiss, es geht darum, dass jeder Mensch verfassungsmässig garantierte Rechte hat. Und für die habe ich mich immer starkgemacht.

Alle demokratischen Rechtsstaaten gehen heute vom Prinzip der Gleichwertigkeit aller Menschen aus. Das ist eine ganz grosse Errungenschaft der Zivilisation, die sich in den Verfassungen und Grundgesetzen vieler Staaten niedergeschlagen hat, eben auch in unserer Bundesverfassung. Rassistische Diskriminierung jeder Art verletzt dieses Grundrecht auf Gleichwertigkeit. Deshalb darf die Bekämpfung des Rassismus nicht als Hobby irgendwelcher «Gutmenschen» abgetan werden, sondern ist eine wichtige Aufgabe des demokratischen Rechtsstaates und des Bildungswesens.

Biografische Prägungen durch Familie und Religion

Wie viel mein Menschenbild mit meiner katholischen Sozialisation zu tun hat, kann ich nicht sagen. Aber auf jeden Fall lehrte mich die katholische Kirche, dass alle Menschen gleich seien und man seinen Nächsten lieben solle wie sich selbst. In der religiösen Unterweisung war mir mit Jesus ein Vorbild gegeben worden, der nicht auf der Seite der Habenden, sondern auf jener der Habenichtse gewesen war und der sich für all die Aussenseiterinnen, die Geächteten und Verstossenen der Gesellschaft starkgemacht hatte. Von diesem Jesus soll der Satz stammen, dass alles, was man dem geringsten seiner Brüder antue, man ihm antue.

Dass das schöne Worte waren, die nicht der Wirklichkeit entsprachen, hatte ich schon in der Schule gemerkt, wo Kinder armer Eltern von Lehrern verprügelt und ausgelacht wurden und ich mit diesen litt und mich dabei elend machtlos fühlte. Das heile Weltbild bekam die ersten Risse. Oder später, als die fremdenfeindliche Schwarzenbach-Initiative im Jahre 1970 zur Abstimmung kam, deren Annahme die Ausweisung von Hunderttausenden von Immigrantinnen und Immigranten bedeutet hätte. Ich erinnere mich daran, als ob es gestern gewesen wäre. Ich war als junge Lehrerin in einem Dorf im Entlebuch an meiner ersten Stelle tätig. Die Wogen des Abstimmungskampfes gingen hoch und fremdenfeindliche Argumente gab es zuhauf. Ich war schockiert, hörte solche scharfen Töne in dieser Härte zum ersten Mal. Ich war als Tochter einer italienischen Mutter in einer Familie aufgewachsen, in der es Fremdenfeindlichkeit nicht gab, und wenn es jemand wagte, über die Italiener herzuziehen, schritt meine Mutter energisch dagegen ein. Sie selber war in der Schweiz als Italienerkind miserabel behandelt worden, man hatte sie ausgegrenzt, ausgelacht und als «Tschingg» beschimpft. Davon erzählte sie uns. Ihre Geschichte hat bei mir viel ausgelöst und mein Menschenbild nachhaltig geprägt. Das Denken in Kategorien wie «weiss – schwarz» oder «einheimisch – ausländisch» ist mir dadurch immer fremd geblieben. Diesen Kompass habe ich mitbekommen und ich bin meiner Familie bis heute dankbar, dass ich eine Kindheit und Jugend in einem nicht fremdenfeindlichen Milieu erleben durfte. Das war für die damalige Zeit in einer ländlichen Gegend überhaupt nicht selbstverständlich.

Deshalb kam ich bei der Abstimmung über die Schwarzenbach-Initiative so richtig auf die Welt. Die Auseinandersetzung beschäftigte mich ausserordentlich intensiv und ich mischte mich heftig und häufig in die äusserst emotional geführten Debatten ein. Ich wusste genau Bescheid, worum es ging, litt und kämpfte mit. Dann kam der Abstimmungssonntag und ich durfte nicht mitentscheiden, da es noch kein Stimm- und Wahlrecht für Frauen gab. Die Erfahrung dieser Ungerechtigkeit hat mich stark sensibilisiert für Ungerechtigkeiten in der Gesellschaft überhaupt, sodass ich mich in der etwas später entstandenen Neuen Frauenbewegung zu engagieren begann und mich seither gegen jegliche Form von Diskriminierung zur Wehr setze.

Umsetzung in der Politik

Mit der Arbeit in der Frauenbewegung und später in der Grünen Partei kam die Analyse der gesellschaftlichen Verhältnisse in Bezug auf die Ungerechtigkeit zwischen den Geschlechtern, zwischen Arm und Reich, zwischen Norden und Süden dazu, und so bekam mein Handeln ein politisches Fundament, das bis heute gilt und dazu geführt hat, dass ich mich gegen jegliche Form von Diskriminierung gewehrt habe und bis heute versuche, jenen eine Stimme zu geben, die gesellschaftlich am Rande stehen: Flüchtlingen, *Sans-Papiers*, Armen, Rechtlosen.

Diesem Engagement liegt das Menschenbild der Gleichwertigkeit und der Einzigartigkeit eines jeden Menschen zugrunde. Ich habe auch meine Rolle als Politikerin immer als Versuch verstanden, durch meine politische Arbeit der Utopie einer Welt näher zu kommen, in der dieses Menschenbild allgemeingültig ist, einer Welt, die gerecht ist und allen Menschen ein würdiges Leben ermöglicht. Ich sass dann in den Sitzungen im Bundeshaus selbstgefälligen Politikerinnen und Politikern gegenüber, die pauschalisierende Negativaussagen über ganze Gruppen von Menschen machten, die sie nicht kannten und von deren Schicksal sie keine Ahnung hatten. Das war oft kaum zum Aushalten!

Sehr schwierig war es auch, wenn ich von Flüchtlingen angegangen wurde, die alle Instanzen durchlaufen hatten und sich voller Verzweiflung an mich wandten. Ob ich denn nichts für sie tun könne? Wenn ich ihnen sagen musste, dass meine Macht eine sehr begrenzte sei und ich auch keine Möglichkeit sehe, eine Ausschaffung zu verhindern, fühlte ich mich miserabel. In ganz wenigen Fällen gelang es, eine positive Lösung zu finden, aber diese Erfolgserlebnisse lassen sich an einer Hand abzählen.

Ich habe aber leider oft erlebt, dass Politikerinnen und Politiker, die dieses Menschenbild vertreten und politisch danach handeln, als «Gutmenschen» verunglimpft wurden. Eigentlich schlimm, dass dieser Begriff als Schimpfwort gilt. Darunter habe ich aber weniger gelitten als darunter, dass das Asylgesetz immer wieder verschärft wurde. Ich hielt mir jedes Mal vor Augen, was das für die Betroffenen bedeutete, noch höhere Hürden überwinden zu müssen, um sich im Asylverfahren Gehör zu verschaffen oder überhaupt zu einem solchen zugelassen zu werden. Ich habe auch viele Flüchtlinge und ihre Lebensgeschichten persönlich kennengelernt und verstand mich immer als eine Stellvertreterin und als Überbringerin ihrer Anliegen, weil ich ja eine mit allen Rechten ausgestattete Person war. Ganz im Gegensatz zu denen, die auf der Suche nach einem menschenwürdigen Leben als Flüchtlinge in die Schweiz kamen. Für viele von ihnen werden die Grenzen Europas zum Grab. Lampedusa ist ein Brennpunkt für die Schere zwischen Reich und Arm. Ich finde den Gedanken unerträglich, dass Tag für Tag junge Menschen aus dem globalen Süden auf der Suche nach einem besseren, menschenwürdigen Leben im Mittelmeer ertrinken und die Welt gleichgültig zuschaut, ja mitverantwortlich dafür ist, dass die Gefahren für die, die aus dem Elend ausbrechen und den Weg nach Europa unter die Füsse nehmen, durch Abschottung und Stacheldrähte immer grösser werden. Viele junge Menschen in Ländern des Südens haben von Geburt weg keine Chance auf ein menschenwürdiges Leben. Diesem Schicksal versuchen sie zu entfliehen. Was sie bei uns suchen, sind Perspektiven für ein Leben in Würde. Solange wir es nicht zustande bringen, weltweit gerechtere Verhältnisse zu schaffen, wird sich die Situation kaum ändern. In Lampedusa wird dieses verdrängte Kapitel sichtbar. Was ich nicht verstehen kann, ist, dass sich viele Leute hier bei uns nicht in deren Situation einfühlen können, dieser eklatante Mangel an Empathie! Es sind ja die veränderungswilligen, ehrgeizigen, innovativen Leute, die auf der Suche nach einem besseren Leben auswandern. Sie haben alle Eigenschaften, die bei uns hoch im Kurs sind, und hier will sie niemand. Herrschte in meinem Land Krieg und Elend, würde ich meine Zukunft auch woanders aufzubauen versuchen und würde mir auch ein Land aussuchen, dem es gut geht. Ich kann nicht verstehen, wie diese Menschen hier als Profiteure und Kriminelle verunglimpft werden. Dass man sie in irgendwelche abgeschottete Zentren bringt oder brutal zurückweist, ist ein Verbrechen an dieser jungen Generation, die das Pech hatte, am falschen Ort geboren worden oder in bürgerkriegsähnliche Zustände wie in Syrien geraten zu sein. Ich finde es beschämend, dass Asylsuchende generell als Gefahr dargestellt werden, gegen die man sich sogar mit «Grillieren gegen Asylanten» glaubt wehren zu müssen. Das wirft ein schiefes Licht auf die tonangebenden Kräfte in solchen Orten, die, statt mit Klartext dem Einhalt zu gebieten, den menschenverachtenden Unsinn noch mitmachen!

Schlussgedanken

Ich habe mich also für Menschen eingesetzt, die über wenig Rechte verfügten. Aber eigentlich verstand ich es als meine Hauptaufgabe, deren rechtliche Situation zu verbessern. Deswegen war ich Politikerin geworden. Ich bin überzeugt davon, dass es wichtig ist, Menschen mit Rechten auszustatten, damit sie sich selber wehren können, selber eine Stimme haben und weniger gefährdet sind, Opfer von Diskriminierung zu werden. Sonst bleibt immer ein Machtgefälle bestehen, dem etwas Paternalistisches anhaftet. Mein Verständnis von Emanzipation ist ein *empowerndes*, das heisst, Menschen mit Recht und Ressourcen auszustatten, statt sie in Abhängigkeit und Armut zu belassen. Das ist eine viel nachhaltigere und emanzipatorischere Strategie.

Die Vorstellung, nichts gegen die Ungerechtigkeiten in der Welt zu tun und nur für mich und mein privates Wohlergehen zu schauen, wäre mir unerträglich. Womit wir bei Kant und seinem kategorischen Imperativ wären. Und bei der grossen ungelösten philosophischen Frage, warum die einen in eine Welt hineingeboren werden, die ihnen alle Möglichkeiten bietet, ein gutes Leben zu haben, und warum die anderen in einem Slum einer der Megametropolen des globalen Südens von Anfang an ohne jede Chance sind. Ich habe darauf nur eine individuelle Antwort: Als weisse Mittelstandsfrau, als die ich ohne mein Zutun privilegiert bin, möchte ich durch mein Engagement dazu beitragen, dass sich die Verhältnisse verändern, dass es denen, die nicht per Geburt zu den Privilegierten gehören, besser geht. Es ist zwar nur der berühmte Tropfen auf den heissen Stein, aber viele Tropfen zusammen ergeben schliesslich auch ein Meer.

Diesen Hoffnungsschimmer lasse ich mir nicht nehmen, obwohl die reale politische Situation wenig Grund zu Hoffnung gibt. Die Saat der permanenten Verunglimpfung der «Fremden» ist aufgegangen, und bis weit in die Mitte der Gesellschaft hinein salonfähig geworden. Ob ich dieses Diskurses nicht überdrüssig geworden sei, werde ich immer wieder gefragt. Was steckt hinter dieser resignativen Frage? Doch nichts anderes als die Versuchung, aufzugeben, sich wegzuducken, den Mut nicht mehr zu haben, Widerstand zu leisten. Ja, diese Versuchung kommt manchmal. Aber ihr nachzugeben, hiesse, sein eigenes Menschenbild zu verraten, sich im Spiegel nicht mehr anschauen zu können. Das ist doch nicht wirklich eine Wahl! Auch wenn den «Gutmenschen» wie mir heute der politische Wind heftig ins Gesicht bläst, gibt es keine Alternative zum Einstehen für seine Überzeugung.

Hasim Sancar

Migration ist eine Chance

Migration ist ein Phänomen, dem Staaten immer wieder mit viel Irritation begegnen. In den 60er- und 70er-Jahren des 20. Jahrhunderts stellten vor allem zugewanderte Arbeiterinnen und Arbeiter die Behörden vor grosse Herausforderungen, während die Wirtschaft sich ihrer Arbeitskraft bedienen konnte. Diese Migrantinnen und Migranten sind heute in Rente, sie blieben hier oder gingen in ihre Heimat zurück. Ihre Kinder und Enkelkinder, die hier geboren sind, also die Secondos, sind ein Abbild dieser Geschichte. Dann gibt es Zwangsmigrantinnen und -migranten, Menschen, die ihre Heimat verlassen mussten und als Flüchtlinge nach Europa gekommen sind. Heute redet man neu auch von «Expats», den hochqualifizierten Personen aus Europa, Kanada, den USA und anderen Ländern, die auf dem Arbeitsmarkt gefragt, in der Gesellschaft aber oft unsichtbar sind. Die Vielfalt der Migrationsgeschichten ist offensichtlich und das Potenzial der Menschen, die zuwandern, genauso vielfältig. Will man Migrationsphänomene konstruktiv nutzen – für jeden Einzelnen, für die Gemeinschaft –, ist Sorgfalt gefragt.

Die Zugewanderten der 60er- und 70er-Jahre wurden – wie gesagt – für den Arbeitsmarkt gebraucht. Am Anfang der Rekrutierung stand eine strenge Gesundheitskontrolle, die oft im Heimatland durchgeführt wurde. Viele von ihnen wurden hier in betriebseigenen Wohnheimen untergebracht. Die Sprache des Aufnahmelandes war nicht relevant, denn ihre Arbeit war vor allem körperlich hart, sie waren unter ihresgleichen: auf dem Bau, in der Metallindustrie, in Schweissereien und Giessereien. Die meisten von ihnen hatten diffuse Vorstellungen von der Zukunft: Später würden sie zurückgehen, sie brauchten sich also hier nicht definitiv einzurichten. Sie sparten die Lust am Leben auf, um es nach der Rückkehr in die Heimat geniessen zu können. Ein richtiges Leben mit Lebensqualität wurde auf später verschoben.

Beide Seiten – Zugewanderte und Einheimische – sind in Wunschvorstellungen gefangen geblieben, und die Widersprüchlichkeiten prägen die Realität bis heute. Das meinte auch Max Frisch mit seiner Aussage: «Man rief Arbeitskräfte, doch es kamen Menschen.» Die meisten Zugewanderten blieben hier, holten ihre Familie, heirateten hier, schickten ihre Kinder in die Schule, richteten sich sogar einen Schrebergarten ein. Doch sie mussten erfahren, dass sie nicht als Personen erwünscht waren, sondern als Arbeitende. Wenn Arbeit infolge des Strukturwandels weniger, der Verteilungskampf härter wurde, waren sie die ersten, die über die Klinge springen mussten. Sie sollten das Land verlassen, ihre Arbeitskraft sei überflüssig, hiess es Anfang der 70er-Jahre (Schwarzenbach-Initiative), ohnehin sei ihre Kultur zu verschieden von der schweizerischen. Eine zu diesem Zweck erarbeitete Liste der schweizerischen Eigenarten diente den Behörden und der Politik dazu, die «kulturelle Andersartigkeit» festzulegen und als Diskriminierungsgrund zu nutzen.

Es wurde viel über diese Zeit geschrieben, unzählige Forschungsarbeiten analysierten die damaligen Prozesse, die Identitätsfindung, die strukturellen Bedingungen, unter welchen Migrantinnen und Migranten als fremd beschrieben und ausgegrenzt wurden. Es gibt aber auch andere Erfahrungen, nicht wissenschaftliche, die durch Bekanntschaften und Begegnungen gemacht worden sind: Von den ersten Migranten, die in den 60er- und 70er-Jahren nach Europa gekommen sind, um beispielsweise in einer Metallgiesserei oder der Teerproduktion ihre Arbeitskraft zu verkaufen, stammten einige aus meinem Dorf und den Nachbardörfern. Die meisten von ihnen sind unterdessen gestorben, sie waren noch nicht sehr alt, aber verbraucht, abgenutzt. Oft war Krebs die Todesursache. Ihre älteren Brüder, die nicht ins Ausland gingen, haben länger gelebt. Doch es war nicht die Migration im eigentlichen Sinne, die sie krank gemacht hat, sondern die harte und ungesunde Arbeit, die schlechten Arbeits- und Wohnbedingungen haben sie umgebracht.

Die zweite und teilweise die dritte Generation, die sogenannten «Secondos», sind entweder im Kindesalter in die Schweiz eingereist oder hier geboren.

Sie haben hier die Schule besucht, kennen die Sprache und sind mit einheimischen Kindern befreundet. In der Primarschule werden sie in Kleinklassen unterrichtet, um die Sprache zu lernen. Ihre Integration in die Regelklassen wurde von der Politik oft torpediert, und bis heute findet eine harte Diskussion über die beste Sprachförderung statt. Kann die lokale Sprache am besten in den gemischten Klassen gelernt werden? Soll zuerst die Muttersprache sattelfest sein? Sollen Kleinklassen als Fördermassnahme beibehalten oder zugunsten einer integrativen Schule aufgehoben werden, wie es die Stadt Bern macht? Unsicherheiten entstehen, doch nicht so sehr wegen der Kinder von Migrantinnen und Migranten, sondern eher wegen der bildungspolitischen Grabenkämpfe, die sich sofort auch auf die alltägliche Organisation des Unterrichts auswirken.

Diese Generation von Secondos hat an der eigenen Haut erlebt, was es heisst, wenn die Eltern hart arbeiten, wenig Freizeit und Erholung, mehr Stress als Freude an den Kindern haben. Sie haben erfahren, dass die Eltern sie vernachlässigen mussten, um die Familie zu ernähren. Oft ging das eben nur, wenn an den harten Arbeitstag eine zweite Putz-, Lager- oder Transportarbeit angehängt wurde.

Diese zweite oder dritte Generation rebelliert, sie akzeptiert das Migrationsschicksal ihrer Eltern nicht und möchte bessere Bedingungen mit Ausbildungsmöglichkeiten. Aber auch sie stellt fest, dass sie diskriminiert, nicht gleich behandelt wird wie ihre einheimischen Kolleginnen und Kollegen, dass ihr Zugang zu Ausbildung, Lehrstellen- und Arbeitsmarkt erschwert ist aufgrund ihrer Herkunft, ihres Namens und Alters, ihrer Religion und Hautfarbe.

In den 80er-Jahren putschten sich in vielen Ländern die Militärs an die Macht, Bürgerkriege fanden statt, die zum Teil bis heute andauern oder nachwirken. Deshalb haben viele Menschen ihre Wohngebiete oder Länder verlassen müssen. Ein Bruchteil dieser aus ihrer Heimat geflohenen Menschen ist nach Europa gekommen. Auch die erste Migrationsgeneration ist nicht einfach freiwillig gekommen, aber hier gibt es doch einen qualitativen Unterschied: Zwangsmigration ist nicht unfreiwillige Migration, sondern die Flucht als Strategie im Umgang mit Verfolgung, Angst, Bedrohung an Leib und Seele. Zur Regelung der Einwanderung kam, wie wir alle wissen, das Asylgesetz zur

Anwendung. Dieses Gesetz war ursprünglich für Flüchtlinge aus den ehemaligen Ostblockländern entwickelt worden, wurde dann aber rasch verschärft, als auch aus befreundeten Ländern wie der Türkei oder Chile Flüchtlinge kamen. Die offizielle Schweiz begann Anfang der 80er-Jahre, dieses Gesetz zu verschärfen. Seither wurde es mehr als zehnmal revidiert, stets zuungunsten der Flüchtlinge.

Die wirtschaftliche Entwicklung in Europa hat in den letzten zehn Jahren die Zuwanderung hochqualifizierter Migrantinnen und Migranten beschleunigt. Grund dafür ist der Mangel an einheimischen Fachkräften. Es kostet weniger, im Ausland ausgebildete Spezialistinnen und Spezialisten zu holen, als in Ausbildungsplätze in der Schweiz zu investieren. Ein zweiter Grund ist die demografische Entwicklung. Die Schweizer Bevölkerung wird älter, deren Pflege benötigt mehr Fachkräfte. Der Mangel an qualifiziertem Gesundheitspersonal hängt einerseits mit der unterfinanzierten Ausbildung zusammen, anderseits aber auch mit der Tatsache, dass die Löhne tief gehalten werden können, wenn Migrantinnen beschäftigt werden. Die zunehmende Präsenz von Migrantinnen in der Altersbetreuung ist ein gutes Beispiel dafür, wie die Schweiz auch den Gesundheitsbereich dem freien Markt überlassen will und sehr wohl die flexiblen und billigen Zuwanderinnen anzieht. Billige Fachkräfte aus dem Ausland bringen die Schweizer Volkswirtschaft auf Kurs. Doch profitieren diese Fachkräfte selbst vom Mehrwert, den sie schöpfen helfen? Das geht nur, wenn wir sie als Menschen mit entsprechenden Bedürfnissen akzeptieren.

Obwohl die Schweiz immer von der Migration profitiert hat – auch als sie selber in den 1930er-Jahren im Zuge der Wirtschaftskrise Schweizerinnen und Schweizer ins Ausland schickte –, hat sie Migration demokratiepolitisch nicht als Chance wahrgenommen und das System nicht weiterentwickelt, indem zum Beispiel Zugewanderten die Beteiligung an Wahlen und Abstimmungen ermöglicht worden wäre. Nein, ganz im Gegenteil, geht die Schweiz mit demokratischen Rechten für Migrantinnen und Migranten sehr restriktiv um. Zwar erstaunt es nicht, dass ein Land, das das Stimm- und Wahlrecht für Frauen erst 1971 eingeführt hat, auch mit diesem Recht seine Mühe hat. Dennoch scheint es schon fast absurd, wie die Schweiz trotz ihrem Anspruch, eine moderne Gesellschaft zu sein, irgendwie in der Vergangenheit stecken geblieben ist.

Diese Ausschlussmechanismen verunmöglichen, dass ein Gefühl der Zugehörigkeit entsteht. Migrantinnen und Migranten wie andere Benachteiligte fühlen sich ausgegrenzt. Und wenn dieses Zugehörigkeitsgefühl ausbleibt, ist es schwierig, ein Verantwortungsgefühl für die Entwicklung der Gesellschaft zu entfalten. Die ausbleibende Zugehörigkeit verhindert nicht nur die aktive Partizipation, sie hat langfristig auch psychische Wirkungen auf die Einzelnen, was wiederum die Lebensbedingungen erschwert und das Stresspotenzial verstärkt.

Wir haben in der Schweiz noch keine Ghettos wie in London oder in Paris und Marseille. Wir sind aber auf dem besten Weg dorthin. Auf dem Wohnungsmarkt werden Migrantinnen und Migranten wieder diskriminiert. Sie bekommen Wohnungen in schlechteren Wohnquartieren, an Lärm- und CO_2-belasteten Hauptstrassen oder entlang von Zuggleisen. Viele von ihnen können sich aus finanziellen Gründen nur billige Wohnungen leisten, wo die Lebensqualität gering bleibt. Lärm und Feinstaub machen krank, das ist kein Geheimnis. Es ist auch kein Geheimnis, dass ein grosser Teil der Migrantinnen und Migranten *working poor* sind, obwohl sie weit über acht Stunden täglich, oft mit mehreren Jobs, ihr Einkommen erwirtschaften. Denn auch auf dem Arbeitsmarkt werden sie diskriminiert. In der Verwaltung sind sie massiv untervertreten. Ausser beim Kehrichtpersonal und bei anderen schweren Arbeiten sind Verwaltungsstellen vorwiegend den Schweizerinnen und Schweizern vorbehalten.

Die Situation der Migrantinnen und Migranten auf dem schweizerischen Arbeitsmarkt heute zeigt zwei Extreme: Einerseits sind es hochqualifizierte Arbeitskräfte und Spezialistinnen, andererseits Arbeiterinnen und Arbeiter, die die noch bleibenden schweren, unterbezahlten, flexibilisierten und unqualifizierten Tätigkeiten verrichten in den Bereichen Konstruktion, Strassenbau, Industrie, Gastgewerbe, Reinigung und vor allem auch im nicht auslager- und rationalisierbaren *Care*-Bereich (Pflege, Betreuung, Haushalt). Dennoch stehen die Migrantinnen und Migranten in der Öffentlichkeit unter Dauerbeschuss. Die Vorwürfe, sie würden sich nicht integrieren und von unseren Sozialwerken profitieren, sind laut. Das Gegenteil ist der Fall. Der grösste Teil der Migrationsbevölkerung ist im produktiven Alter. Sie finanziert mit ihren Beiträgen einen Viertel unserer Sozialwerke, bezieht aber gleichzeitig nur 14 Prozent der

Leistungen der Sozialversicherungen. Diese Tatsachen werden von der Politik und an den Stammtischen oft verleugnet, absichtlich ausgeblendet, verdreht oder nicht wahrgenommen.

Migrationsprozesse sind komplex, es braucht einen sorgfältigen Umgang aller mit dem Phänomen (und nicht Ausschaffungsinitiativen). Es ist wichtig, dass im Umgang mit Migration Chancen wahrgenommen werden, die sowohl für die Gesellschaft als Ganzes als auch für die einzelnen Menschen, zugewanderte und ansässige, gelten. Dies ist aber nur möglich, wenn für Migrantinnen und Migranten die gleichen Rechte gelten. Die Grundrechte gelten für alle!

Die Schweiz als Aufnahmegesellschaft hat die Pflicht, alle Möglichkeiten zur Partizipation bereitzustellen, Räume zu öffnen, damit sich die Zugewanderten an den gesellschaftlichen Geschehnissen und Prozessen gleichberechtigt beteiligen können. Die Zugewanderten ihrerseits können sich in diesem strukturellen Prozess individuell und ohne Ausreden für mehr Teilnahme und Teilhabe einsetzen und ihre Rechte wahrnehmen, auch wenn diese vorläufig stark eingeschränkt sind.

Nach dem Militärputsch in der Türkei musste auch ich meine Beamtenstelle in einer staatlichen Fabrik aufgeben und war gezwungen, zu emigrieren.

In der Schweiz hatten weder meine Ausbildung noch meine Berufserfahrungen einen Wert auf dem Arbeitsmarkt. Während meines Studiums und durch meine politische Tätigkeit hatte ich mir aber viel Know-how angeeignet. Obwohl ich bereits einigermassen Französisch konnte, wusste ich, dass ich die lokale Sprache lernen und mich auf die Gegebenheiten der Schweiz einlassen musste. Als ich dann eine erste Stelle in einem Restaurant gefunden hatte, nutzte ich die freie Zeit für Sprachkurse und entschied mich später, auch die Ausbildung in Sozialarbeit zu machen, was mir dann glücklicherweise, allerdings mit viel Aufwand, auch gelungen ist. Meine politische Arbeit wollte ich aber nicht aufgeben. So engagierte ich mich in den ersten Jahren vor allem für eine demokratische Entwicklung in der Türkei und im osttürkischen Kurdengebiet. Mit der Zeit wurde mir klar, dass ich hier bleiben und hier leben würde. Die Heirat, dann die Geburt meiner beiden Söhne, die hier in die Schule gingen und studierten, besiegelten den neuen, unterdessen gewohnten Lebensmittelpunkt, eine Multikulti-Ehe mit binationalen

Kindern, einem gemeinsamen Haushalt und ermutigenden beruflichen Erfahrungen und Perspektiven.

Als Zugewanderter weiss man um eigene Defizite: mangelnde Kenntnisse der lokalen Sprache, fehlende Arbeitsqualifikation, fehlende soziale Netze und zurückgelassene Freunde. Zudem belasten Schuldgefühle gegenüber den zurückgelassenen Bekannten und Verwandten. Genau in solchen Situationen ist es entscheidend, sich die eigenen Ressourcen zu vergegenwärtigen. Ressourcen aus der eigenen Biografie, gesammelte Erfahrungen in der politischen Arbeit, alltagsrelevante Kenntnisse, die auch für die Ausbildung und Berufstätigkeit, für die Teilnahme an gesellschaftlichen Prozessen bedeutungsvoll und behilflich sind. Man muss sie aber erst sehen, um sie dann richtig nutzen zu können.

Ich kam mit einer politischen Bildung in die Schweiz und mit der Überzeugung, dass ich meine Erfahrungen in der Politik auch hier umsetzen sollte. Mein Standpunkt blieb bis heute: «Niemand ist nur für sich jemand.» Ich wollte meinen Beitrag für soziale Gerechtigkeit und ein gestärktes Gemeinwesen über politische Wege leisten. Heute denke ich, dass dieser Weg sich gelohnt hat. Der Aufwand für die politische Tätigkeit ist gross, die Freizeit beschränkt und der Erfolg bescheiden. Dennoch können mit kleinen Schritten Erfolge hinsichtlich der sozialen und ökologischen Gerechtigkeit erzielt werden, und das Engagement für die Grundrechte lohnt sich auch in der «Wiege der Demokratie», der reichen Schweiz.

Gianni D'Amato

«Zunderobsi» – oder: wie ich als Mobiler das Fürchten lernte

«Das Angebot kannst du dir nicht entgehen lassen», meinte Claudia. «Du wolltest doch immer eine Diss schreiben und Heinz hat dir eine tolle Offerte gemacht.» «Und», meinte sie augenzwinkernd, «ich kann dich immer wieder in Berlin besuchen.» Claudia wusste genau, wie sie argumentieren musste, um meine Befürchtungen zu besänftigen. Ich hatte mich am Abend vorher in Zürich-Altstetten mit Heinz getroffen. Er hatte erst kürzlich eine Berufung nach Potsdam erhalten und wollte nun seine Mannschaft zusammenstellen. Mir hatte er beim Nachtessen im «Da Angela» eine Stelle als wissenschaftliche Hilfskraft angeboten. Nicht gerade berauschend. Aber er hatte die Stellen für die wissenschaftlichen Mitarbeitenden schon mit Deutschen besetzt, und zwei andere Schweizer hatte er über ein Drittmittelprojekt nach Potsdam geholt. Paul aus Bern sei ebenfalls als wissenschaftliche Hilfskraft engagiert. Der Lohn sei im Übrigen nur geringfügig weniger als jener der wissenschaftlichen Mitarbeitenden, meinte Heinz. Sollte es mich interessieren, sei es ausserdem gut, wenn ich als Italiener käme, da es an seinem Lehrstuhl schon zu viele Schweizer gäbe.

Abgesehen vom Titel war auch der Lohn nicht umwerfend: 1600 Deutsche Mark, aber nur, wenn ich es schaffte, der Berliner Finanzverwaltung klarzumachen, dass das damalige Doppelbesteuerungsabkommen mit der Schweiz mich von den Sozialabgaben befreite. Sonst erhielte ich 400 DM weniger. Ausserdem stand Brandenburg damals wegen fremdenfeindlicher Angriffe in den Schlagzeilen: Es verging keine Woche, ohne dass Dunkelhäutige oder Schwarzhaarige zusammengeschlagen oder aus der S-Bahn geworfen wurden. Dann gab es noch das kleine Problem mit der Fremdenpolizei in Zürich:

Nach verschiedenen Abklärungen bei Behörden und Freunden war für mich jedenfalls klar, dass ich mich bei der Schweizer Fremdenpolizei nicht abmelden durfte, da ich sonst meinen C-Ausweis nach einer kurzen Übergangsfrist losgeworden wäre. Dreissig Aufenthaltsjahre in der Schweiz und die dadurch akkumulierten Rechte eines Niedergelassenen wären mit einem abgemeldeten Wegzug verloren gegangen und ich hätte bei einer Rückkehr praktisch wieder von vorne beginnen können. Kurz zuvor hatte Friedrich Dürrenmatt die Schweiz anlässlich des Besuchs von Václav Havel einen «goldenen Käfig» genannt. Auf niemand anderen traf die Gefangenschaft in einem solchen Käfig in jenem Moment wohl mehr zu als auf mich. Ich stimmte dem Abenteuer dennoch zu und war nun in Deutschland ein Italiener, der als Schweizer von den Sozialabgaben befreit war. Gegenüber der Schweiz war ich indes ein gefühlter Irregulärer, auch wenn ich als Mobiler meine Frau in Zürich regelmässig besuchte.

Rasch lebte ich mich in Berlin ein. Petra und Andreas, die beiden deutschen wissenschaftlichen Mitarbeitenden, taten ihr Bestes, um mir Berlin und Potsdam näherzubringen. Bald verkehrte ich im Kreis der italienischen Politgemeinde in Berlin. Über einen Freund lernte ich ausserdem Schweizer Architektinnen und Architekten kennen, die das neue Berlin bauten und in Kreuzberg, unweit von meiner Wohnung, lebten. Ich hatte mir in Berlin relativ rasch mein kleines Zürich neu aufgebaut und fühlte mich wohl. Und es ging nicht lange, da traf ich wieder auf Albert.

Albert war in Zürich unser Vorbild gewesen: ein eloquenter, gutaussehender Mann, ein brillanter Wissenschafter mit vielseitigen Spezialgebieten, ein kritischer Geist mit Charme und Charisma. Ausserdem war er als Journalist und Chefredaktor ein begnadeter Schreiber. Seine Seminare und Kolloquien waren immer rappelvoll; wir alle sonnten uns in seiner Aura und genossen die Möglichkeit, uns mit jemandem auszutauschen, der ein Leben in und eins neben der Universität aufgebaut hatte. Im Übrigen hatte ich Claudia in einem seiner Seminare kennengelernt, was der Verbindung eine besonders persönliche Note gab. Nun war er ebenfalls in Berlin als Professor für Kulturwissenschaft und Geschichte an der Humboldt-Universität tätig.

Gemeinsam mit seiner Frau, die ebenfalls mit italienischer Herkunft in Zürich aufgewachsen war, lud er mich zu einem Abend in die Kulturfabrik an der Osloer Strasse ein. Das mehrwöchige Programm hiess «Zunderobsi», also «drunter und drüber». Die Klischees zur Schweiz sollten richtig durchgerüttelt werden. Albert hatte Tickets für einen Abend mit Enzo Scanzis «Teatro Matto». In seinem Einmann-Erzähltheater fabulierte Scanzi über italienisches Leben in Zürichs Kreis 4. Nie war Heimweh amüsanter, aber auch bitterer.

In der Pause, während wir an unserem Bier nippten, näherte sich uns ein distinguierter Herr in Begleitung einer Dame, die ihr langes Haar streng nach hinten gekämmt trug und einen ernsthaften, leicht angsteinflössenden Eindruck bei mir hinterliess. Der Herr wurde mir als Botschafter der Schweiz, Aussenstelle Berlin, vorgestellt. Die Dame musste ebenfalls eine Beamtin der Botschaft sein, ihre Funktion wurde aber nicht genauer erläutert. Nachdem sie meinen Namen gehört hatte, musterte sie mich scharf und fragte: «D'Amato! Sind Sie vielleicht mit diesem Senator in New York verwandt?» Eine Frage, die wirklich nicht originell war zu jener Zeit, als der republikanische Senator Alfonse D'Amato wegen der zurückbehaltenen Vermögenswerte jüdischer Holocaust-Opfer die amerikanische Öffentlichkeit gegen die Schweizer Banken mobilisierte. Aber ich wusste immer noch nicht, wer sie war, deshalb meinte ich ein wenig vorlaut, möglicherweise schon, denn wir seien ja alle irgendwie miteinander verwandt. Sie gab nicht auf und musterte mich weiterhin skeptisch: «D'Amato, D'Amato», überlegte sie, stützte ihr Kinn zwischen den Fingern und stellte mit hochgehobener rechter Hand fest: «Ihr Name ist nicht in unserer Kartei.»

Nicht zu glauben! Ich gehe also heimwehgeplagt mit Freunden im Wedding an einen Italoschweizer-Abend und treffe auf eine Beamtin der Botschaft, die mein Leben plötzlich durchrüttelt. Sie konnte nur die Liste der gemeldeten Auslandschweizer meinen und hatte möglicherweise alle Namen im Kopf registriert. Die Dame hatte mich an meiner schwächsten Stelle erwischt und ich wusste nicht, wie ich souverän antworten sollte. Schon sah ich in extremis meine Niederlassungsgenehmigung in der Schweiz in Gefahr. Kreideweiss stammelte ich etwas Unverständliches, jedes Wort konnte jetzt eines zu viel sein. Albert sah, dass ich in Verlegenheit war, und befreite mich aus der misslichen Lage mit der Bemerkung, ich sei immer wieder auf Besuch hier in Berlin, deshalb könne mein Name gar nicht auf ihrer Liste sein.

So war das damals, Mitte der 1990er-Jahre, wenige Jahre nach dem EWR-Nein, als die Schweiz weiterhin auf der Suche nach Identität, einer Zukunfts-perspektive und einer nachhaltigen Verflechtung mit der Welt war. Wir alle waren in Bewegung, die Schweiz diskutierte wieder eine Annäherung an Europa, diesmal im Rahmen eines «Drei-Kreise-Modells», doch die damaligen Optionen, aus der Schweiz auszureisen und wieder zurückzukehren, blieben je nach Status unterschiedlich verteilt. Die in der Anekdote zum Ausdruck kommenden Befürchtungen verweisen letztlich auf den Kern des Ausländer-gesetzes, eines Dispositivs, das eine breite staatliche Verfügungsgewalt über Ausländer sichert. Als Kontroll- und Überwachungsgesetz regelt es bis heute die Löschung der Aufenthaltsbewilligung.

Mobilität als Ausländer ausserhalb des Staatsgebietes und die Aufrecht-erhaltung des erlangten Rechtsstatus waren prinzipiell inkompatibel, auch wenn in der Praxis schon damals ein Auge zugedrückt wurde. Doch das Aus-ländergesetz konzipierte das Verhältnis von Staat und Ausländerinnen und Ausländern damals auch nicht als Rechts-, sondern als Opportunitätsverhältnis, das sich an wechselnden Zwecksetzungen orientierte. Nach diesem Prinzip konnten Einwanderungsstaaten liberal sein, wenn Liberalität für angemessen gehalten wurde. Sie konnten die Rechtspraxis aber auch streng auslegen, wenn eine solche Politik für angebracht gehalten wurde, ohne dass Rechtspositionen der Betroffenen sie grundsätzlich daran hinderten. Ausländer unterstanden weniger der Herrschaft des Rechts im klassischen Sinn als vielmehr jener der Verwaltung und deren Ermessensbeurteilung. Ursprünglich hiess «Ermessen im Ausländerrecht», dass die Persönlichkeit des Ausländers kein Anrecht auf Schutz hatte und die öffentlichen Belange der Schweiz im Vordergrund stan-den. Die Begründung war, dass der Staat, seine Rechtsordnung und seine Institutionen für die eigenen Bürgerinnen und Bürger geschaffen seien. Fremde Staatsangehörige hingegen würden dem Aufenthaltsstaat gegenüber nicht in einem Treue- und Rechtsverhältnis stehen, weshalb der Staat ihnen gegenüber nach Zweckmässigkeitserwägungen handle.

Mit der Justizreform und der damit eingeführten Rechtsweggarantie in der neuen Bundesverfassung (Art. 29a BV) ist es zu einer beachtlichen Wende gekommen. Seit dieser Reform haben alle Personen bei Rechtsstreitigkeiten einen verfassungsrechtlichen Anspruch auf Beurteilung durch eine richterliche Behörde. Als Folge dieser Entwicklung können Behörden mit dem neuen Ausländergesetz (AuG) anders als im Rahmen des früheren ANAG (Bundesgesetz über Aufenthalt und Niederlassung der Ausländer) bei Beschwerden keine letztinstanzlichen Entscheide fällen. Diese stehen lediglich den Verwaltungsgerichten zu. In diesem Sinn ist beim Vollzug von Gesetzen auch nicht mehr von Ermessensentscheiden die Rede, sondern vom Beurteilungsspielraum der Behörden, der in den entsprechenden Gesetzen festgeschrieben ist. Die administrativen Gestaltungsspielräume in der Migrationspolitik ergeben sich aus den zahlreichen Kannbestimmungen im Ausländergesetz, bei deren Beurteilung «sämtliche Umstände des Einzelfalles berücksichtigt und sachgerecht gewichtet werden müssen».[1]

In den letzten rund zwanzig Jahren hat sich rechtlich viel getan. Es sind daher nicht nur die ökonomischen Verflechtungen der Schweiz mit Europa, welche die Populisten von rechts und links fürchten und sie Abstimmungen wie jene vom 9. Februar 2014, wenn auch knapp, gewinnen lassen. Die ökonomischen Umwälzungen tragen sicherlich zur Verunsicherung bei und legitimieren Rufe nach Schutz, sei es vor sinkenden Löhnen oder vor dem Wettbewerb. Es ist aber letztlich die Verflechtung der wirtschaftlichen Entwicklung mit der Erweiterung der Rechte für Europäer in dem durch die bilateralen Verträge regulierten Raum der Freizügigkeit, die die Populisten und ihre Anhänger erschüttern. Im alten Konzept der Migration gab es den Nationalstaat, der die Einwanderung und Eingliederung auf seinem souveränen territorialen Raum kontrollierte und dort wirkungsmächtig intervenierte, wo eigene Positionen in Gefahr waren. Nun ist es das neue Paradigma der Mobilität, das Gesellschaft und Wirtschaft dynamisch betrachtet und eine Entwicklung entfacht hat, die nur noch unter globalen Positionsverlusten kontrollierbar ist. Auf die entfesselte neue Dynamik der wirtschaftlichen, demografischen und gesellschaftlichen Entwicklung wollen und können viele nicht mehr verzichten, auch wenn sie populistische Gegenreaktionen wachruft und nicht wenige den Schutz des versorgenden Staates verlangen.

Die Dame von damals hat sich später als sympathische Repräsentantin der Kulturstiftung in Berlin entpuppt, die stetig darauf bedacht war, ihre

Adresskartei zu erweitern. Die Befürchtungen, die ich hegte, so imaginiert und absurd sie waren, hatten eine realistische Basis. Wenn immer ich meinen Studentinnen und Studenten diese Geschichte erzähle, verweise ich auf zwei für mich wichtige Punkte. Der eine ist, wie Ausländer versuchen, ihre Ohnmacht vor dem Ausländergesetz durch List zu kompensieren. Ohne List wären Ausländer dem Dispositiv des Ausländerrechts und der Herrschaft der Verwaltung, wie auch immer sie demokratisch legitimiert sein mag, schutzlos ausgeliefert. Die Rechtslage ist heute zwar besser, was aber nicht heisst, dass auch die Praxis liberaler ist. Der zweite Punkt verweist trotz Mobilitätserwartung auf die Disparitäten innerhalb der Erasmus-Generation. Heute ist es schlicht undenkbar, für Bildungs- und Karrierezwecke auf die notwendigen Mobilitätserfahrungen zu verzichten und sich nicht einem wenigstens temporären Leben in der Fremde auszusetzen. Vieles hat sich bezüglich der Freizügigkeit zum Guten gewendet, aber je nach Status unterscheiden sich die Möglichkeiten, von diesen Chancen der europäischen Mobilität zu profitieren.

Was wir heute in Bezug auf die Debatte über den Rechtsstatus erleben, ist eine virulente Reaktion auf einen angeblichen Kontrollverlust des Staates, die darauf abzielt, erreichte Privilegien für EU-/EFTA-Bürgerinnen und -Bürger zu eliminieren. In der Tat muss sich der Staat heute in vielen Bereichen moderierend einsetzen. Er muss gegensätzliche Positionen aushalten und realisierbare Kompromisse aushandeln. Es ist ein Staat, der mehr Rechte gewährt und unterschiedliche Ansprüche unter einen Hut bringen muss. Die Rufe nach einem starken, handelnden Staat im Ausländerrecht greifen deshalb zu kurz und sind der Komplexität der Situation nicht angemessen. Ein hobbesianischer Leviathan wäre heute eine Chimäre! Allerdings können die Interventionsmöglichkeiten der Behörden und die Wirkungsmacht ihrer Klassifikationen ebenfalls nicht vernachlässigt werden. Der Staat wird weiterhin darüber verfügen können, welche Migrantinnen und Migranten legitimiert sind, ins Land zu kommen, und welche nicht, auch wenn er die Flüsse nicht vollständig überwachen kann. Seine Klassifikationssysteme sind daher von erheblicher Bedeutung für die Beurteilung der gegenwärtigen und der künftigen Migrationspolitik.

Die Richtung, in die die Debatte gehen wird, und die Implikationen, die sich daraus ergeben, sind letztlich von unserer politischen Kultur abhängig. Es gilt für Entscheidungsträger aus Parteien, Behörden und Wirtschaft – wie letztlich für alle Bürgerinnen und Bürger –, darauf bedacht zu sein, den politischen Stil in Bezug auf Fragen der Migration nicht dermassen erodieren zu lassen, dass keine politische Auseinandersetzung mehr seriös geführt werden kann. Insbesondere Schulen und Universitäten, aber auch Medienvertreter und die Bürgergesellschaft stehen in der Pflicht, einen Beitrag zur Sicherung und Weiterentwicklung unserer Demokratie zu leisten. Dabei ginge es um eine Vermittlung von Wissen über alle Dimensionen des Politischen (inklusive der europäischen Ebene), die Vermittlung von Medienkompetenz und von Erfahrungen, welche Beteiligung und demokratische Praxis als positives Erlebnis und Lösungsmuster erfahrbar machen, und die Vermittlung von analytischen Fähigkeiten, um das Handeln von Institutionen und politischen Akteurinnen und Akteuren zu verstehen, zu evaluieren und einordnen zu können. Kompetenz dieser Art in Bezug auf die Schweiz, das ein Einwanderungsland par excellence ist, wäre hierbei sicherlich nicht zu vernachlässigen. Ein wenig am bisherigen Bild der Schweiz zu rütteln, kann deshalb niemandem schaden.

Anmerkung

[1] Spescha, Marc, Antonia Kerland und Peter Bolzli (2010). *Handbuch zum Migrationsrecht.* Zürich: Orell Füssli Verlag., Zürich, 2010, S. 77

Marc Spescha

Von Globalisierungsängsten, «Identität» und rechtsstaatlicher Kultur

In den Kursen, in denen ich als migrationsrechtlich spezialisierter Anwalt seit Jahren bei verschiedenen Zielgruppen zum Thema «Migrationspolitik und Migrationsrecht» referiere, fragen mich Teilnehmende zuweilen wohlwollend-erstaunt, was mich motiviere, mich mit Herzblut als Fürsprecher von Migrantinnen und Migranten zu engagieren. Im Regelfall habe ich hierauf zwei Standardantworten bereit. In der Kürzestvariante weise ich darauf hin, dies sei mein Job beziehungsweise berufliche Pflicht eines Anwalts, sich für seine Mandantinnen und Mandanten einzusetzen. In der etwas erweiterten Antwortvariante ergänze ich, der Broterwerb und ein gewisses Berufsethos allein wären nicht Motivation genug, seit mehr als zwanzig Jahren gegen ausländerfeindliche Behördenneigungen mit juristischen Argumenten anzukämpfen, ohne zu erlahmen oder ausgebrannt zu sein. Im Beruf folge ich wohl auch ein Stück einem inneren Ruf, weshalb er so etwas wie Berufung sein dürfte. Erklärt ist damit freilich nicht, weshalb ich mit dem Begriff der Einwanderung nichts Bedrohliches verbinde und die populistische Zuspitzung zur beschworenen «Masseneinwanderung» als dreiste Angstmacherpropaganda empfinde, die mein Blut in Wallung bringt und mich mitunter mit sarkastischen Sätzen gegen das dumpfe Geschwafel von nationaler Unabhängigkeit, Freiheit und Demokratie anschreiben und -reden lässt.

«Wer bin ich – und wenn ja, wie viele?»

Was ist meine Identität, frage ich mich angesichts der vielen Mitbürger (Wutbürger?), die, wie Motivforschungen zeigen, bei Abstimmungen über Ausländerfragen pauschal mit (Ausländer-)Abwehr reagieren, weil sie sich in ihrer «Identität» diffus bedroht fühlen. Der Begriff der Identität ist selbst diffus und irreführend, da er dazu tendiert, Menschen auf ein bestimmtes Merkmal zu reduzieren, obwohl jeder Mensch eine Fülle von Identitätsmerkmalen und verschiedene Zugehörigkeiten aufweist. Um bei meinem eigenen Beispiel zu bleiben: Meine Muttersprache ist Rätoromanisch, aufgewachsen bin ich in einem katholischen Elternhaus in Domat/Ems, geboren schon lange bevor Christoph B. die Emser Werke übernahm; ich bin Militärdienstverweigerer, ausgebildeter Jurist und schliesslich als Anwalt an der Langstrasse 4 im Zürcher Kreis 4 gelandet und dort seit über zwanzig Jahren in einem Team von aktuell sieben einander sehr freundschaftlich gesinnten Kolleginnen und Kollegen tätig. Zu weiteren Facetten später mehr.

«Wer bin ich – und wenn ja, wie viele?»: So hat der Philosoph Richard David Precht in einem gleichnamigen Buch die Tatsache auf den Punkt gebracht, dass wir uns selbst immer einigermassen geheimnisvoll bleiben und die Reduktion des Eigenen auf eine bestimmte Facette keine passende Beschreibung des Ichs wäre. Der Ökonom und Philosoph Amartya Sen hat in einer Studie mit dem deutschen Titel «Identitätsfalle» gezeigt, dass die undifferenzierte und eindimensionale Konstruktion von «Identität» Menschen auf Kulturzugehörige reduziert und damit ihrer Vielfalt und ihres Eigensinns beraubt. Im Gegenzug plädiert Sen für die «Einsicht in die universale Vielfalt der menschlichen Existenz». Mit diesen Feststellungen ist allenfalls das vielstimmige Konzert erklärt, das aus meinem Innersten hörbar wird und meine «Identität» konstituiert. Eine andere Frage ist, warum ich Anderssprachige, Anderstickende, Eingewanderte nicht als lästige, bedrohliche «Ausländer, Fremde, Asylanten» empfinde, und eine weitere Frage, warum andere Schweizer, auch solche, die weder existenzielle Not leiden noch arbeitslos sind oder real von Arbeitslosigkeit bedroht sind, dies ganz anders sehen.

Angst vor «Identitätsverlust»?

Erste Erklärungen liefert vielleicht die eigene kleine Immigrationserfahrung. Aus einem zweisprachigen bündnerischen Dorf bin ich nach der Mittelschule nach Zürich gezogen. Wie viele andere Bündner auch, habe hier studiert und die Erfahrung gemacht, dass man als Bündner in Zürich äusserst wohlwollend empfangen wird. Die Begegnung mit der fremden Stadt war daher eine positive erste Begegnung mit dem Fremden, das nicht abweisend, bedrohlich wirkte, sondern Ängste zerstreute und neugierig machte. Dass nicht alle Kantonsgenossen mit analogen Erfahrungen zu migrationsfreundlichen Kosmopoliten geworden sind, zeigt, dass individuelle Dispositionen mitbestimmend sind, wie die «Fremde» erlebt wird, wie Begegnungen mit Fremden verarbeitet werden, das «Neue» grundsätzlich positiv-neugierig konnotiert wird oder negativ-bedrohlich. Wie jemand auf die «Welt» reagiert, hat mit charakterlichen Neigungen, mit Kindheitsprägungen zu tun und weniger mit bestimmten Eigenschaften dieser Welt. Ohne die psychoanalytische Projektionstheorie bemühen zu wollen, bleibt als Phänomen bemerkenswert, dass angstgeneigte Menschen die Welt düster und bedrohlich beschreiben und besonders empfänglich sind für Negativstereotype betreffend die «Fremden», weil sie ausländischen Menschen im Alltag kaum begegnen. Jedenfalls werden entsprechende Stereotype in den jeweiligen Abstimmungskampagnen über Ausländervorlagen bildhaft wirksam und erfolgreich inszeniert: Immigranten werden zu Verursachern des sogenannten «Dichtestresses», zu Sozialhilfemissbrauchern und Schmarotzern oder, auf das Thema «Ausländerkriminalität» reduziert, zu Verbrechern, die auszuschaffen sind.[1] So wird das Übel auf eine Volksgruppe fokussiert, benennbar und in deren Ablehnung die Angst vermeintlich (vorübergehend) gebannt.

Die «Angst vor den neuen Migrationsströmen» zeige, so Umberto Eco, dass wir Wesen sind, «die einen Feind benötigen: Indem man einer ganzen Ethnie die Wesenszüge einiger ihrer in marginalisierter Lage lebenden Angehörigen zuschreibt, fabriziert man heute in Italien das Bild des rumänischen Feindes, eines idealen Sündenbocks für eine Gesellschaft, die sich, mitgerissen von einem auch ethnischen Transformationsprozess, nicht mehr wiederzuerkennen vermag.»[2] «Wenn wir uns heute in Europa umschauen, erkennen wir

überall, dass das Fremde und die Fremden wieder verstärkt zur Projektions-
fläche für Ängste und Aggressionen werden», bilanziert der deutsche Essayist
Johano Strasser in seinem Buch mit dem Titel «Gesellschaft in Angst» und
postuliert mit den Worten von Zygmunt Baumann «Zivilität» als «die Fähigkeit [...], mit Fremden zu interagieren, ohne ihnen ihr Fremdsein zum Vorwurf
zu machen oder sie zu nötigen, das, was sie zu Fremden macht, abzulegen oder
zu verleugnen».[3] Dass Angst und Sündenbockmechanismen keine schweizerische Spezialität sind, ist offenkundig und trieb auch den Gesellschaftsdia-
gnostiker Oskar Negt schon vor den Wahlerfolgen populistischer Parteien bei
den Wahlen zum Europäischen Parlament im Mai 2014 um. In seinem 2012
erschienenen Büchlein «Gesellschaftsentwurf Europa» sieht er die verbreitete
Angst, entwurzelt zu werden und die Autonomie zu verlieren, als «Angstroh-
stoff» für rechtsradikale Bewegungen, der durch «Erweiterung des sozialdarwi-
nistischen Überlebenskampfes beständig grösser wird», weshalb sich «in allen
Ecken und Kanten der europäischen Gesellschaft die politischen Scharlatane
und die Propheten des kollektiven Unheils» sammelten.[4] Die Angstdiagnos-
tiker haben tatsächlich kaum Anlass, zu verstummen. Im Magazin-Heft des
«Tages-Anzeigers» vom 14. Juni 2014 vertritt der flämische Psychologe und
Psychoanalytiker Paul Verhaeghe, Autor des Buches «Und ich? Identität in
einer durchökonomisierten Gesellschaft», die These, es sei uns ökonomisch
noch nie so gut gegangen, noch nie hätten wir uns aber so schlecht gefühlt.
Wenngleich das «Wir» hinterfragbar ist, trifft wohl zu, «dass die Angst in der
Gesellschaft heute sehr viel grösser ist als vor fünfzig Jahren». Verhaeghe geht
so weit, eine generelle Angst der Leute voreinander, «eine Sozialphobie» als
spezifischen Effekt des Neoliberalismus, zu diagnostizieren: «Wenn einem
ständig eingeredet wird, dass der andere immer in erster Linie Konkurrent ist,
er immer danach strebt, die Nummer eins zu sein, dann wird unser Nächster
zu einer ständigen Bedrohung.»[5]

Gleichviel, ob man diese Einschätzungen teilt oder nicht: Dass irratio-
nale Regungen dominant sind, wenn es gegen Ausländer geht, zeigt das
Abstimmungsverhalten von Menschen vom Lande. Obwohl oder gerade weil
sie wenig(er) reale Kontakte mit und konkrete Kenntnisse aus der Begegnung
mit Ausländern haben, reagieren sie – von Ausnahmen abgesehen – deutlich

abweisender. Seit der Abstimmung über die Schwarzenbach-Initiative im Jahre 1970 ist dies eine empirische Konstante. Tatsächlich scheint sich der Rat des Nationalökonomen und Soziologen Vilfredo Pareto an den erfolgreichen Herrscher beziehungsweise für eine erfolgreiche Machtpolitik auch in allen Abstimmungskampagnen zu bestätigen, die gegen mehr oder für weniger Rechte von «Ausländern» geführt wurden. Nach Pareto ist es machtpolitisch nämlich ratsam, «an die moralischen Gefühle der Menschen zu appellieren, statt sich in nutzlosen Versuchen aufzureiben, diese Gefühle zu verändern».[6]

Haltung als Folge von Disposition und Erfahrung

Mein Exkurs zur Motivlage von Menschen, die gegen «Ausländer» votieren, obwohl sie solche kaum aus alltäglichen Begegnungen kennen, hat mich weggeführt von der Eingangsfrage, warum «Ausländer» für mich kein Reizwort ist, eher verfehltes Ausgrenzungsunwort[7], sonst aber positiv-neugierig besetzt. Ein «Weltwoche»-Journalist glaubte dies unter der Überschrift «Der Wanderprediger» mit dem intellektuell dürftigen Hinweis, ich würde mir als Anwalt auf dem Buckel der Ausländer eine goldige Nase verdienen, erklärt zu haben, sozusagen als Variation des Sprichwortes «Wes Brot ich ess, des Lied ich sing». Was treibt mich tatsächlich um, motiviert zum Engagement für das Recht auf Einwanderung und Aufenthalt von Menschen, denen die «Gnade» des privilegierten Geburtsortes nicht zuteil wurde? Als ich zu Beginn der Neunzigerjahre meine selbständige Anwaltstätigkeit an der Langstrasse 4 aufnahm, war ich als Anwalt noch keineswegs speziell auf Migrantinnen und Migranten ausgerichtet. Bedingt durch die Lage im multikulturellen Kreis 4, den Ruf der Anwaltskanzlei als Anlaufstelle für Bedrängte und Notleidende und eventuell wegen meiner Italienisch- und Spanischkenntnisse kamen vereinzelt auch Menschen mit ausländerrechtlichen Problemen zu mir. Dabei entdeckte ich relativ rasch, dass das Thema «Ausländer» rechtswissenschaftlich bis anhin völlig unbeackert war. Die Fremdenpolizisten agierten auf der Basis eines völlig rudimentären Ausländergesetzes und blossen Verordnungsrechts meist unter Ausschluss einer öffentlichen Kontrolle und unbehelligt von einer – im Übrigen inexistenten –

kritischen Rechtswissenschaft. Nach Übernahme der ersten vereinzelten Mandate zum Ausländerrecht mehrten sich entsprechende Anfragen. So wurde ich durch Erfahrung belehrt, ein «Erfahrener», Experte im Sinne des Wortes. Dies veranlasste mich, im Jahre 1999 mit dem «Handbuch zum Ausländerrecht» den ersten praxistauglichen Überblick über die massgeblichen Grundlagen des schweizerischen Ausländerrechts zu publizieren. Weitere Publikationen folgten und bekräftigten meinen Ruf als «Ausländeranwalt».

Ich erzähle dies nicht in der Absicht, mich selbst zu rühmen, sondern deshalb, weil mir dieser Arbeitsschwerpunkt Begegnungen mit rund 2000 Menschen mit ausländer- oder migrationsrechtlichen Problemen ermöglicht hat und diese meinen Horizont weiteten. Dass ich nicht nur Engeln begegnet bin und keinen Anlass sehe, den «Ausländer» zum besseren Menschen zu verklären, erwähne ich nur, weil die engagierte anwaltschaftliche Fürsprache allzu häufig als Ausdruck eines verächtlich gemachten «Gutmenschentums» disqualifiziert wird. Die erwähnten Begegnungen haben mich aber über gedankliche Grenzen geführt. Zur sprachlichen Bereicherung kam das Büro als imaginierter Begegnungsraum unterschiedlichster Welten, wo Menschen aus verschiedensten Ländern und Klassen ein und aus gingen. Arme, ausgegrenzte, straffällige, hilf- oder sprachlose Schutzsuchende geben und gaben hochqualifizierten Arbeitsimmigrantinnen und -immigranten, heiratswilligen oder liebeshungrigen Schicksalsbezwingern die Klinke in die Hand: IT-Spezialisten aus Indien, Naturwissenschafterinnen und Ökonomen aus Russland und den USA, Musiker und Künstlerinnen aus der Ukraine, *Sans-Papiers* aus lateinamerikanischen Staaten, chinesische Mathematiker, armenische oder bulgarische Pianisten, Pflegerinnen aus den Philippinen, binationale Paare aller Art und Färbung, Vorzeigemigrantinnen und -migranten mit eindrücklichen Integrationskarrieren und solche mit deliktischer Vergangenheit, Gestrauchelte, die sich wieder gefangen haben, vereinzelt auch (definitiv?) Gescheiterte. Ihnen allen verdanke ich faszinierende Geschichten, nachhaltige Eindrücke, die auch mich selbst verändert haben. Ich bin nicht zum Zyniker geworden. Die Welt wird nicht immer schlechter und Immigrierende sind keine Bedrohung. Ihre vielen Einzelschicksale ergeben bedingt durch die verschiedenen Herkunftsländer, Einwanderungsgeschichten und individuellen Eigenheiten ein farb- und facettenreiches Bild.

So haben sie meine eigene Identität erweitert zu einem begegnungsfreundlichen Selbstverständnis, worin das «Fremde» primär interessant ist, oft neugierig macht, zuweilen aber auch distanziert oder gleichgültig lässt und manchmal verärgert, insgesamt aber so vertraut wurde, dass wenig mehr «fremd» ist.

«Identitätsfortbildend» waren und sind schliesslich die bald dreissig mit einer Seconda verbrachten Lebensjahre mit zwei Kindern und – trotz auch kulturbedingter Konflikte – vielen weiteren «fremdheitsbedingten» Bereicherungen. Meiner Frau verdanke ich den vertieften Zugang zur italienischen Sprache, zum Klang und zur Bedeutung dialektaler Eigenheiten, eine Vielzahl neuer Metaphern und lautmalerischer Wörter: «birbante» und «birichino» als Kosenamen für heranwachsende Schlaumeier, «bardaschu» als dialektale Bezeichnung eines Jünglings. Dank ihr kenne ich den Corso von Spoleto in den Beschreibungen ihrer Jugenderinnerungen, die Weiten Umbriens, Blicke von diversen pittoresken Dörfern auf die Tiefebene zwischen Assisi und Perugia in kitschig-roter Abenddämmerung. Ihr verdanke ich kulinarische Liebesbekenntnisse, Entdeckungsreisen in Moll-Tonarten italienischer Liedermacher und deren poetische Erzählungen, die Begegnung mit lebensklugen Menschen auf dem Lande, den Blick durch das Schlüsselloch eines Tores auf dem römischen Quirinal oder Palatin auf den Petersdom. Zu den kulturbedingten Konflikten gehören etwa Meinungsverschiedenheiten in der Kindererziehung, darüber, was man von den Kindern verlangen soll und darf. Die Konflikte haben meine Identität mitgeprägt, sind aber keineswegs nur als lästige Stimmen in meiner Erinnerung präsent. «Ma è un bambino Marco, lascia perdere», besänftigte mich meine (kinderbetreuende) Schwiegermutter, als sie mich verärgert sah darüber, dass sich mein Sohn am Ledersessel als Zeichner versucht hatte. Präsent sind Bilder einer liebevollen physischen Zuwendung zu Kindern und Herzenswärme, die ich in ihrem Herkunftsmilieu beobachtet und gespürt habe. Aufgrund solcher biografischer Erfahrungen ist auch an mir etwas vom mediterranen Lebensgefühl hängengeblieben, etwas – zumindest wünsche ich es mir – von jener Gelassenheit, die heute als «Haltung zur Welt» (Thomas Strässle) empfohlen scheint. Dass ich über diese Bindung auch formal das italienische und damit gleichzeitig das europäische Bürgerrecht erworben habe, konstituiert auch rechtlich die Stimmen in meiner Brust, die mich als Schweizer verbürgen, aber auch einen Teil Italianità und ein besonderes Interesse für den Gang der Dinge im nahen Süden und in Europa insgesamt geweckt haben und lebendig erhalten.

Auf der Suche nach einer schweizerischen Identität

Der Trendforscher und Geschäftsführer des Gottlieb-Duttweiler-Instituts, David Bosshart, behauptete in einem Interview über Identität in einer globalen Welt, die Bedeutung der Nationalität werde unterschätzt, und antwortete auf die Frage, wer er sei: «Für mich macht der Pass die Kernaussage über meine Identität, da steht das Wesentliche drin.» Zur Bemerkung der Interviewerin, das sage aber nichts über seine Persönlichkeit und lasse unbeantwortet, was seine Identität ausmache, meinte David Bosshart, darüber habe er «nie gross nachgedacht», und fügte an: «Die beruflichen Tätigkeiten sind mehr denn je für die grosse Mehrheit der Menschen hier in der Schweiz der Kern, um den herum sich die persönliche Identität bildet.»[8]

Das anfängliche Bekenntnis zum Pass als Kern der Identität löst sich weitgehend in nichts auf und wird durch den Beruf als Identitätskern abgelöst. Nebulös bleibt damit, was es mit der nationalen Identität auf sich haben könnte.

Wenn ich meine eigene «Patchwork-Identität» auf die besonderen schweizerischen Prägungen hin befrage, fällt mir die Faszination für die landschaftliche Vielfalt des kleinen Landes («small is beautiful») ein, vermittelt bereits im Kindergartenlied «S Schwyzerländli isch no chly, aber schöner chönts nit sy» (geografisch-landschaftlicher Identitätsaspekt). Prägend waren das Aufwachsen in relativem (mittelständischem) Wohlstand (ökonomischer Identitätsaspekt), die Selbstverständlichkeit sprachlicher und kultureller Vielfalt im dreisprachigen Kanton Graubünden mit Rätoromanisch als Muttersprache, Deutsch als Gassen- und Schulsprache und Italienisch als der Muttersprache verwandter erster Fremdsprache (sprachlich-kultureller Identitätsaspekt). Das Bewusstsein der Besonderheiten der halbdirekten (rechtsstaatlichen) Demokratie der Schweiz (politischer Identitätsaspekt) wuchs mit der zunehmenden

Politisierung während der Mittelschulzeit und vertiefte sich während meines Jura-Studiums.

Ob sich daraus eine (nationale) Identität als Schweizer ergibt, bin ich mir nicht sicher. Offenkundig ergeben sich aber aus diesen Prägungen Dinge, die mir wichtig sind und die ich nicht verlieren wollte. Dabei kann ich aber nicht erkennen, wie diese Dinge abstrakt durch die Einwanderung bedroht sein sollten, geschweige denn von Immigrantinnen und Immigranten als konkreten Personen. Bei der Frage nach Bedrohungen für die faszinierenden Landschaften denke ich eher an (einheimische) Bodenspekulation und unzureichende Raumplanung als an die Einwanderung. Der Wohlstand wird uns nicht von Immigrantinnen und Immigranten streitig gemacht, sondern ist ihnen wesentlich zu verdanken. Dies gilt für die starke italienische Immigration der Sechzigerjahre, vor allem, wenn wir an den Bau (besonders Strassen- und Wohnungsbau), die Textil- und Maschinenindustrie denken, für die Einwanderung im Zuge der Personenfreizügigkeit, mit der seit dem Jahre 2002 rund 400 000 neue Arbeitsplätze geschaffen wurden, und erst recht für die zahlenmässig geringe Arbeitsimmigration aus Drittstaaten, die Elite-Immigration ist und war, von Personen mit sogenannter hoher Wertschöpfung, die ökonomisch als gute bis sehr gute Steuerzahler zu verbuchen sind. Die Erwerbslosenquote in der Schweiz bewegt sich bei rekordtiefen drei Prozent und ist, auch wenn man die nicht mehr registrierten, ausgesteuerten Erwerbslosen berücksichtigen würde, ein Mehrfaches tiefer als die Quote in den meisten Staaten der EU. Gemessen am wirtschaftlichen Nutzen der Immigration ist die teilweise beschworene «Einwanderung in den Sozialstaat» marginal, soweit überhaupt empirisch nachweisbar, und das Beklagen des Familiennachzugs als Zugangstor für unqualifizierte Erwerbstätige ist beschämend. Beschämend, weil diese Immigration grösstenteils ein verfassungsmässiges Grund- und Menschenrecht ist und uns – mit Blick auf die tiefe Geburtenrate – überdies mit den Trägern der künftigen wirtschaftlichen Prosperität versorgt; nicht nur mit den «schweizerischen» Fussballspielern, auf die wir, als Schweizer, selbstverständlich stolz sind, wenn wir dank ihnen an der WM und EM teilnehmen können und sie dort die nötigen Tore schiessen. In demografischer Perspektive werden wir um Immigrantinnen und Immigranten als Finanzier der Altersvorsorge und Garantinnen der

Alterspflege froh sein müssen. Fazit: Auch ohne besonderen wirtschaftlichen Sachverstand lässt sich die Immigration nicht ernsthaft als Bedrohung des Wohlstandes der Schweiz beschreiben.

Die gemäss Bundesverfassung viersprachige Schweiz ist längst mehrsprachiger. Diese noch grössere Sprachenvielfalt in der Schweiz kann indessen, der Mundartsehnsucht zum Trotz, nicht als Gefährdung der sprachlich-kulturellen Identität beklagt werden, es sei denn, wir wollten der Dominanz des Englischen in der Finanzbranche, in der Pharma- und IT-Industrie den Kampf ansagen. Abgesehen davon, dass dieser Kampf aussichtslos wäre und erst noch wirtschaftlich besonders einträgliche Wirtschaftszweige träfe, lehrt meine Erfahrung, dass jedenfalls die russischen und asiatischen Naturwissenschafterinnen und -wissenschafter und indischen IT-Spezialisten in der deutschen Schweiz einen erstaunlichen Einsatz leisten, um die deutsche Sprache rasch zu erlernen, um so rascher den bestmöglichen ausländerrechtlichen Status (Niederlassungsbewilligung) zu bekommen. Zu behaupten, unsere sprachlich-kulturelle Identität sei durch Einwanderung bedroht, ist rational und empirisch nicht haltbar und angesichts unserer nationalen Mehrsprachigkeit unschweizerisch.

Wer oder was bedroht die schweizerische Demokratie?

Bleibt die Frage nach einer allfälligen einwanderungsbedingten Gefährdung der politischen Kultur der Schweiz. Insofern sie im nicht näher definierten Begriff «Demokratie» aufgeht, kann von Gefährdung keine Rede sein. Mit Blick auf die diversen ausländerpolitischen Abstimmungen ist die Demokratie vielmehr das grösste Bollwerk gegen Einwanderung und «unerwünschte» Immigrantinnen und Immigranten. Minarettverbot, Ausschaffungsinitiative, «Masseneinwanderungsinitiative»: Ungeachtet staatsvertraglicher oder menschenrechtlicher Verpflichtungen sagten politische Mehrheiten hier Nein zu Immigrantinnen und Immigranten.

Von den Entscheidungen ausgeschlossen blieben rund eine Million stimmfähige, steuerzahlende, langjährig anwesende Immigrantinnen und

Immigranten. Demokratiepolitisch, also gemessen am Anspruch und an der Legitimität des Mehrheitsentscheids, wonach sich mündige Entscheidberechtigte und Entscheidbetroffene zumindest potenziell möglichst decken sollten, ist dieses Demokratiedefizit gravierend. Noch schwerwiegender ist, dass die erwähnten Vorlagen direkt auf die Immigrantinnen und Immigranten abzielten. Auf der Strecke blieb hierbei die rechtsstaatliche Kultur, die sich daran misst, wie die «einheimische» Aufnahmegesellschaft mit «Ausländerinnen und Ausländern» umgeht. Meine politische Identität, wozu die Demokratie als rechtsstaatliche gehört, wird folglich nicht durch die Immigrantinnen und Immigranten, sondern durch unsere Art des Umgangs mit ihnen verletzt, mit ihrem Ausschluss von der politischen Partizipation und der gravierenden Missachtung des Rechts(staates) als Schranke und Grundlage staatlichen Handelns[9] (einschliesslich des direktdemokratisch Verordneten). Meine Identität als Demokrat wird durch eine «Volksmeinung» bedroht, die die «Mehrheit» und damit das Demokratieprinzip absolut setzt, sich rechtlicher Schranken enthoben glaubt und die Grundsätze staatlichen Handelns, namentlich das Verhältnismässigkeitsprinzip, ausser Kraft setzt, wenn es um missliebige Personengruppen geht, etwa straffällige Ausländer oder Familienangehörige von Immigrantinnen und Immigranten. Der mit Schwert und Waage ausgestatteten Justitia als Sinnbild der Gerechtigkeit im Rechtsstaat wird bei straffälligen Ausländern die Waage vom «Volk» entrissen. Ohne Waage kann sie nicht wägen, die Interessen pro und contra abwägen und dann einzelfallgerecht mit Augenmass entscheiden. Allein mit dem Schwert ausgestattet, bleibt der blinden, gleichsam zur Scharfrichterin degradierten und ihrer Identität beraubten Justitia nur noch die Vollstreckung des Volksurteils.[10] So geht der Rechtsstaat vor die Hunde, nicht der Ausländer wegen, sondern wegen unseres Umgangs mit ihnen. Das ist dramatisch, denn der Rechtsstaat ist «so wichtig wie die Luft zum Atmen und das Wasser zum Trinken», wie Gustav Radbruch, der wohl bedeutendste Rechtsphilosoph des letzten Jahrhunderts, tief geprägt von der nationalsozialistischen Katastrophe, im Jahre 1946 befand. Auch aus dieser Überzeugung, die ich mir zu eigen gemacht habe, fliesst das einleitend erwähnte (anwaltschaftliche) Herzblut.

Schutz der Menschenrechte durch grenzüberschreitende Rechtsprechung

Ein Rechtsstaat ohne Demokratie ist denkbar, wenn auch nicht wünschenswert. Eine Demokratie ohne Rechtsstaat aber verkäme zur Tyrannei der Mehrheit und damit zur Despotie, denen Minderheiten aller Art schutzlos ausgeliefert wären. Aus diesem Grunde teilen auch die Staats- und Verfassungsrechtslehrer in der Schweiz meines Wissens ausnahmslos die Überzeugung, dass Grund- und Menschenrechte nicht zur Disposition von wie auch immer gearteten Mehrheiten gestellt werden dürfen und die Schweiz völkerrechtliche Verpflichtungen einzuhalten hat, solange die entsprechenden Verträge nicht gekündigt sind, das heisst vor allem die Europäische Menschenrechtskonvention (EMRK) und das Personenfreizügigkeitsabkommen der Schweiz mit der Europäischen Union und deren Mitgliedstaaten (FZA). Wäre eine Kündigung des FZA zwar höchst bedauerlich, aber allenfalls denkbar, erscheint eine Kündigung der EMRK und damit das Ausscheiden der Schweiz aus der europäischen Rechtsgemeinschaft unvorstellbar. Vor ihr würde sich nicht nur die viel gerühmte «humanitäre Tradition der Schweiz» blamieren. Eine Kündigung wäre vielmehr das Ende der Schweiz als rechtsstaatlicher Demokratie.

Solche Tendenzen nähren jedoch jene Kreise, die sich über Urteile des Gerichtshofs für Menschenrechte in Strassburg empören, die urteilenden Richterinnen und Richter – obwohl in der urteilenden Kammer von sieben Rechtsprechenden immer eine schweizerische Richterin oder ein schweizerischer Richter mitwirkt – als «fremde Richter» beschimpfen, die Bundesrichter als deren willfährige Untertanen verächtlich machen und per Volksinitiative den Vorrang des Landesrechts vor dem Völkerrecht in der Verfassung verankern wollen. Wer so agiert und Volkes Zorn gegen den Richterstaat schürt und instrumentalisiert, und wer dem so verbreiteten Irrglauben folgt, verkennt, dass er auch sich selbst der elementarsten Rechte beraubt, für die die Bundesverfassung geschaffen wurde, der Rechtsstaat als Verfassungsstaat steht und deren Schutz die Europäische Menschenrechtskonvention bezweckt.

Das Bundesgericht in Lausanne als Menschenrechtsgericht[11] und die Richter in Strassburg sind rechtlich verpflichtet, alle Rechtsunterworfenen, ungeachtet ihrer Staatsangehörigkeit, vor Entrechtung zu schützen, einerlei, ob diese von Diktatoren oder Mehrheiten ausgeht. Die elementaren Rechte heissen unter anderem Schutz vor Willkür und Diskriminierung, Recht auf ein Urteil mit Augenmass (Verhältnismässigkeitsprinzip), Recht auf Privat- und Familienleben. Dass diese Werte von den Richterinnen und Richtern in Lausanne auch gegen Volksmehrheiten zur Geltung gebracht werden (müssen), ist Ausdruck der Unabhängigkeit der richterlichen Gewalt im gewaltenteiligen Rechtsstaat. Auch die Richter in Strassburg würden ihre Vertragspflicht als Hüter der Menschenrechte verletzen, wollten sie sich – analog dem nationalen Volk – nach den Wünschen der Staaten richten, die sich zur Einhaltung der Menschenrechtskonvention verpflichtet haben. Man mag den Entscheidungen der Strassburger Richter nicht immer zustimmen, verbindlich sind sie gleichwohl. Und Fakt ist, dass der Gerichtshof seit seinem Bestehen die Menschenrechte praxiswirksam gemacht und gestärkt hat und damit betroffene Menschen, ungeachtet ihrer Herkunft oder Staatsangehörigkeit, vor staatlichem Unrecht geschützt werden. Strassburg steht nicht für «Einmischung in die inneren Angelegenheiten», sondern für Schutz von Menschen, für Menschenrechte eben, die nicht als leere, papierene Versprechungen gelten sollen. Bemerkenswerterweise werden aber «Strassburg» beziehungsweise die dort «thronenden» Richterinnen und Richter von denselben Kreisen als «fremde Vögte» zum Feindbild stilisiert, die die Immigrantinnen und Immigranten insgesamt als (feindliche) «Fremde» bekämpfen.

«Multikulti ist viel chilliger als Fremdenfeindlichkeit»

Das sind keine erbaulichen Perspektiven. Die Schweiz tut gut daran, ihrem Rechtsstaat Sorge zu tragen und dessen Opferung auf dem Buckel von Immigrantinnen und Immigranten zu verhindern. Sonst droht uns eine Zukunft als schrumpfendes, vereinsamtes und ziemlich verbittertes Volk, grau und düster, freudlos und konfliktgeladen, statt Wertewärme Kälte. Die jüngsten Erfolge rechtspopulistischer Parolen dürfen uns allerdings nicht den Blick verstellen auf die Zukunft unserer Demokratie. Im «Kinder-Tagi» des «Tages-Anzeigers» vom 31. Mai 2014 porträtierte sich die 6. Klasse der Schule Rümelbach in der Zürcher Agglomerationsgemeinde Rümlang, in der 19 Kinder aus 12 verschiedenen Nationen zur Schule gehen. Ihr Credo: «Multikulti ist viel chilliger als Fremdenfeindlichkeit.» Die Klasse hat in der ganzen Mittelstufe nachgefragt, wie es den Schülerinnen und Schülern mit dem Kulturmix ergehe. Von 57 Schülern fanden es 55 «gut, dass wir eine multikulturelle Schule sind». Die Frage, ob es manchmal Probleme oder Missverständnisse aufgrund der Herkunft gäbe, bejahten nur sieben.

So braun scheint der Nährboden nicht, dass aus Identitätsverlustangst (nationalistischer) Identitätswahn werden müsste, der «ohne Empathie für die verschiedenartigen Rollen und Identitäten der Anderen [ist], ohne den Willen und die Fähigkeit, Ambivalenzen zu ertragen», wo jemand seiner selbst nur sicher wird, wenn er in seiner sozialen Umwelt «nichts Andersartiges, Fremdes, Uneindeutiges, Widerständiges mehr erfahren muss, von dem [er] sich in [seinem] eigenen Anspruch herausgefordert, verunsichert, in Frage gestellt fühlen könnte».[12]

Dass ich in mündlichen Gesprächen oft zitiere, löst manchmal Verärgerung aus. Mitunter wird mir vorgehalten, ich (meine Identität?) sei nicht spürbar oder es fehle mir anscheinend an Argumenten, dass ich zu fremden Zitaten Zuflucht nehmen müsse, oder aber, «diese Zitiererei» sei demonstrative Überlegenheitsattitüde. Auch dieser Text ist reich an Zitaten, obwohl er nicht den Anspruch auf Wissenschaftlichkeit erhebt, wo das Zitieren die nichtplagiatorische Teilnahme an einem Fachgespräch belegen soll. Dass die Zitate trotzdem nicht als blosse Demonstration von Belesenheit empfunden werden, hoffe ich. So oder anders, ich kann nicht anders und gebe gerne zu, dass meine weltanschauliche Identität kümmerlich wäre, wenn ich nicht durch Gedanken und Formulierungen vieler fremder Stimmen und Texte bereichert worden wäre. So endet auch dieser Essay über meine eigene «Identität» und diverse Identitätsvorstellungen mit dem (zitierten) Bekenntnis eines wortmächtigen Schweizer Literaten zur Schweiz als Heimat. Ich zitiere aus Peter von Matts 1.-August-Rede 2009 auf dem Rütli, weil er in erhellender Bildhaftigkeit bewusst machte, warum ein nationalkonservativer, fremdenfeindlicher Rückzug der Schweiz in ein geistiges Reduit keine Perspektive sein kann: «Die Schweiz ist unsere Heimat, aber die Heimat der Schweiz ist Europa, dieses Europa, dessen Grossmächte seit mehr als einem halben Jahrhundert keinen Krieg mehr geführt haben. Das gab es überhaupt noch nie in der Geschichte. Wir sind die ersten Menschen, die das erleben dürfen. Es ist die gewaltigere Leistung als der Bau der Pyramiden oder der Flug auf den Mond. Wer nicht begreift, dass dieser Frieden auch der unsrige ist, hat einen armen Kopf und eine dürre Seele.»[13]

Anmerkungen

[1] In der Plakatkampagne zur Ausschaffungsinitiative im Herbst 2010 wurde der Vergewaltiger Iwan S. zum schweizweiten Inbegriff des straffälligen Ausländers, der ohne Wenn und Aber – so der endlos wiederholte Hammerschlag der geifernden Stimmungsmacher – auszuschaffen sei. Wohlverstanden ungeachtet der Strafhöhe und der bisherigen Anwesenheit, allein aufgrund der Deliktsart.

[2] Eco, 2014, S. 31.

[3] Strasser, 2013, S. 64–67.

[4] Negt, 2012, S. 31–33.

[5] «Furioser Ankläger»: Gespräch zwischen Anuschka Roshan und Paul Verhaeghe. In: Das Magazin des «Tages-Anzeigers», Nr. 24/2014, S. 40.

[6] Zitiert nach Popper, 1980, S. 33–72. «Moralische Gefühle» wären heute treffender mit «dumpfen Vorurteilen» zu übersetzen.

[7] Aus diesem Grund betitelte ich mein im Jahre 2002 publiziertes Plädoyer für eine weitsichtige Migrationspolitik mit «Zukunft ‹Ausländer›» (Ausländer in Anführungsstrichen).

[8] «Die Bedeutung der Nationalität wird unterschätzt»: Interview mit David Bosshart, Hochschule Luzern. In: Das Magazin des «Tages-Anzeigers», Juni 2014, S. 28 ff.

[9] Art. 5 BV definiert in Abs. 1 das Recht als Grundlage und Schranke staatlichen Handelns. Gemäss Abs. 2 muss das staatliche Handeln «im öffentlichen Interesse liegen und verhältnismässig sein», und in Abs. 4 werden Bund und Kantone verpflichtet, das Völkerrecht zu beachten.

[10] Darauf läuft es hinaus, wenn bei straffälligen Ausländern die Wegweisung aus der Schweiz allein aufgrund bestimmter Straftaten, unabhängig von Strafmass, Anwesenheitsdauer und familiären Bindungen der betroffenen Person, verfügt wird. Dies scheint aber die Konzeption der mit Annahme der Ausschaffungsinitiative neu in die Bundesverfassung aufgenommenen Bestimmungen (Art. 121 Abs. 3–6) zu sein, die die eidgenössischen Räte entsprechend umzusetzen scheinen. Selbst Rousseau, der Vater der direkten Demokratie, lehnte es ab, dem Gesetzgeber auch Einzelfallentscheidungen zu übertragen: «Es ist weder gut, dass derjenige, der die Gesetze macht, sie ausführt, noch dass die Körperschaft des Volkes ihre

Aufmerksamkeit von allgemeinen Gesichtspunkten ablenkt, um sie Einzelgegenständen zuzuwenden» (Rousseau: Vom Gesellschaftsvertrag oder Grundsätze des Staatsrechts. Reclam, Stuttgart, 1986, 3. Buch/4. Kapitel, S. 72).

[11] Vgl. zur entsprechenden Charakterisierung und zum dialogischen Verhältnis des Schweizerischen Bundesgerichts zum Europäischen Gerichtshof für Menschenrechte: Zünd, 2014, S. 21 ff.

[12] Meyer, 2002, S. 43.

[13] Von Matt, 2012, S. 100.

Literaturhinweise

«Die Bedeutung der Nationalität wird unterschätzt»: Interview mit David Bosshart, Hochschule Luzern. In: Das Magazin des «Tages-Anzeigers», Juni 2014.

Eco Umberto: Die Fabrikation des Feindes und andere Gelegenheitsschriften. München, 2014.

«Furioser Ankläger»: Gespräch zwischen Anuschka Roshan mit Paul Verhaeghe, In: Das Magazin des «Tages-Anzeigers», Nr. 24, 2014.

Meyer Thomas: Identitätspolitik. Vom Missbrauch kultureller Unterschiede. Frankfurt am Main, 2002.

Negt Oskar: Gesellschaftsentwurf Europa. Göttingen, 2012.

Popper Karl: Die offene Gesellschaft und ihre Feinde. Band 2. München, 1980.

Strasser Johano: Gesellschaft in Angst. Zwischen Sicherheitswahn und Freiheit. München, 2013.

Von Matt Peter: Rede auf dem Rütli am 1. August 2009. In: von Matt Peter: Das Kalb vor der Gotthardpost. München, 2012.

Zünd Andreas: Das Schweizerische Bundesgericht im Dialog mit dem Europäischen Gerichtshof für Menschenrechte. Europäische Grundrechtezeitschrift (EuGRZ), 2014.

Ein Gespräch mit Giusep Nay

«Wenn Grundrechte missachtet werden, nimmt auch die Demokratie Schaden»

Obwohl pensioniert, weist Giusep Nay als Jurist in öffentlichen Beiträgen weiterhin auf bestehende Ungerechtigkeiten hin. In Artikeln und Interviews setzt sich der ehemalige Bundesrichter für ein Rechtsverständnis ein, das für alle gilt und einer demokratischen Schweiz würdig ist. Ein Gespräch mit dem alt Bundesgerichtspräsidenten Giusep Nay.

Sie argumentieren in migrationspolitischen Zusammenhängen immer wieder mit den Grund- und Menschenrechten. So verweisen Sie auf unsere Bundesverfassung, die Europäische Menschenrechtskonvention und den Uno-Pakt II über die bürgerlichen und politischen Rechte. Welche rechtspolitische Auffassung steht dahinter?

Die Zuwanderer, seien es nun Arbeitsmigranten, Asylsuchende oder Flüchtlinge, sind die schwächsten Glieder der Gesellschaft. Die Menschenrechte sind da, um die Schwachen zu schützen. Eigentlich müsste eine solche Rechtsauffassung für jeden Juristen selbstverständlich sein: Recht ist Kontrolle der Macht. Es gibt, wie insbesondere Jürgen Habermas aufgezeigt hat, einen unaufhebbaren Zusammenhang zwischen Demokratie und Rechtsstaat. Der richtig verstandenen Demokratie ist der Rechtsstaat immanent. Recht ist nur legitimiert, wenn es nach demokratischen Spielregeln zustande kommt. Aber auch die Demokratie ist nur legitim, wenn sie auf dem Recht beruht.

Was besagt dies konkret für den Migrationsbereich? Welche Grundrechte beziehungsweise Menschenrechte stehen hier zur Diskussion?

Für ausländische Mitbürgerinnen und Mitbürger gilt immer noch, was Max Frisch gesagt hat: «Wir riefen Arbeitskräfte, und es kamen Menschen.» Wir tun uns in der politischen Debatte schwer, und zwar je länger, desto mehr, Migrantinnen und Migranten die gleichen Grund- und Menschenrechte wie den Schweizerinnen und Schweizern, ja wie allen anderen Menschen auch, zuzugestehen.

Eines der wichtigen Menschenrechte ist für Zuwanderer das Recht auf Familiennachzug. Mit einem Saisonnierstatut haben wir es ihnen früher vorenthalten; inzwischen ist der Sinn für die Menschenrechte jedoch weltweit stark gewachsen. Es ist absurd, dass heute auch jüngere SVP-Politiker das Recht auf Familiennachzug wieder ausser Kraft setzen wollen. Dabei ist das Recht auf Familienleben und für Migranten daher der Familiennachzug wichtig für unsere Gesellschaft und sowohl in unserer Bundesverfassung als auch in der Europäischen Menschenrechtskonvention garantiert.

Ein anderes Beispiel: Für den Asylbereich muss gelten, dass auch Asylsuchende – vor allem die, deren Gesuch abgelehnt wurde, die aber nicht ausgeschafft werden können – menschenwürdig untergebracht werden. Dies ist dann nicht der Fall, wenn sie ohne jede Intimsphäre in enge Räumlichkeiten eingepfercht werden, selbst wenn genügend Räume vorhanden wären (Flüeli, Valzeina), oder wenn Zentren für Asylsuchende im Niemandsland oder auf Passhöhen wie dem Lukmanierpass eingerichtet werden.

Wir würden uns fremden Richtern beugen, lässt die Rechte in der migrationspolitischen Diskussion immer wieder verlauten, wenn von der Verbindlichkeit internationaler Konventionen und Verträge die Rede ist.

Es ist zwischen Grundrechten und Menschenrechten zu unterscheiden. Grundrechte werden durch unsere eigene Verfassung, also die Bundesverfassung, garantiert. Menschenrechte wiederum sind vorstaatlich. Sie fliessen aus dem Menschsein, der Würde eines jeden Menschen, die unsere Bundesverfassung in Artikel 7 ausdrücklich schützt. Im Völkerrecht und in den entsprechenden Verträgen sind Menschenrechte aber auch festgeschrieben, und die Europäische

Menschenrechtskonvention (EMRK) ist von allen europäischen Staaten, ausgenommen Weissrussland, sowie der Schweiz unterzeichnet und damit für verbindlich erklärt worden. Entgegen dem in der politischen Diskussion häufig gehörten Vorwurf ist dieses Recht damit kein fremdes Recht und sind die Richter – je einer pro Land – am mit der Unterzeichnung der Konvention anerkannten Gerichtshof für Menschenrechte in Strassburg keine fremden, sondern selbst gewählte Richter.

Die Grundrechte unserer Bundesverfassung stimmen zudem weitgehend mit den Menschenrechten der EMRK überein. In einigen Punkten geht unsere Verfassung sogar etwas weiter. Ich nenne etwa Artikel 12, worin das «Recht auf Hilfe in Notlagen» statuiert wird. Niemandem darf dieses Grundrecht verwehrt werden, gerade Asylsuchenden nicht.

Das Recht auf Nothilfe fand 1999 Eingang in die Bundesverfassung. Das Bundesgericht musste jedoch dem Parlament klarmachen, dass das Recht auf Nothilfe – auch im Asylbereich – nicht beliebig eingeschränkt werden darf. Jede Einschränkung muss verhältnismässig sein.

Dies heisst auch, dass Nothilfe unabhängig vom Aufenthaltsstatus gewährt werden muss – entscheidend ist die Notlage ...

Ja, und in eine solche gelangen vor allem die abgewiesenen Asylsuchenden. Mit einem immer strenger werdenden Nothilferegime sollen sie dazu gezwungen werden, das Land möglichst rasch zu verlassen. Früher erhielten sie einen Geldbeitrag und konnten sich selber organisieren. Um sie besser unter Kontrolle halten zu können, bekommen sie heute gewissermassen nur Kost und Logis in kollektiven Unterkünften sowie einen minimalen Betrag für sonstige Auslagen. Dies bedeutet im Vergleich zu früher eine weitere Einschränkung ihrer persönlichen Freiheit. Ein solches Leben erweist sich für viele als sehr schwierig, ja geradezu als traumatisch. Unter dem Aspekt von Menschenwürde und Grundrechten ist ihre Situation sehr problematisch, zumal in vielen Fällen eine Ausreise gar nicht möglich ist und der Zweck des Nothilferegimes so gar nicht erreicht werden kann. Eine nicht zweckmässige Massnahme ist aber nie verhältnismässig. Flüchtlingsorganisationen müssten für die Menschenrechte dieser Asylsuchenden noch stärker aktiv werden.

Auch die Ausschaffungshaft für abgewiesene Asylsuchende gibt immer wieder Anlass zu menschenrechtlich motivierten Diskussionen.

Während die Asylverfahren heute – menschenrechtlich betrachtet – recht gut organisiert und im Grossen und Ganzen von Verfahrensfairness geprägt sind, verhält es sich mit dem Problem der Ausschaffungshaft anders. Da sind unter menschen- und grundrechtlichen Aspekten immer wieder Fragezeichen zu setzen. Zum einen ist die mögliche Dauer der Haft schrittweise von sechs auf zwölf Monate erhöht worden. Zum anderen musste das Bundesgericht die Behörden darauf hinweisen, dass die Ausschöpfung dieser Frist nicht zum Regelfall werden darf, es sich vielmehr allein um eine mögliche Höchstdauer der Haft handelt.

Klar ist auch: Wenn ein abgewiesener Asylsuchender nicht ausgeschafft werden kann, weil er beispielsweise keine Papiere besitzt oder das Herkunftsland ungewiss ist, dann darf er nicht mehr in Haft gehalten werden. Die Ausschaffungshaft ist nur zulässig, wenn die Behörden jemanden tatsächlich ausschaffen können, sonst ist die Massnahme nicht mehr zweck- und somit nicht mehr verhältnismässig.

Sie sprechen gerade im Zusammenhang mit der Ausländerpolitik von einer mythischen Überhöhung der Demokratie-Idee in der Schweiz, aber von einem mangelnden Verständnis des Rechtsstaates. Was verstehen Sie darunter?

Was überhöht wird, sind die Volksrechte, vor allem das Initiativrecht. Das Volk hat immer Recht und in allem allein das Sagen, wird proklamiert. Es soll – ohne irgendeine Schranke und ohne Rücksicht auf die für den Rechtstaat wichtige Gewaltenteilung mit unabhängigen Gerichten für die Rechtsanwendung – bestimmen, wer welche Rechte hat, und vor allem, wer welche Rechte nicht hat. In der Migrationspolitik hat eine solche Auffassung, befördert durch einen lärmenden Populismus, immer mehr Auftrieb erhalten. Ich erinnere an die Minarett-Initiative (2009), an die Ausschaffungsinitiative (2010) oder an die Masseneinwanderungsinitiative (2014). Mit der Annahme dieser Initiativen wurden Grundrechtswidersprüche in die Verfassung hineingeschrieben. Die durch die erfolgreichen Initiativen formulierten Verfassungszusätze sind in weiten Teilen unvereinbar insbesondere mit den Grundrechten der persönlichen

Freiheit und Integrität, der Religions- und Weltanschauungsfreiheit und dem Recht auf Familienleben.

Das ist ein schwerwiegender Vorgang. Die Grundrechte in der Bundesverfassung und die Menschenrechte sollen die Gleichheit und die gleiche, unantastbare Würde aller Menschen garantieren. Nun sind wir aber mit einer Politik konfrontiert, die dem Volk alle Rechts- und damit auch alle Unrechtsmacht einräumen will. Dadurch wird in Kauf genommen, dass die Gleichheit aller Menschen als Basis einer wahren Demokratie missachtet wird und die Demokratie die Demokratie abschafft.

Erläutern Sie doch die gegenseitige Durchdringung von Demokratie und Rechtsstaatlichkeit etwas näher.

Jürgen Habermas begründet sehr überzeugend, weshalb Rechtsstaat und Demokratie untrennbar sind. Nur ein Staat mit gleichen Grundrechten für alle ist demokratisch. Denn Menschen können anderen Menschen nicht die Grund- und Menschenrechte vorenthalten, die sie für sich beanspruchen. Demokratie bedeutet im Grundsatz, dass Menschen sich zusammentun, um mit gleichen Teilnahmerechten für alle eine Ordnung zu schaffen, die auch für alle die gleichen Rechte sicherstellt. Nur eine solche Gemeinschaft hat eine demokratische Legitimation.

Das Volk hat entgegen aller Propaganda nicht immer Recht und kann es ja auch nicht haben. An sich ist es sehr einfach: Ob etwas Recht oder Unrecht ist, hängt nicht davon ab, wer das Recht gesetzt hat. Ob eine Volksmehrheit oder ein Parlament oder wer auch immer das Recht gesetzt hat: Unrecht bleibt Unrecht und nur Recht ist Recht.

Das Volk kann übrigens auch klüger werden und seine Meinung revidieren. Das hat es in Abstimmungen, die ja vornehmlich Revisionsvorlagen sind, auch immer wieder bewiesen. Was sodann die Initiative gegen die «Masseneinwanderung» angeht: In der Abstimmungskampagne wurde nie klar kommuniziert, dass sie sich nicht mit dem Personenfreizügigkeitsabkommen mit der Europäischen Union vereinbaren lässt. Das wurde offengelassen und es wurde gesagt, man werde schon Lösungen finden mit der Europäischen Union. Zugleich hoffte man, dass der Souverän die Initiative bachab schicken würde.

Jetzt dürfte aber allen klar sein, dass die Europäische Union die Personenfreizügigkeit nicht neu verhandelt. Im Moment versucht die Schweizer Politik verständlicherweise noch die Quadratur des Kreises – um dem Volk nicht allzu früh sagen zu müssen, dass über den Artikel 121a (Masseneinwanderungsinitiative) nochmals abzustimmen sein werde. Wir sind mit einer veränderten Situation konfrontiert, aufgrund deren eine zweite Abstimmung notwendig ist. Das hat nichts mit Verletzung des Volkswillens zu tun. Und wie gesagt, der Souverän darf auch klüger werden.

> Bis anhin hat sich das Parlament sehr zurückgehalten, wenn es um die Ungültigkeitserklärung von Initiativen ging. In den vergangenen sechzig Jahren hat es von seinem Recht viermal Gebrauch gemacht. Sie treten dafür ein, die Anwendung von Ungültigkeitskriterien zu verschärfen. Wie argumentieren Sie?

In den vergangenen Jahren sind klar grund- und menschenrechtswidrige Initiativen angenommen worden. Neben den bereits genannten Initiativen gehören dazu auch die Verwahrungsinitiative und die Durchsetzungsinitiative zur Ausschaffungsinitiative, aber auch die im November dieses Jahres zur Abstimmung gelangende Ecopop-Initiative. Diese Initiativen hätten nicht zur Abstimmung gebracht werden dürfen, wenn der Ungültigkeitsgrund der Verletzung des zwingenden Völkerrechts so angewendet worden wäre, wie er bei der Verabschiedung der Verfassungsrevision von 1999 ausdrücklich verstanden wurde.

Wir brauchen heute eine Rückbesinnung darauf und eine Verschärfung der Ungültigkeitsgründe. Dies bedeutet nicht, die Volksrechte einzuschränken. Im Gegenteil, diese werden letztlich gestärkt. Das Volk wird verschaukelt, wenn Initiativen zugelassen sind, die nicht umgesetzt werden können. Das Minarettverbot etwa wird nie umgesetzt werden können. Wenn eine Baubewilligung abgelehnt wird mit dem Hinweis auf die Bundesverfassung, würde spätestens Strassburg das Urteil in letzter Instanz aufheben, und das Bundesgericht wäre gemäss unserem demokratischen Bundesgerichtsgesetz zur Revision seines Urteils gezwungen. Initiativen, die formell (Einheit der Form und der Materie) oder materiell (Beachtung der Grund- und Menschenrechte) nicht umgesetzt werden können, darf man nicht zur Abstimmung bringen, weil der Volkswille dann gar keine Beachtung finden kann.

Über solche Initiativen an der Urne abstimmen zu lassen, ist letztlich die grössere Missachtung des Volkswillens, als nicht abstimmen zu lassen. Und wer die Grund- und Menschenrechte als Grundlage unseres demokratischen Staates abschaffen will, muss und kann eine Totalrevision der Bundesverfassung mit den entsprechenden höheren Hürden als bei Teilrevisionen anstreben (Art. 193 BV). Nur sind wir dann kein freiheitlicher demokratischer Rechtsstaat mehr und die Devise in der Präambel unserer Bundesverfassung, «dass die Stärke des Volkes sich misst am Wohl der Schwachen», würde Lügen gestraft.

Wie ist diese ganze Diskurs- und Positionsentwicklung in der Ausländer- und Migrationspolitik einzuschätzen? Wie erklären Sie sich die Etablierung einer Politik, die in letzter Konsequenz Rechtsstaat und Demokratie gefährdet?

Die Welt, die der Populismus erklären will, ist einfach; sein Denken in Schwarz-Weiss-Kategorien ist es ebenfalls. Dass das Volk immer Recht habe, diese «Wahrheit» ist simpel zu kommunizieren. Wer sagt, dass das Volk nicht immer Recht hat und haben kann, muss eine Differenzierungsleistung erbringen. Deren Vermittlung wiederum ist anspruchsvoller.

Meiner Meinung nach haben wir den Populismus in der Schweiz zu wenig bekämpft. CVP und FDP sind sogar auf den Zug des Populismus aufgesprungen – in der Meinung, sie würden so Wählerstimmen gewinnen. Eingetreten ist das Gegenteil. Eigentlich müssten beide Parteien erwachen und die vereinfachende populistische Propaganda entlarven. Dem ist aber nicht so.

Unsere Demokratie funktioniert nur, wenn die Stimmbürger und Stimmbürgerinnen differenziert informiert werden. Das geschieht gegenwärtig viel zu wenig. Die politischen Parteien begnügen sich mit schlagwortartigen Interventionen. Auch die Medien schliessen sich ihnen nur allzu gerne an. «Boulevardisierung» und «Skandalisierung» sind der mediale Trend. Die Konsequenz davon ist die Orientierungslosigkeit und so auch die leichte Verführbarkeit der Stimmbürger. Man muss nicht so weit gehen wie Peter von Matt, der an der Leipziger Buchmesse in einem Interview zur Abstimmung vom 9. Februar mit beissender Ironie bemerkte, es gebe in jeder Gesellschaft 30 Prozent Idioten, das sei natürlich auch in der Schweiz der Fall. Umso mehr aber müssen sich Parteien und Medien der Herausforderung stellen, immer wieder den unaufhebbaren

Zusammenhang zwischen Demokratie und Rechtsstaat vermitteln, um gerade in der Migrationspolitik die Stimmbürgerschaft für die Grund- und Menschenrechte zu sensibilisieren.

Der Populismus lenkt doch immer wieder Frustrationen und Ängste, die angesichts sozialer Problemlagen entstehen, auf Fremdenfeindlichkeit um.

Das ist äusserst bedenklich und hat bei der Einwanderungsinitiative sicher eine grosse Rolle gespielt. Man muss Ängste ernst nehmen. Doch was heisst das? Es bedeutet nicht, wie ein Kaninchen vor der Schlange zu erstarren und die Situation, so wie sie ist, fatalistisch hinzunehmen. Es bedeutet, den Menschen unbegründete Ängste zu nehmen.

Unsere Wirtschaft würde ja ohne Migration gar nicht funktionieren. Um unsere AHV wäre es schlecht bestellt. Auch die Kriminalstatistiken sprechen eine andere Sprache als die populistische Rhetorik: Die Ausländer in der Schweiz sind als Menschen nicht krimineller als die Schweizer, auch wenn sie in den Gefängnissen den grösseren Anteil stellen. Erstens zählen ebenfalls die «Kriminaltouristen» dazu, zweitens gehört die grosse Mehrheit der Migranten zu einer unterprivilegierten Schicht, und sie leben auch in der Schweiz unter schwierigsten Bedingungen. Sie werden so schneller straffällig, und sie haben zudem weniger Chancen, eine bedingte Strafe zu erhalten und sie so nicht absitzen zu müssen. Diese Tatsachen müssten wir viel klarer auf den Tisch legen.

Gleichzeitig gilt es, die sozialen Problemlagen und berechtigten Ängste deutlich zu benennen und entsprechende Lösungen dafür zu suchen. Im Rahmen der Diskussion um die Personenfreizügigkeit sind konkrete Massnahmen etwa gegen das Sozialdumping zu treffen.

Man muss nicht Wirtschaftsfachmann sein, um feststellen zu können: Heute funktioniert die Wirtschaft global und greift über den nationalen Raum hinaus. Wir wachsen wirtschaftlich zusammen, und die Grenzen sind so offener geworden. Es ist ja wohl richtig, dass die Grenzen nicht nur für die Waren, die Dienstleistungen und das Kapital, sondern auch für die Menschen offen sind. Etwas anderes geht nicht. Das ist ja das Prinzip der bilateralen Verträge. Auch in dieser Hinsicht gilt es aufzuzeigen: Die Lösung ist nicht die Abschottung, sondern eine Politik, die dieser Wirklichkeit Rechnung trägt, insbesondere mit einer gesteuerten Integration innerhalb Europas.

Das Recht auf Auswanderung zumindest ist unbestritten. Wer auswandert, muss aber auch irgendwohin einwandern können. Wie steht es eigentlich um das Recht auf Einwanderung?

Ein Recht auf Auswanderung gibt es, das ist klar. Das hat mit der Anerkennung der persönlichen Freiheit zu tun. Bei der Einwanderung ist es komplizierter. Dass ein Land die Einwanderung begrenzt oder kanalisiert, dagegen kann man nicht ohne weiteres mit den Grund- und Menschenrechten argumentieren. Menschenrechte können eingeschränkt werden, wenn es ein öffentliches Interesse gibt und wenn das Vorgehen verhältnismässig ist. Das ist eine Interessenabwägung, die immer wieder vorgenommen werden muss.

Werden Menschen an der Grenze abgewiesen und dadurch in den sicheren Tod geschickt, begeht ein Land einen Verstoss gegen die Menschenrechte. An diesem Beispiel, das die Schweizer Situation während der Judenverfolgung durch das Deutsche Reich vor Augen hat, wird klar: Es ist schwierig bis unmöglich, ein genügend grosses öffentliches Interesse zu begründen, um die Einwanderung solcher Menschen zu verhindern; vielmehr muss das Recht der betroffenen Personen auf Leben vorgehen. In anders gelagerten Situationen fällt die Interessenabwägung umgekehrt aus und ist es korrekt, wenn ein Land Beschränkungen der Einwanderung erlässt. In der Frage des Familiennachzugs hinwiederum muss das Grund- und Menschenrecht auf Familienleben vorgehen und ein Recht auf Einwanderung nicht nur der Arbeitskräfte, sondern auch ihrer Familien bejaht werden.

Wie lautet Ihr stärkstes Argument für eine offene Schweiz, die mit der Zuwanderung nicht bloss reaktiv umgeht, sondern diese aktiv gestalten will?

Es gibt dafür nicht ein einzelnes Argument. Ich meine aber: Wir müssen der Tatsache ins Auge sehen, dass wir weltweit vernetzt sind. Die staatlichen Grenzen haben heute eine ganz andere Bedeutung als noch vor dreissig oder vierzig Jahren. Der Staat würde die gesellschaftliche Entwicklung in unzulässiger Weise behindern, wenn er diese Offenheit der Grenzen massiv reduzieren oder sie verschliessen wollte. Es wäre dazu ein Etatismus, ein staatlicher Dirigismus notwendig, den niemand möchte, auch die Rechtskonservativen nicht.

Das Recht kann diese gesellschaftlichen Verhältnisse, wie sie nun einmal existieren, nur in möglichst gute Bahnen lenken. Die Offenheit der globalen Welt ist gegeben, wir müssen sie zu gestalten versuchen. Alles andere ist Vogel-Strauss-Politik. Diese gibt vor, dank der Schliessung der Grenzen und dank der Verhinderung von Migration die Rechte der Einheimischen zu schützen. Das Gegenteil ist der Fall. Die negativen wirtschaftlichen Konsequenzen der Masseneinwanderungsinitiative zeigen es und öffnen den Leuten langsam die Augen, eher als die menschenrechtswidrigen Folgen für Zuwanderer.

Ihre grösste Sorge, wenn Sie die laufende Migrationsdebatte verfolgen?
Mich beschäftigt, dass es keine Partei mehr wagt, für die Rechte der Migranten, der Flüchtlinge und der Asylsuchenden einzutreten. Die Parteien sind eingeknickt vor dem Populismus. Sie müssten spätestens seit dem Ergebnis der Volksabstimmung vom 9. Februar 2014 aber hinstehen und zugeben: «Wir haben unsere Aufgabe nicht erfüllt, sonst wäre dieses Resultat nicht zustande gekommen.» Mich treibt nicht so sehr die Propaganda der SVP und anderer Nationalkonservativer um als vielmehr das Schweigen und die Untätigkeit der übrigen Parteien.

Hat die Politik im Migrationsbereich den Anspruch auf Gestaltung aufgegeben?
Das nicht, wohl aber die Fähigkeit dazu. Vom deutschen Staatsrechtler Wolfgang Böckenförde stammt die zentrale Einsicht: «Der freiheitliche, säkularisierte Staat lebt von Voraussetzungen, die er selbst nicht garantieren kann.» Zu diesen Voraussetzungen gehören die gelebte Wertewelt und die damit verbundenen Überzeugungen. Es ist der spezifische Einsatzbereich von gesellschaftlichen Institutionen und Bewegungen, zu denen ich die Kirchen und die Religionsgemeinschaften oder die gemeinnützigen Organisationen wie die Caritas zähle. Sie sind gefordert, sich den Entwicklungen, die in der Politik Einzug gehalten haben, entgegenzustemmen. Sie müssten es so weit bringen, dass grundrechtswidrige Initiativen nicht nur nicht angenommen werden, sondern überhaupt nicht zustande kommen – weil die Leute Werte hochhalten, die einem Populismus, wie wir ihn erleben, von vornherein den Riegel schieben. Das wäre grossartig.

Das Gespräch führte Odilo Noti

Maja Wicki

Grundbedürfnisse, Grund- und Menschenrechte von Migrantinnen und Migranten

Ist es für Menschen, die auf der Suche nach einem Aufnahmeland unterwegs sind, heute anders, als es früher war, wenn sie in die Schweiz gelangen? Haben sich die Einschränkungen bei der Erfüllung wichtiger Grundbedürfnisse und Grundrechte gewandelt? Wie kommen diejenigen, die heute «zuwandern», mit den schweizerischen Bedingungen zurecht? Worin bestehen die unerfüllten Grundbedürfnisse? Warum werden die Grundrechte von Fremden übergangen oder sind von Bedingungen abhängig, die kaum erfüllt werden können? Welches sind die Folgen? Gibt es Korrekturmöglichkeiten?

Eine Fülle von Fragen stellen sich. Um Antworten zu finden, erzähle ich von meinen eigenen Erfahrungen und stelle theoretische Überlegungen an.

Ein karges Überleben war denjenigen, die ich in meiner Kindheit als «Zugewanderte» kannte, möglicherweise gewährleistet, mehr nicht. Einige hatten das Glück, sich dank privater Beziehungen aufgenommen zu fühlen, andere lebten in fortgesetzter Unsicherheit und Angst, waren mangels Rechten zu Untätigkeit oder «freiwilliger» Gratisarbeit gezwungen und stets von spärlicher Unterstützung abhängig: «zu viel zum Sterben, zu wenig zum Leben», wie ich mehrmals hörte. Nicht als Fremde erschienen sie mir, ich fühlte mich ihnen nah. Sie lebten für einige Zeit mit uns, dann waren sie plötzlich wieder weg, während meine Eltern den Ort, wo sie leben wollten, selber wählen konnten. Jene waren Heimatlose, meine Eltern nicht.

Was für mich damals bloss Ahnung war, versuchte ich später genauer zu erfahren. Dass ich den Skandal von Entrechtung und Erniedrigung, von

Ablehnung dringlich erbetenen Asyls und von Ausschaffung, von fortgesetzter Vorläufigkeit und mangelnder Sicherheit des Aufenthalts, kurz: von systematischer Demütigung von Menschen zu durchleuchten und anzuprangern wünschte, verband sich mit dem Wunsch, drei Tatsachen zu belegen, die für mich nicht anzweifelbar waren: erstens, dass bei aller Differenz von Herkunft und Aussehen, von Sprache und Kultur, die die Menschen in ihrer Besonderheit auszeichnet, kein Unterschied bei den Grundbedürfnissen besteht, deren Erfüllung für jeden Einzelnen und jede Einzelne von der Aufmerksamkeit der anderen abhängig ist; zweitens, dass die Grundrechte allen zustehen und Voraussetzung zur Erfüllung der Grundbedürfnisse sind, und drittens, dass diese Abhängigkeit der Menschen voneinander keine Form der Diskriminierung erträgt.

Was ich als Kind erfahren hatte, beeinflusste massgeblich meine berufliche und politische Entwicklung. Als ich als Erwachsene im gesellschaftsanalytischen und traumatherapeutischen Bereich mit dem vielfältigen Leiden von Überlebenden der Konzentrationslager des Zweiten Weltkriegs, dann mit den neuen Verfolgungen, ethnischen oder religiösen Vertreibungen und Kriegen konfrontiert wurde – jenem in Afghanistan, im Kongo und in anderen afrikanischen Ländern, im Irak und Iran, in der Türkei, in Russland und im Nahen Osten, schliesslich erneut innerhalb Europas, im ehemaligen Jugoslawien, wo sich die Gewalt gegen Roma und andere kleine Ethnien seit Kriegsende fortsetzt –, da wusste ich zunehmend, dass für den Heilungsprozess nach durchgestandener Entwurzelung und erlittener Gewalt das Erleben von Achtung vor dem individuellen Leiden und dem Lebenswert jedes Menschen zentral ist. Sie beinhaltet die Anerkennung der Grundbedürfnisse des Menschen: zu arbeiten und nach eigener Wahl zu wohnen, zu lernen, Beziehungen aufzubauen und eine Heimat zu finden. Voraussetzung dafür ist ein sicheres Lebens- und Bleiberecht.

Asyl: Arbeit und Staatenlosigkeit

Ich beginne mit einigen Beispielen, die die früheren Erfahrungen mit den heutigen verbinden. Auf die Bedeutung der Reziprozität in der Erfüllung von Grundbedürfnissen und Grundrechten, die ich wesentlich Simone Weil verdanke, gehe ich anschliessend ein, ebenso auf den Zusammenhang mit der aktuellen Auseinandersetzung um die Zuwanderung.

— In meinem Kindheitsdorf lebte in einem der Arbeiterhäuser Familie C. Knapp vor Kriegsbeginn war Herr C. als Mussolini-Gegner und Kriegsdienstverweigerer über die Berge in die Schweiz geflohen, hatte um Asyl gebeten und wurde einem Internierungslager in den Bergen zugeteilt. Sechs Tage pro Woche leistete er schwerste Strassenarbeit. Irgendwann lernte er meinen Vater kennen und verbrachte manchmal den Sonntag in unserer Familie. Über das Mithören der Gespräche lernte ich Italienisch. Nach Kriegsende kehrte er nicht nach Italien zurück. Er hatte sich in die Tochter einer italienischen Familie verliebt, die schon länger in der Schweiz lebte. Und da die Fabrik im Dorf Arbeiter suchte, fand er eine Anstellung, heiratete und konnte seine wachsende Familie ernähren. Materiell war es ein spärliches, hartes Leben, vor allem für Frau C., die drei Kinder gebar, mit Bügelarbeit zum Einkommen beitrug und an Krebs erkrankte; trotz allem wurde es mit dem Älterwerden ein glückliches Leben, wie der älteste der drei Söhne bestätigte, dem ich nach über sechzig Jahren wieder begegnete. Er und seine zwei jüngeren Brüder hatten eine Handelslehre absolvieren können, eine angesehene Position im industriellen Management erlangt oder eine eigene Firma aufgebaut, bald auch die Eltern unterstützt, die jedoch bis ins hohe Alter die kleine Arbeiterwohnung mit dem Gemüsegarten hinter dem Haus nicht aufgeben wollten. Da hatten sie ihre Heimat gefunden.

— Janka K. begegnete ich später, zu Beginn des Studiums, als ich aus dem Ausland nach Zürich kam. Sie lebte in einem winzigen Dachzimmer mit Badeküche und überblickte die ganze Stadt, auch die Bahngleise mit den ein- und ausfahrenden Zügen. Sie war schon alt, körperlich schwach und litt unter Schmerzen, aber ihr Geist glühte noch. Sie hatte Jahre des Hungers und schwerster Arbeit, zahlreiche Brüche und eine Krebserkrankung überlebt. Dank des polnischen Widerstandes war sie aus dem Warschauer Ghetto vor der Deportation nach Treblinka gerettet worden und konnte mit einem neuen Namen und Ausweis in einer nichtjüdischen Familie untertauchen. Doch bei einer Hausdurchsuchung durch die Gestapo schützte die neue Identität sie nicht vor dem Abtransport in ein Arbeitslager, das einer grossen Waffenfabrik in Süddeutschland angegliedert war. Zweimal versuchte sie nachts, die Grenze zur Schweiz zu überschreiten, wurde jedoch beide Mal von Uniformierten zurückgewiesen. Nach Kriegsende gelangte sie nach Zürich, mietete das Dachzimmer und meldete sich bei der Fremdenpolizei als Übersetzerin an. Für Hunderte von Befragungen wurde sie während der sowjetischen Diktatur beigezogen und ermöglichte vielen Flüchtlingen aus Polen, dass deren Asylantrag ernst genommen wurde. Durch ihre Arbeit wuchs ein Kreis von Menschen um sie heran, die ihr nahestanden bis zum Tod.

— Zur gleichen Generation wie Janka K. gehörte Joli G., die bald nach Beginn des Kriegs von Bratislava ins KZ Auschwitz deportiert worden war, anfänglich ein menschenverachtendes Arbeitslager, dann mit der Ausweitung von Hitlers Macht in Europa und der ins Millionenfache wachsenden Zahl Deportierter ein gnadenloses Vernichtungslager. Durch eine Freundschaft mit vier weiteren Frauen aus der Slowakei, die der gleichen Baracke zugeteilt waren, konnte ein kleines, verlässliches Unterstützungsnetzwerk aufgebaut werden, das das Überleben – ein knappes Überleben – selbst der Todesmärsche und der letzten Zuteilung ins KZ Bergen-Belsen ermöglichte. Es folgten die Rückkehr nach dem Krieg nach Bratislava, die Heirat mit einem Überlebenden des KZ Buchenwald, dessen Ehefrau umgebracht worden war, der gemeinsame Aufbau einer Arztpraxis unter den schwierigen Bedingungen der kommunistischen Herrschaft, schliesslich 1968 die Flucht in die Schweiz dank der Hilfe eines der Söhne ihres Ehemannes. Zu ihrem grossen Kummer musste Joli G. erleben, dass nach knapp drei Jahren in Zürich ihr Mann an einem Herzinfarkt starb. Ohne die Arbeit als Sekretärin im Büro der Jüdischen Flüchtlingshilfe, die sie wenige Wochen nach ihrer Ankunft angetreten hatte, wäre der Verlust dieses lieben Menschen unerträglich gewesen. Das sorgfältige Registrieren und Betreuen der unzähligen Menschen, die das Hilfswerk um Unterstützung gebeten hatten, gab ihrem Leben bis ins hohe Alter über neunzig Sinn. Als sie nicht mehr arbeiten konnte und, wie sie meinte, nicht mehr gebraucht wurde, verdüsterten sich ihre Tage; vor allem, als sie nach einem

Sturz und anschliessendem Spitalaufenthalt gegen ihren Willen in ein Pflegeheim eingewiesen wurde. Nach dem hundertsten Geburtstag sagte sie, nun habe sie auch diese Pflicht erfüllt, nun wolle sie keinen Widerstand mehr leisten und sich dem Tod überlassen. Nie hatte sie in ihrem Verhalten gegenüber anderen Menschen die Erfahrung vernachlässigt, dass das menschliche Recht, sich die grundlegendsten Bedürfnisse zu erfüllen, nicht von staatlichen Gesetzen oder Behördenwillkür und -macht abhängig sein darf, sondern ein Grundrecht ist, das bedingungslos gültig sein muss.

Problematische vorläufige Aufnahme

Der Fall des Eisernen Vorhangs zwischen Westeuropa und Osteuropa hat der Europäischen Union einen Entwicklungsschub verliehen, allerdings unter dem neoliberalen Globalisierungsdruck in erster Linie als Marktgewinnsystem mit rigiden Bedingungen, Überwachungs- und Kontrolleinrichtungen, Gefängnissen und Polizei-Armeen. Damit einher gingen in allen Ländern eine wachsende Arbeitslosigkeit und die Verarmung grosser Bevölkerungsteile sowie das Entstehen kompensatorischer nationalistischer und rassistischer Ideologien, insbesondere mit antiislamischen Feindbildern.

Im Zuge der Anfang der Neunzigerjahre ausgebrochenen und – trotz teilweiser Friedensverträge – fortgesetzten Kriege im ehemaligen Jugoslawien, in Tschetschenien und im Kaukasus, in Kurdistan, im Nahen und Mittleren Osten und in zahlreichen afrikanischen Ländern sowie der sich verschärfenden Diskriminierungen gegenüber Minderheiten in zahlreichen Staaten und der revolutionären Umwälzungen in den Diktaturen im Süden und Osten des Mittelmeers wuchs die Zahl hilfsbedürftiger Menschen wieder weltweit. Elend und Arbeitslosigkeit nahmen überhand. Nur wenige Flüchtlinge schafften es bis in die Schweiz und stellten einen Asylantrag. Das schwer abgesicherte europäische Binnenland, das jede Art von humanitärer Unterstützungspflicht als nationale Belastung erklärte, konnte unter Berufung auf das Schengen- und das Dublin-Abkommen, die auch der schweizerische Bundesrat unterschrieben hatte, die Grenzen gegenüber Nichteuropäern (insbesondere Hilfesuchenden aus Afrika) und europäischen «Fremden» (z.B. Roma, Ashkali usw.) dichtmachen. Rückschaffungen in Erstaufnahme- oder Herkunftsländer wurden zunehmend wie anonyme Warentransporte vollzogen.

Das nationale Abwehrverhalten äusserte sich auf schwerwiegende Weise schon zu Beginn des Ex-Jugoslawienkriegs. Nach langem Zögern wurden zwar Frauen und Kinder, Jugendliche und alte Menschen, die Vertreibung und schwerste Gewalt erlebt hatten, als Asylsuchende aufgenommen, jedoch auf beschränkte Zeit: anfänglich lediglich für drei Monate, dann für ein Jahr. Der Status N war retraumatisierend, bot keine Sicherheit und Arbeitsmöglichkeit. Jahr für Jahr wurden die Ausweise eingezogen, beklemmendes Warten begann. Ungewissheit und Angst erschwerten die Verarbeitung der Traumata.

Auch der Status F, die vorläufige Aufnahme, schuf wegen des provisorischen Charakters des Bleiberechts keine Sicherheit für die Zukunft, die die Vergangenheit und die Gegenwart hätte erträglicher machen können, bot Kindern und Jugendlichen keine Gewähr, einen Beruf erlernen und ausüben zu können, erlaubte jungen Erwachsenen nicht, zu arbeiten und selber Geld zu verdienen. Einzelne städtische Asylorganisationen boten für Jugendliche «Anlehren» an, die sich jedoch später für eine richtige Anstellung meist als ungenügend erwiesen, sowie für Erwachsene «Beschäftigungsprogramme», die zum Beispiel im Catering, Service, als Bauarbeiter oder Malergehilfe mit drei Franken Stundenlohn einen kleinen Zustupf zur monatlichen Sozialhilfe ermöglichten, aber kein Einkommen, das den Ausstieg aus dem Status F ermöglicht hätte. Selbst als das Bundesamt für Migration (BFM) das Berufslehr- und Arbeitsverbot aufhob, blieb das Stigma der «Vorläufigkeit» und erschwerte den Zugang zu Lehr- und Arbeitsstellen.

— Ein Beispiel ist A. A., der in der ursprünglichen Heimat als Buchhalter gearbeitet hatte, bis er im Zuge der ethnischen «Säuberungen» mit seiner Frau und drei Söhnen fliehen musste und in die Schweiz kam. Das Asylgesuch wurde abgelehnt und ein Ausreisedatum festgelegt, doch eine Rückkehr ins Herkunftsland war nicht zumutbar. Es wurde ein Rekursverfahren eingeleitet. Nach Jahren des Wartens im Status N erhielt die Familie den Status F. A. A. hoffte, durch seine Vollzeitarbeit als Flachmaler im

Rahmen des städtischen Beschäftigungsprogramms den Status B zu erlangen. Dass seine Hoffnung auch nach Jahren vergeblich war und seine Familie weiter von der Sozialhilfe abhängig blieb, dass ihm nie ein der Arbeit entsprechender Lohn ausbezahlt wurde, sondern lediglich ein Zustupf als kleines Taschengeld, empörte und lähmte ihn zunehmend. Er gelangte an einen Anwalt, um ein Verfahren vor dem Arbeitsgericht gegen seinen Arbeitgeber in Gang zu bringen, doch auch dieser Einsatz war sinnlos. A. A. fühlte sich erniedrigt und betrogen. Die geleistete Arbeit ermöglichte keinen Ausstieg aus dem Status der Vorläufigkeit in jenen des sicheren Bleiberechts. Seine Frau litt unter zahlreichen körperlichen Krankheiten, beide Eheleute hatten schwere Depressionen. Erst die drei Söhne, die während der ganzen Schulzeit fleissig und bestrebt gewesen waren, zu lernen, brachten es weiter, konnten einen Berufsabschluss machen, sich einbürgern und mit ihrem Einkommen wenigstens die materielle Situation der Eltern verbessern.

— Ähnlich erlebte B. B. die Folgen des Status F, den sie mit ihren vier Kindern erst nach langen Jahren des Wartens im Status N erlangte. Die älteste Tochter war in der Kriegszeit in Ex-Jugoslawien zur Welt gekommen, die drei jüngeren Kinder in der Schweiz. Ihr Ehemann hatte schnell in einem Restaurant eine Anstellung als Tellerwäscher gefunden, doch der Lohn ging ans Amt für Migration, das der Familie in Wochenraten eine minimale Unterstützung auszahlte. Diese Tatsache empfand er zunehmend als ungerecht und inakzeptabel, sie löste Aggressionen aus, die ihn in die Geldspielautomatensucht trieben. Dass dabei selbst die wenigen Mittel für den dringendsten Unterhalt seiner Familie verloren gingen, versetzte ihn in eine solche Wut, dass er, zum Entsetzen der Kinder, regelmässig seine Frau verprügelte. Der Entscheid des kantonalen Amtes für Migration, ihm den weiteren Aufenthalt in der Schweiz abzusprechen und gleichzeitig B. B. und den Kindern den Status F zuzusprechen, führte zur Trennung und liess B. B. zunächst aufatmen. Sie arbeitete in mehreren Haushalten als Putzfrau und bemühte sich, ihre vier Kinder allein aufzuziehen und durchzubringen. Doch das Einkommen reichte nicht, um aus der Abhängigkeit von der Sozialhilfe und dem Status F herauszukommen.

Die älteste Tochter erlebte eine schwierige Pubertät und fand trotz ihrer Begabungen keine Lehrstelle. B. B. litt zunehmend unter Gelenkschmerzen und Migräne, arbeitete trotzdem weiter und wollte nicht aufgeben. Es waren lange Jahre der Angst vor einer Ausschaffung aus der Schweiz, Jahre fortgesetzten Leidens, bis die erfreuliche Entwicklung der drei Kinder allmählich den Alltag erträglicher machte und Hoffnung auf eine bessere Zukunft gab.

— Ähnlich belastend wirkte sich der Status F auf C. C. aus, die aus einer anderen Region des ehemaligen Jugoslawien stammte. Sie hatte ein Medizinstudium abgeschlossen und den Mut gehabt, die Scheidung von ihrem Ehemann durchzusetzen, einem hochrangigen Intellektuellen, der jedoch deswegen sein Gewaltverhalten ihr gegenüber noch verstärkte. Der Beginn des Kriegs ermöglichte ihr, mit den zwei Kindern die Flucht aus dem Land zu wagen und in der Schweiz um Asyl zu bitten. Das ältere Kind, eine Tochter, hatte schwere Geburtsschäden, konnte kaum gehen und sprechen, während der jüngere Sohn gesund und begabt, jedoch verschlossen und voller Abwehr auch Gleichaltrigen gegenüber war. C. C. und ihre Kinder litten unter der Unsicherheit, Entwurzelung und Angst vor einer Rückschaffung, auch als ihr definitives Bleiberecht bestätigt wurde. Während für die behinderte Tochter mit dem Grösserwerden eine therapeutische Unterbringung gefunden werden konnte, mit regelmässigem Aufenthalt bei der Familie, sodass die Beziehungen wach blieben und entspannter wurden, gingen für den Sohn die Jahre der Pubertät und der Adoleszenz trotz bester Noten in allen wichtigen Schulfächern mit kaum tragbaren psychischen Belastungen einher. C. C. selber hatte keine Chance, als Ärztin zu arbeiten, und übernahm Hilfsarbeiten, wurde mehr und mehr verbittert, bis es ihr nach vielen Jahren gelang, ein Nachstudium zu absolvieren und wenigstens als Assistenzärztin in einer Klinik eine Anstellung zu finden.

In allen drei und vielen anderen Fällen konnte ein Netzwerk des politischen Widerstandes und der menschenrechtlichen Verpflichtung dazu beitragen, dass bei den von Entrechtung und erbärmlichen sozialen Bedingungen betroffenen

Menschen trotzdem ein Selbstwertgefühl erhalten blieb. Jede Klage wurde ernst genommen und das Leiden mit Gesprächen und rechtlicher und praktischer Unterstützung zu lindern versucht, man suchte Mittel, damit die Kinder ohne Benachteiligung lernen konnten – und all dies wurde ohne Bedingungen oder an eine Gegenleistung geknüpfte Erwartung, sondern einzig auf der Grundlage gegenseitigen Respekts geleistet.

Die selbstverständliche Unterstützung der Schwächeren und Bedürftigen durch die Stärkeren gibt der Hoffnung Raum, im Sinn der Reziprozität in irgendeiner Form auf ähnliche Unterstützung zählen zu können, wenn die Lebensverhältnisse es erfordern würden. Sie ermöglicht wachsende Angstfreiheit.

Verhängnisvolle Missachtung der Grundbedürfnisse und Grundrechte

Die sechs knappen Geschichten machen deutlich, wie entscheidend Beachtung oder Missachtung der Grundbedürfnisse auf das Gefühl von Lebenswert und Lebenssinn jedes Menschen sind und wie abhängig der einzelne Mensch von der politischen und gesellschaftlichen Macht ist, die deren Erfüllung ermöglicht oder unterbindet.

Es war Simone Weils letztes, 1943 entstandenes Werk «L'Enracinement»[1], das mir zu Beginn meines Studiums die Bedeutung der Reziprozität im menschlichen Zusammenleben erschloss. Mit ihrem Werk verband sich für mich die Dringlichkeit, die «Erklärung der Menschenrechte» von 1948 als normative Forderung zu verstehen und Reziprozität in der Erfüllung der menschlichen Grundbedürfnisse und Grundrechte als Voraussetzung jeder politischen und sozialen Gesetzgebung zu verteidigen, besonders zugunsten der Rechtlosen und Entrechteten im Asyl-, Ausländer-, Zivil- und Arbeitsrecht. Zunehmend wurde mir bewusst, in welchem Mass auch demokratisch verabschiedete Gesetze menschenverachtend sein und den Grundrechten widersprechen können, die der Gesetzgeber für sich selber beansprucht. Unrecht darf nicht auf dem Weg der Gesetzgebung zu Recht erklärt werden.

Simone Weil war selber ein entwurzelter Flüchtling, als sie «L'Enracinement» schrieb. 1940 war sie nach dem Einmarsch von Hitlers Wehrmacht in Paris zuerst nach Südfrankreich geflohen, dann nach New York und von dort nach London. Sie fühlte sich ohnmächtig und ihr Engagement, so schien ihr 1943, lag schon weit zurück: jenes gegen die faschistische Diktatur im Spanischen Bürgerkrieg, die Ausbeutung der Arbeiterschaft durch die Teilnahme an Demonstrationen, dann durch den selbstgewählten Verzicht auf ihre Lehrtätigkeit als Philosophieprofessorin und die abstumpfende Arbeit am Fliessband und an schweren Maschinen in Industriebetrieben der Pariser Banlieue, ihre dreimonatige Erkundung der schwachen Opposition gegen den in Berlin aufflammenden Nationalsozialismus kurz vor Hitlers Wahl zum Reichskanzler. Die körperlichen und psychischen Strapazen jener Jahre hatte sie selber gewählt, um die Lebens- und Existenzbedingungen jener kennenzulernen, die keine Wahl hatten. Die Entrechtung und das Leben als Flüchtling hatte sie aber nicht gewählt. Ihr dringlicher Wunsch, in geheimer Mission wieder nach Frankreich zurückzukehren und sich an der militärischen Front für Verwundete und Sterbende einzusetzen, wurde ihr von der französischen Exilregierung in London verwehrt. Dies empfand sie als zusätzliche Entwertung ihrer selbst, als Missachtung wichtiger Grundwerte – der Freiheit, der Eigenverantwortung, der Ehre –, um deren Beachtung sie gekämpft hatte und deren Bedeutung für das menschliche Zusammenleben sie im Auftrag der französischen Exilregierung in «L'Enracinement» festgehalten hatte. Am 24. August 1943, mit 34 Jahren, starb sie, tief verzweifelt ob des unermesslichen Elends und Unrechts jener Zeit, in Ashford an Erschöpfung und Entkräftung, nach medizinischer Diagnose infolge einer Lungentuberkulose und der Weigerung, sich zu ernähren.

Die Erfüllung der menschlichen Grundbedürfnisse und Grundrechte war für Simone Weil von staatsrechtlicher Bedeutung. Sie erachtete es als Aufgabe jeder Gemeinschaft und somit auch des Staates, wirtschaftliche Ausbeutung und politische Unterdrückung zu verhindern und den Menschen Schutz zu bieten. Für sie war klar, dass keinem Menschen, unabhängig von Funktion und Macht, im Verlaufe seines Lebens Bedürftigkeit erspart bleibt. Jedem Menschen, der in einem Beziehungsnetz lebt, obliegt somit die Pflicht, sich der Verantwortung gegenüber dem anderen Menschen bewusst zu sein und entsprechend seinen Kräften sich um die Erfüllung von dessen Bedürfnissen zu kümmern. Es handelt sich um eine individuelle Verpflichtung zur Reziprozität, die für Simone Weil von prioritärer politischer Bedeutung ist. Die menschlichen Rechte sind das Resultat der Erfüllung dieser Verpflichtung, das heisst, die Erfüllung der Grundbedürfnisse der Schwächeren, die der Erfüllung der Grundrechte gerecht wird, ist die Voraussetzung für den Respekt der Grundrechte der Stärkeren.

Parteien erachtete Simone Weil als betrügerische Instrumente des Machtstrebens. Ihrer Ansicht nach würde deren Abschaffung ermöglichen, dass Kandidaten für einen Platz im Parlament oder in der Regierung den Wählern und Wählerinnen nicht mehr vormachen könnten, diesem oder jenem Etikett zu entsprechen, sondern verpflichtet wären, persönlich für das einzustehen, was sie umzusetzen gedenken, um die Probleme und Aufgaben des Zusammenlebens zu lösen.

Als zentrales Problem, das zu gesellschaftlichen Zwisten und verhängnisvollen Aggressionen führt, erachtete sie die Entwurzelung der Menschen. Infolge der Industrialisierung und Bürokratisierung seien Arbeiter und Arbeiterinnen Teil der maschinellen Produktion geworden, die Bevölkerung generell sei in allen Lebensbereichen kategorisiert worden. In ihren Untersuchungen kam sie zum Schluss, dass die Aufhebung des Privateigentums und die Verstaatlichung von Betrieben keine kreative soziale Veränderung und somit keine Verbesserung des Zusammenlebens bewirken würden. Es seien revolutionäre Ideen, die im ursprünglichen Marxismus Ausdruck gefunden hätten, doch letztlich handle es sich um utopische Wunschträume. Der erstrebte Arbeiterimperialismus sei ebenso verhängnisvoll wie jede Form nationalen Imperialismus. Damit könne weder die menschliche Situation der wechselseitigen Bedürftigkeit verbessert werden noch der Lebenswert für die Menschen überhaupt. Menschen sollten die Möglichkeit erhalten, wieder Wurzeln zu schlagen und zu lernen, sich in ihrer wechselseitigen Abhängigkeit zu unterstützen. Auch die technischen Errungenschaften sollten zugunsten der Grundbedürfnisse des menschlichen Zusammenlebens genutzt werden. Jeder Mensch bedürfe einer bewussten Teilhabe an einer Gemeinschaft, in welche er infolge seiner Geschichte hineingestellt sei. Erst diese Verwurzelung befähige, das

Leben mit seinen wechselnden, vielseitigen Aufgaben zu bejahen und Macht-
kämpfe zu vermindern. Die Humanisierung des Zusammenlebens – wie schon
die Humanisierung der industrialisierten Arbeit – könne weder durch anti-
kapitalistische noch durch sozialistische oder andere Theorien begründet werden. Sie beruhe auf der Anerkennung des gleichen Werts jedes Menschen im
Zusammenleben, auf der bedingungslosen Würde des Menschseins, die durch
diejenigen, die sie für sich selber beanspruchen, zugunsten jener vertreten und
umgesetzt werden müsse, die infolge ihrer Bedürftigkeit der Möglichkeit ent-
behren, ihre Grundbedürfnisse zu befriedigen.

Die aktuelle innereuropäische, insbesondere schweizerische Verhärtung
gegenüber Asylsuchenden und hilfsbedürftigen Arbeitsmigranten und -migran-
tinnen beruht stark auf der ideologischen Verblendung grosser Massen zum
Zweck eigenen Machtgewinns oder wirtschaftlichen Vorteils mittels Instrumen-
talisierung und Entrechtung anderer, insbesondere Fremder. Grundbedürfnisse
und -rechte missachtende Volksabstimmungen schaden letztlich auch den
Stimmbürgerinnen und -bürgern. Flüchtlinge werden mit demokratischer
Rechtfertigung zu Nummern gemacht und unter für sie unerträglichen Bedingungen vorläufig geduldet, oder sie werden einfach im Schnellverfahren abgelehnt, eingekerkert und ausgeschafft. Doch die Missachtung ihrer Grundbedürfnisse und -rechte, die in den seit 2002 sich häufenden Gesetzen immer stärker
zum Ausdruck kommt, ist ein Mangel an Achtung, der letztlich auch die «Mächtigen» trifft, die an der Urne für Massnahmen stimmen, von denen sie selber
nicht betroffen sein möchten. Indem sie deren Umsetzung anderen Menschen
zumuten, Fremden, deren Entrechtung sie zu ihrem Recht erklären, verachten
und verletzen sie die Grundregel der Reziprozität. Sie laden Schuld auf sich.
Simone Weil hielt fest, dass leider «das Spiel der demokratischen Institutionen,
wie wir sie verstehen, eine immerwährende Aufforderung zu dieser verbreche-
rischen und fatalen Unachtsamkeit ist. Um sie zu vermeiden, muss man sich bei
jeder Triebkraft sagen: Diese Bewegung kann in diesem oder jenem Milieu Wirkungen nach sich ziehen. Und in welchem anderen auch noch? Es kann diese
oder jene Situation entstehen. Und welche andere auch noch?»[2]

Die politische Manipulation von Massen durch Ideologien der Entwertung anderer Menschen zum Zweck bedenkenloser Steigerung eigenen

Wertgefühls ist verhängnisvoll. Die Ursache für das Mitläufertum unzähliger Menschen, die zur Masse werden, ist die Angst, den Bedingungen des gesellschaftlichen Überlebens nicht zu genügen. Die Angst ist eine hemmende Macht, die aus dem Mangel an persönlicher Sicherheit und Selbstwert, Wissen und Erfahrung kritischen Denkens erwächst. Die Ursachen für die Angst sind vielfältig, oft über Generationen weitergegeben oder ausgelöst durch Enttäuschungen und Misserfolge, materielle und existenzielle Belastungen, Mangel an Selbstvertrauen, der zum sozialen Virus wird, zur kollektiven Angst, die schwärenden Aggressionen Auftrieb gibt. Sie richtet sich immer gegen den Menschen selber, den sie beherrscht, mit unsäglich destruktiven Folgen. Der Erste und der Zweite Weltkrieg brachen aus, weil Angst zur ideologischen Manipulation instrumentalisiert wurde. Seither kam die Flut der Zerstörung nie zum Stillstand. Selbst die Abermillionen von Ermordeten und gequälten Überlebenden, elternlosen Kindern, Verstümmelten und Vertriebenen führten nie dazu, die Frage der Verantwortung und damit der Sühne oder Strafe nicht nur auf der Stufe einzelner Mitläufer und Helfershelfer zu stellen, sondern auch auf struktureller Machtebene. Die verantwortlichen Machthabenden machten sich entweder aus dem Staub oder führten, gefangen in alten Feindschemata, schon wieder neue Kriege. Eine echte Aufarbeitung früherer Kriege fand nie statt. Über die Medien wurden wir mit einer Mischung von Entsetzen, Ohnmacht und zum Teil wachsender Indifferenz Zeugen Hunderter von Kriegen seit dem Zweiten Weltkrieg.

Die Entwertung des einzelnen Menschenlebens und, als Konsequenz, millionenfacher Menschenleben wurde nicht grundsätzlich hinterfragt und aufgegeben, sondern mithilfe elektronischer Propaganda und mächtiger Waffensysteme zur Sicherung staatlicher Machtinteressen unter anderen Bezeichnungen länder- und kontinenteübergreifend beibehalten. Sie ist gewissermassen der demokratisch legitimierten Ultima Ratio zur rücksichtslosen Durchsetzung von Interessen eingeschrieben. «Bleibt Hoffnung in dieser angsterfüllten Welt?», lässt sich Theodor W. Adornos Frage wiederholen. Was kann die aktuelle Auseinandersetzung um die Zuwanderung erreichen?

Angstabbau ermöglicht Reziprozität

Menschsein im Zusammenleben wurde durch die Bedenkenlosigkeit bei der Rechtfertigung von Unrecht zutiefst verletzt. Genesung ist nur möglich, wenn die Ursachen für die verhängnisvolle kollektive Verletzung nicht vertuscht werden und dadurch nicht weiterwirken können. Wer in seiner Heimat weder politische Freiheit noch körperliche und existenzielle Sicherheit geniesst und deshalb fliehen musste, ist darauf angewiesen, dass seine Grund- und Menschenrechte im Aufnahmeland respektiert werden. Für die Gewährung dieses Rechts sind jene verantwortlich, die über das gleiche Recht verfügen und nicht ertragen könnten, es zu verlieren. Die Grundbedürfnisse der Mächtigen und der Machtlosen sind die gleichen.

Es gilt daher in erster Linie, die Macht der Angst in allen Variationen abzubauen: die Angst vor den Nachbarn, vor den unbekannten Fremden, den Zuwanderern, ob Arbeitsmigranten oder Flüchtlinge, zutiefst auch die Angst vor der eigenen Zukunft. Die Angst beherrscht den Zeitgeist, wie das Resultat der jüngsten Abstimmung vom 9. Februar 2014 erneut beweist, mit schwerwiegenden politischen Folgen.

Es braucht kreative Gegenkräfte, die die Ursachen der Angst verstehen und ernst nehmen, um der verunsicherten Bevölkerung Halt zu geben. Kein anklagender oder erzieherischer Diskurs soll geführt werden, sondern einer, der den Selbstwert jedes Einzelnen und das gesellschaftliche Vertrauen stärkt. Es geht um jene zentralen Kräfte, die Simone Weil benannt hat, die aber bei den Stimmberechtigten gegenwärtig nicht hoch im Kurs sind: die Erfüllung der Grundbedürfnisse jedes Einzelnen, den Respekt vor der Besonderheit jedes Lebens, die Gewährleistung von Unterkunft, Hilfe im Krankheitsfall, die Garantie der Meinungs- und Religionsfreiheit. Die schwierige Aufgabe, aus den Aporien der Angst hinauszuführen und der Unterdrückung der menschlichen Grundbedürfnisse entgegenzuwirken, kann gelöst werden, wenn Reziprozität – also die Regel, dass man dem andern nichts zufügen soll, was man selber nicht ertragen könnte – in die Praxis umgesetzt wird. Es ist keine Utopie, dass ein angstfreies und gewaltfreies Zusammenleben all der verschiedenen Menschen möglich wäre.

In der Schweiz ist die Dringlichkeit gross, dieses Ziel auf der politischen Ebene zu vertreten, besonders auch in den Medien. Eigene Konflikte lassen sich nicht durch Feindbilder und Aufhetzung lösen. Auf allen Ebenen sollten die vielfältigen Gründe der Angst angegangen werden, um so den Hang zu ausschliesslichen Entweder-oder-Lösungen zu durchbrechen. Die Achtung der Reziprozität bei den Grundbedürfnissen würde dazu beitragen und könnte nach und nach die Entwurzelung und Entfremdung auch der eigenen Bevölkerung abbauen, statt sie immer wieder neu zu generieren.

Anmerkungen

[1] Simone Weil: L'enracinement. Prélude à une déclaration des devoirs envers l'être humain. Editions Gallimard, Paris, 1949. – Simone Weil: Die Verwurzelung. Vorspiel zu einer Erklärung der Pflichten dem Menschen gegenüber. Aus dem Französischen von Marianne Schneider. Verlag diaphanes, Zürich, 2011.

[2] Weil. Die Verwurzelung. Zürich, 2011, S. 187.

Martin Flügel

Warum wir so reich sind

In der Schweiz gibt es mehr Arbeit als Hände und Köpfe, um sie zu verrichten. Der Schweizer Arbeitsmarkt ist also grösser als die Schweiz. Deshalb ist die Schweiz auch seit vielen Jahrzehnten ein Einwanderungsland. Und sie war es – wenn auch teilweise aus anderen, politischen Gründen – bereits in früheren Jahrhunderten.

Nun ist das nicht wirklich eine neue Erkenntnis. Aber gerade jetzt, nach der Zustimmung zur Masseneinwanderungsinitiative, ist es sicher hilfreich, einige Aspekte der Zuwanderung und deren Bedeutung für die Vergangenheit, Gegenwart und Zukunft der Schweiz wieder in Erinnerung zu rufen.

Ausländische Arbeitskräfte bauen das Fundament unseres Wohlstands

Bei der Entwicklung der Schweiz vom Armenhaus Europas – das auch immer wieder eigene Staatsbürger zum Auswandern gezwungen hat – zu einem der reichsten Länder der Erde haben die Zuwanderer in verschiedenen Phasen und unterschiedlichen Rollen immer wieder einen entscheidenden Part gespielt. Hier sollen nur zwei Faktoren näher betrachtet werden.

– *Swissness mit ausländischen Wurzeln:* Etliche Firmen, zum Teil sogar ganze Branchen, die heute den Inbegriff von Swissness verkörpern, beruhen auf dem Werk von Zuwanderern. So zum Beispiel die ganze Uhrenindustrie von Audemars Piguet über Blancpain bis Longines in der Romandie oder auch die IWC in Schaffhausen. Später wurden die heutigen Schweizer global players wie Nestlé, ABB oder Swatch von Zuwanderern (Heinrich Nestlé, Walter Boveri, Charles E. Brown, Nicolas Hayek) gegründet. Allein diese drei Firmen erzielen heute einen Umsatz von total 140 Milliarden Franken, was einem Viertel der gesamten Wirtschaftsleistung der Schweiz entspricht. Aber auch kleinere Firmen wie die Schokoladenfabriken Suchard und Cailler, der Ovomaltine-Erfinder Wander, die allgegenwärtige Konservenfabrik Hero, der Maschinenbauer Oerlikon-Bührle oder die Bank Julius Bär gehen auf Zuwanderer zurück. Heute werden etwa 40 Prozent der neuen Firmen in der Schweiz von Ausländerinnen und Ausländern ins Leben gerufen. Nicht alle werden grosse und globale Firmen. Aber sie alle bilden einen Teil der Dynamik, die der Schweiz bei renommierten Institutionen regelmässig den Titel des Innovationsweltmeisters einträgt.

— *Erstklassige Infrastruktur dank ausländischer Muskelkraft:* Die grossen Eisenbahnlinien am Gotthard, Lötschberg und Simplon, aber auch die Wasserkraftwerke von Grimsel, Grande Dixence und Mattmark sind Ikonen der Schweizer Verkehrs- und Energieinfrastruktur und prägen teilweise bis heute unsere Identität. Sie alle wären ohne den Zuzug von Zehntausenden von italienischen Arbeitskräften gar nicht möglich gewesen. Und das ist nur die berühmte Spitze des Eisbergs. Bereits mit dem Einsetzen der Industrialisierung Mitte des 19. Jahrhunderts war die Schweiz auf ausländische Arbeitnehmende angewiesen. Zehntausende waren beispielsweise im Eisenbahnbau beschäftigt, ungefähr die Hälfte davon stammte damals aus Deutschland. Mitte des 19. Jahrhunderts kam der Bau von Fabriken, Verwaltungsgebäuden, Wasserkraftwerken sowie der ganzen Verkehrsinfrastruktur der rasant wachsenden Städte dazu, alles erbaut von vielen Migranten. Bereits 1910 betrug ihr Anteil bei den Bauarbeitern rund 40 Prozent. Aber auch der ganze Ausbau der Strassen- und Schieneninfrastruktur des 20. Jahrhunderts – vom Autobahnnetz über den Gotthardstrassentunnel bis hin zur Bahn 2000 und zur Neat – war nur dank dem andauernden Zustrom ausländischer Arbeitnehmender in die Schweiz zu bewältigen.

Wir sehen: Für wichtige wirtschaftliche und gesellschaftliche Standortfaktoren der heutigen Schweiz waren Geistesblitze und Muskelkraft von Zuwanderern von entscheidender Bedeutung. Die Sicht der Welt auf die Schweiz wird geprägt von Uhren, Schokolade, Maschinenindustrie und Banken, von Eisenbahn, erstklassiger Infrastruktur und sicherer Energieversorgung, von Innovationskraft und Durchhaltevermögen. All das sind Grundlagen des schweizerischen Wirtschaftswunders, des heutigen Wohlstandes für breite Bevölkerungsschichten, und all das wäre ohne die Leistungen ausländischer Arbeitskräfte nicht erreichbar gewesen.

Ausländische Arbeitskräfte sichern Wohlstand und halten Wirtschaft am Laufen

Heute stammen 22 Prozent der Bevölkerung aus dem Ausland. Die Ausländerinnen und Ausländer stellen aber 28 Prozent der Arbeitskräfte und leisten über 30 Prozent der Arbeitsstunden in der Schweiz. Mit anderen Worten: Ohne Ausländerinnen und Ausländer würde ein Drittel der heute in der Schweiz geleisteten Arbeit liegen bleiben.

Noch eindrücklicher wird der Beitrag der ausländischen Arbeitskräfte an die schweizerische Wirtschaftsleistung und Lebensqualität bei einem Blick auf einzelne Branchen und Funktionen. Gastgewerbe, Gesundheitswesen, die Baubranche oder die Landwirtschaft würden schlicht zusammenbrechen. Im Gastgewerbe sind 41 Prozent der Arbeitnehmenden Ausländerinnen und Ausländer, im Gesundheitswesen 36 Prozent des ausgebildeten Pflegepersonals und 26 Prozent der Ärzte, in der Baubranche machen ausländische Arbeitskräfte 65 Prozent des Baustellenpersonals aus, und die Landwirtschaft funktioniert nur dank jährlich 10 000 bis 15 000 Erntehelferinnen und Erntehelfern.

Gesundheitswesen, Bau und Landwirtschaft zeigen auch schön, warum die Schweiz die Zuwanderer braucht: Es fehlt entweder an Fachkräften – wie für das Gesundheitswesen gilt das auch für Ingenieure in Forschung und Entwicklung –, oder es geht um Arbeiten, die Schweizerinnen und Schweizer nicht mehr leisten wollen. So sind beispielsweise 49 Prozent der Hilfskräfte und fast 40 Prozent der Anlagen- und Maschinenbediener Ausländerinnen und Ausländer.

Neben dem quantitativen ist auch der qualitative Beitrag der ausländischen Erwerbstätigen zu beachten. Gerade viele kleinere Dienstleistungsbetriebe wie Quartierläden und Tankstellenshops, Take-away-Restaurants, Wäschereien oder Schuhmachereien werden von ihnen betrieben und bereichern und erleichtern unser Leben.

Unsere künftige Lebensqualität liegt (auch) in ausländischer Hand

Die Tatsache, dass ein Drittel der Arbeit von ausländischen Arbeitnehmenden geleistet wird, macht deutlich, dass Wohlstand und Lebensqualität nicht allein vom einheimischen Arbeitsmarkt garantiert werden können. Im Zuge der demografischen Entwicklung wird sich diese Situation noch akzentuieren. Denn in den nächsten zehn bis zwanzig Jahren werden die geburtenstarken Jahrgänge aus den Sechzigerjahren pensioniert, und die Zahl der nachkommenden Jugendlichen fällt viel kleiner aus.

Verschiedene Berechnungen gehen davon aus, dass uns bereits in zehn Jahren zwischen 400 000 und 500 000 Arbeitskräfte in der Schweiz fehlen werden. Und da geht es nicht um ein möglichst tolles Wirtschaftswachstum, die Ansiedlung weiterer headquarters oder gar um möglichst billige Arbeitskräfte für die Unternehmen, sondern um Arbeitskräfte für alltägliche und gesellschaftlich notwendige Arbeiten, deren Ausbleiben zu einer gravierenden Beeinträchtigung der Lebensqualität in der Schweiz führen würde.

Wir wissen, dass bereits heute unser Gesundheitswesen nur dank dem Pflegepersonal aus ganz Europa funktioniert. Bis 2020 benötigen wir 50 000 zusätzliche Pflegekräfte. In der Volksschule herrscht Mangel an Lehrkräften und die grosse Pensionierungswelle läuft erst an. Bis 2020 müssen 30 000 Lehrpersonen ersetzt werden. Auch im Handwerk ist Berufsnachwuchs Mangelware: Allein das Sanitär-, das Heizungs- und das Elektrogewerbe benötigen mehrere zehntausend Arbeitskräfte, um die Pensionierungen zu ersetzen. Dazu kommt ein steigender Bedarf in der Kinderbetreuung, bei der Polizei, den Lok- und Tramführerinnen und -führern, in der Forschung und Entwicklung und in anderen Bereichen.

Natürlich müssen wir in dieser Situation zuerst einmal dafür sorgen, dass möglichst alle Menschen, die in der Schweiz leben, so viel arbeiten können, wie sie gerne möchten. Da liegt einiges Potenzial brach, das mit einer besseren Vereinbarkeit von Familie und Beruf, mit Nachhol- und Weiterbildung und mit besseren Arbeitsbedingungen für ältere Arbeitnehmende problemlos im Interesse all dieser Arbeitnehmenden genutzt werden kann.

Ohne Zuwanderung wird das nicht gehen. Zu gross sind die Jahrgänge, die in Pension gehen – also wir –, zu klein sind die Jahrgänge, die nachrücken – also unsere Kinder.

Die Schweiz am Scheideweg – was tun?

Diese Ausführungen zeigen: Unsere Lebensqualität ist seit langem stark von den Leistungen der ausländischen Mitbürgerinnen und Mitbürger abhängig und wird es auch künftig sein. Trotzdem erhebt sich die Ausländerkritik heute mit einer Kraft wie seit Jahrzehnten nicht mehr. Gegensteuer geben können wir aber nur, wenn wir uns bewusst sind, dass die Einstellung breiter Bevölkerungsteile gegenüber den ausländischen Mitbewohnern sehr stark vom allgemeinen gesellschaftlichen Wohlbefinden beeinflusst wird. Unzufriedenheit und Frustration rufen Abwehrreflexe hervor und lassen sich politisch bestens in eine ausländerkritische oder gar ausländerfeindliche Stimmung ummünzen. Das gesellschaftliche Wohlbefinden wiederum ist eine vielschichtige Angelegenheit. Der Arbeitsmarkt, die Wohnsituation, Bahn- und Strasseninfrastruktur, Zersiedelung und Landschaftsbild, die Lohnentwicklung und die politischen Auseinandersetzungen um Altersvorsorge oder Steuersenkungen – alles spielt mit.

Die Ausländerpolitik und der Hinweis auf den Beitrag der ausländischen Arbeitskräfte für unseren Wohlstand alleine werden es somit nicht richten können. Meiner Einschätzung nach hat in den letzten zehn bis zwanzig Jahren die Rücksichtnahme der Stärkeren gegenüber den Schwächeren in der Schweiz nachgelassen, der Umgang ist rüder geworden. Viele Menschen fühlen sich ungerecht behandelt und haben das Vertrauen in die Unternehmen und die

Politik verloren. Letztlich richten sich dieser Vertrauensverlust und die Unzufriedenheit gegen die ausländischen Mitbürger, der Konflikt zwischen oben und unten wird zum Konflikt zwischen innen und aussen.

Wenn den Wirtschaftseliten dieses Landes und ihren politischen Vertreterinnen und Vertretern im Bundeshaus wirklich am Wohl der Schweiz gelegen ist, werden sie ihre Haltung zu etlichen politischen Fragen überdenken und ihre kurzfristigen wirtschaftlichen Interessen zurückstellen müssen. Fleiss, Bescheidenheit und die Teilhabe aller am erarbeiteten wirtschaftlichen Erfolg sind die Tugenden, die die Schweiz zu einem starken und offenen Land gemacht haben. Nur wenn wir zu politischen und wirtschaftlichen Handlungsmustern und Entscheidungen zurückfinden, die alle an den Früchten des Wachstums teilhaben lassen, werden wir in der Schweiz auch wieder eine breit abgestützte Haltung gegenüber den Ausländerinnen und Ausländern schaffen können, die deren enormen Leistungen für unser Land angemessen ist.

Thomas Daum

Grosse Wirtschaft in einem kleinen Land

Wenn wir in den Statistiken oder in den Rankings internationaler Institute von den Stärken der schweizerischen Wirtschaft und der Wettbewerbsfähigkeit ihrer Unternehmungen lesen, erfüllt uns das mit Stolz. Zu Recht, denn dass es die Schweiz als rohstoffarmes Land in den letzten hundert Jahren an die Spitze der weltweiten Wohlstandspyramide geschafft hat, ist tatsächlich eine erstaunliche Leistung.

Im Hochgefühl des Erfolgs sollten wir aber nicht vergessen, wer diese Leistung erbracht hat. Es waren nicht nur schweizerische Hände und Köpfe, welche die moderne Schweiz aufbauten und ihre Wirtschaft mit Innovationen und unternehmerischem Engagement vorantrieben. Was wäre der schweizerische Tourismus ohne die Initialzündung durch die englischen Bergpioniere? Wer baute die grossen Verkehrsachsen, die heute zu den Standortqualitäten des Landes zählen? Wie stark wurde die schweizerische Hochschullandschaft von ausländischen Professoren gestaltet? Wie sähe eine schweizerische Industrielandschaft ohne die Browns, Nestlés oder Hayeks aus? Schon diese einfachen, aber notwendigen Fragen an die Geschichte machen klar, welch elementare Bedeutung die Zuwanderung für die quantitative und qualitative Entwicklung der schweizerischen Wirtschaft hatte.

Diese Bedeutung hat in den letzten 15 Jahren nochmals deutlich zugenommen. Gefördert durch die Einführung der Personenfreizügigkeit zwischen der Schweiz und der EU, beträgt der Anteil der ausländischen Mitarbeitenden an den Erwerbstätigen mittlerweile über 27 Prozent. Es ist für jedermann offensichtlich, dass ohne die zugewanderten Arbeitskräfte unser Gesundheitswesen nicht mehr funktionieren würde, wir auf grosse Teile von Gastronomie und Hotellerie verzichten müssten und die bauliche Infrastruktur unseres Landes im argen läge. Und wer die Entwicklungen auf dem Arbeitsmarkt und in der Wirtschaft etwas näher verfolgt, weiss, wie stark auch andere Branchen von ausländischen Arbeitskräften abhängig sind.

Das jüngste (Erfolgs-)Kapitel der schweizerischen Zuwanderungsgeschichte wurde im politischen Diskurs aber immer kritischer beurteilt und im Februar 2014 durch die Annahme der Masseneinwanderungsinitiative zumindest verfassungsrechtlich beendet. Eine knappe Mehrheit der Stimmberechtigten vollzog eine migrationspolitische Kehrtwende, weil sie immer mehr auf die Kosten der Zuwanderung fokussierte und dabei die Vorteile der Arbeitsmarktöffnung für die schweizerische Wirtschaft und Gesellschaft zunehmend in den Hintergrund drängte. Dass die Schweiz mit der Personenfreizügigkeit den wichtigsten Impuls für ihre Prosperität nach der Jahrtausendwende erhielt, ist in breiten Bevölkerungskreisen bereits vergessen. Und wie die veränderte Qualifikationsstruktur der Zuwanderer den schweizerischen Arbeitsmarkt stärkt, bleibt weitgehend unbeachtet.

Kaum jemand erinnert sich noch an die Neunzigerjahre, als die Schweiz unter einer hartnäckigen Stagnation mit hoher Arbeitslosigkeit litt und eine pessimistische Grundstimmung das Land lähmte. Nach einem kurzen Aufschwung zur Jahrhundertwende folgte nochmals eine Baisse, bis dann ab 2004 «die Post abging». Die Wachstumsraten kletterten auf lange nicht mehr erreichte Traumwerte, bevor die Schweiz dann auch von der Finanzkrise und der nachfolgenden Rezession erfasst wurde. Ohne die Personenfreizügigkeit, das heisst ohne die ab 2002 erleichterte und ab 2007 freie Rekrutierungsmöglichkeit der Unternehmungen in den EU-17/EFTA-Staaten, wäre dieser Aufschwung mit einer Zunahme von zirka 350 000 Beschäftigten nicht möglich gewesen. In der Rezession wurden dann die vielen qualifizierten, gut verdienenden Zuwanderer mit ihrer Nachfrage nach Wohnraum und Konsumgütern zur Stütze für die Binnenwirtschaft. Der Einbruch blieb weniger heftig als befürchtet, und schon nach einem Jahr kehrte die Schweiz zum soliden Wachstum zurück.

Die mit der Personenfreizügigkeit erfolgte Arbeitsmarktöffnung darf aber nicht nur im Lichte der Konjunkturzyklen (fördernd im Aufstieg, bremsend im Abstieg) gesehen werden. Noch wichtiger ist die damit einhergehende strukturelle Stärkung des schweizerischen Arbeitsmarkts. Hierin unterscheiden sich die «alte», kontingentsgesteuerte und die «neue», von der Personenfreizügigkeit profitierende Zuwanderung grundlegend. Mit dem freien Personenverkehr, zu dem auch die Mobilität im Sozialversicherungsbereich und die Diplomanerkennung gehören, ist der schweizerische Arbeitsmarkt vor allem für jene gut qualifizierten Arbeitskräfte aus der EU attraktiv geworden, die unser Land und seine hochentwickelte Volkswirtschaft so dringend braucht, die aber allein auf dem schweizerischen Arbeitsmarkt nicht verfügbar sind. Die Schweiz ist ein kleines Land mit einer grossen Wirtschaft, deren Personalbedarf die einheimischen Ressourcen übersteigt. Auch wenn bei den älteren Arbeitskräften und bei den Frauen noch Potenziale brachliegen, sind wir schlicht nicht in der Lage, genügend Fachkräfte, Forscher und Kader für unseren Denk-, Werk- und Finanzplatz zu «produzieren». Die ausländischen Arbeitskräfte füllen also eine strukturelle Angebotslücke, und sie füllen sie gut. Das Ausbildungsniveau der in den letzten 15 Jahren Zugewanderten ist überdurchschnittlich hoch – besser als jenes der einheimischen Bevölkerung –, und auch ihre Erwerbsquote übertrifft jene der Schweizer. Diese Stärkung des Arbeitskräfteangebots wiederum macht den Standort Schweiz für die Unternehmungen attraktiver und wirkt sich positiv auf die langfristigen Wachstumschancen aus. Im internationalen *war for talents* ist die Anziehungskraft der Schweiz für ausländische Arbeitskräfte ein Trumpf, den wir nicht leichtfertig aus der Hand geben dürfen.

Entgegen den Behauptungen ihrer Kritiker mussten die erwähnten Vorteile der Zuwanderung keineswegs mit flächendeckenden, schwerwiegenden Nachteilen für die einheimischen Arbeitnehmenden oder mit übermässigen sozialen Kosten erkauft werden. Nicht weniger als neun sogenannte «Observatoriums-Berichte» des Bundes belegen mit umfangreichem Datenmaterial, dass die verstärkte Zuwanderung nur marginale Verdrängungseffekte hatte, sich kaum auf die Arbeitslosigkeit auswirkte und keinen generellen Lohndruck auslöste. Es kam auch nicht zur viel beschworenen «Einwanderung in die schweizerischen Sozialwerke», und von deren Plünderung durch die Zuzüger kann schon gar keine Rede sein. Im Gegenteil: Vor allem für die AHV erwies sich die Zuwanderung als vorteilhaft, weil sie einerseits den «Baby-Boomer-Buckel» der kommenden Jahre etwas glätten hilft und andererseits viele qualifizierte Migranten mehr Beiträge zahlen, als für ihre späteren Rentenansprüche angerechnet werden. Und wenn man eine migrationspolitische Gewinn-und-Verlust-Rechnung aufmachen will, dann müssen dabei konsequenterweise auch die mit den qualifizierten Arbeitskräften in die Schweiz transferierten erheblichen Ausbildungsinvestitionen berücksichtigt werden.

Damit sollen die «Kosten» der Zuwanderung nicht ausgeblendet werden. Selbstverständlich hinterlässt sie ihre Spuren auf dem Immobilienmarkt oder bei der Beanspruchung der Infrastruktur und des Service public. Aber realistisch betrachtet verstärkt hier die Zuwanderung lediglich Probleme, die wir ohnehin lösen müssen – und mit gezielten Massnahmen in den einschlägigen Politikbereichen auch lösen können. Wer dennoch eine rigidere Zuwanderungspolitik fordert, muss die Frage beantworten, wie die «grosse Wirtschaft im kleinen Land» ohne die Rekrutierung ausländischer Arbeitskräfte weiter funktionieren soll. Diese Frage stellt sich noch dringender, wenn wir einerseits den fortlaufenden Strukturwandel zur wissensbasierten Wertschöpfung und andererseits die demografische Entwicklung der einheimischen Bevölkerung in unsere Überlegungen einbeziehen. Dann wird klar, dass ohne Zuwanderung der schweizerische Arbeitsmarkt bald einmal kollabieren würde, die schweizerische Wirtschaft ihre Leistungsfähigkeit verlöre und unsere Sozialwerke nicht mehr finanzierbar wären. Die «grosse Wirtschaft» und ihre Segnungen haben einen Preis, das heisst, die Erhaltung unseres Wohlstands liegt buchstäblich in ausländischen Händen.

Diese Feststellung bereitet manchen Schweizern Mühe. Sie fühlen sich bedrängt, fürchten um ihre Unabhängigkeit und sehen die Identität ihres Landes gefährdet. Der vielzitierte «Dichtestress» findet weniger in der Realität statt als in den Köpfen, wo die Zuwanderung immer mehr als Zumutung im Interesse eines eindimensionalen Wirtschaftsverständnisses empfunden wird. Hier hat eine zukunftsgerichtete Zuwanderungspolitik anzusetzen. Es genügt nicht, die Zuwanderung defensiv als wirtschaftliche Notwendigkeit zu erklären und die ausländischen Arbeitskräfte als «geduldete Gäste» in einem Land zu behandeln, das eigentlich gar kein Einwanderungsland sein will. Die Zuwanderung muss vielmehr offensiv auch als gesellschaftliche Chance vertreten werden – als

Teil einer offenen und erfolgreichen Schweiz, die von der Verschmelzung einheimischer und ausländischer Talente lebt und wo die Kultur- und Sozialtechniken der Globalisierung gleich vor der Haustür gelernt werden können. In dieser Perspektive werden die Ideen der Ausländer zur Befruchtung und erscheint ihre Konkurrenz als Ansporn zur Weiterentwicklung der ansässigen Bevölkerung sowie als «Fitnessprogramm» des Landes für den internationalen Wettbewerb.

Die positive Wende der Zuwanderungsdiskussion kann allerdings nur gelingen, wenn sich auch und vor allem die Arbeitgeber dafür einsetzen. An der Schnittstelle zwischen Wirtschaft, Arbeitsmarkt und Gesellschaft tragen sie eine besondere Verantwortung. Diese beginnt bei der optimalen Ausschöpfung des einheimischen Arbeitskräftepotenzials: Nur wenn sie die Vereinbarkeit von Beruf und Familie sowie die Beschäftigung älterer Arbeitnehmer zum festen und verlässlichen Bestandteil ihrer Personalpolitik machen, können die Arbeitgeber glaubwürdig auf die Ergänzungsfunktion der ausländischen Arbeitsmärkte verweisen. Entscheidend ist zweitens die fraglose Einhaltung der schweizerischen Arbeitsbedingungen, da schon Einzelfälle von Lohn- und Sozialdumping die Ausländerbeschäftigung generell in Verruf bringen. Drittens sollten die Arbeitgeber in ihren Betrieben – gleichsam als Einübung für die Gesellschaft – ein Klima der kulturellen Offenheit pflegen, in welchem die Zusammenarbeit verschiedener Nationalitäten als gegenseitige Bereicherung und Schlüsselfaktor für den gemeinsamen Erfolg anerkannt ist. Und schliesslich müssen sich die Arbeitgeber um die Integration ihrer ausländischen Mitarbeitenden in die schweizerische Gesellschaft kümmern. Dabei geht es nicht nur um praktische Unterstützungsmassnahmen wie das Angebot von Sprachkursen, sondern grundsätzlich darum, von den Zuwanderern – besonders von jenen in Kaderfunktionen – angemessene Anstrengungen zur Eingliederung in ihr hiesiges Umfeld zu fordern.

«Ein kleines Herrenvolk sieht sich in Gefahr: Man hat Arbeitskräfte gerufen, und es kamen Menschen. Sie fressen den Wohlstand nicht auf, im Gegenteil, sie sind für den Wohlstand unerlässlich.» In diesen – meist nur verkürzt zitierten – Sätzen von Max Frisch sind alle Elemente der Zuwanderungsfrage in ihrem wechselseitigen rationalen und emotionalen Spannungsverhältnis angesprochen. Sie rufen nach einer Migrationspolitik, welche die Schweiz als Einwanderungsland begreift und die Arbeitskräfte, die hierherkommen, auch als Menschen aufnimmt. Im Schritt von der wirtschaftlich begründeten «Duldungshaltung» zur gesellschaftlich verankerten «Willkommenshaltung» liegt der Schlüssel für eine nachhaltige Zuwanderungspolitik der Schweiz.

Patrick Aebischer

Les scientifiques sont des migrants

Der vorliegende Beitrag ist auf Französisch verfasst worden. Wir drucken ihn in der Sprache des Verfassers ab; im Anschluss an das Original befindet sich die Übersetzung ins Deutsche.

L'histoire de la science est une histoire de migration. Depuis l'antiquité, les scientifiques sillonnent le monde entier. Au Moyen Âge, on chevauchait parfois des jours entiers pour le privilège de compulser un traité dans une bibliothèque réputée. Aujourd'hui, les connaissances sont presque toutes à portée d'ordinateur. Une simple connexion internet, et l'on acquiert en quelques secondes ce pour quoi on traversait une mer, il n'y a pas si longtemps. Pourtant, les universités ne se sont pas dissoutes dans le monde virtuel, et les chercheurs continuent de passer d'un pays à l'autre. Ils n'ont même jamais été aussi mobiles qu'aujourd'hui.

Le campus, en tant que lieu physique, reste au centre de la dynamique scientifique. Des chercheurs de toutes nationalités et de tous domaines s'y croisent. Souvent, c'est devant la machine à café ou pendant une fête d'étudiant que des conversations s'enchaînent, dans plusieurs langues simultanément. Ce sont ces rencontres qui donnent naissance aux innovations. On n'échange pas seulement des connaissances et des idées, mais aussi des manières de faire et de penser du monde entier.

Pas de science sans migration

L'École polytechnique fédérale de Lausanne (EPFL), mais aussi les autres universités suisses, ont construit leur dynamique sur l'immigration. Par exemple, près des trois quarts des start-ups créées sur le campus sont le fait d'étudiants ou de chercheurs étrangers. Le «Time Higher Education», référence journalistique dans le domaine des études universitaires, place notre haute école en tête du classement des institutions les plus internationales au monde. Les résultats extraordinaires que nous obtenons depuis quelques années sont la conséquence directe de cette ouverture au monde.

La migration est de tout temps l'un des principes mêmes de la science et de l'innovation technologique. L'Europe, qui concentre une extraordinaire diversité de cultures dans un si petit espace, a longtemps su exploiter cette dynamique. Entre nord et sud, entre est et ouest, les pérégrinations des chercheurs ont contribué à forger les bases de la prospérité du continent. Il n'est guère surprenant que l'Union européenne (UE), désireuse de relancer sa compétitivité mondiale, ait axé une grande partie de son action sur des mesures visant à favoriser la mobilité des chercheurs.

Les exemples sont multiples. Prenez notre projet de plateforme de simulation du cerveau humain, le « Human Brain Project ». Il est coordonné par un Sud-Africain installé en Suisse depuis plus de dix ans, Henry Markram, lequel a fait une partie de ses recherches en Israël avant de rejoindre la Suisse.

Prenez, plus récemment, notre recherche sur le bras artificiel. C'est un témoignage frappant de ces belles histoires qui racontent l'ordinaire du monde académique. Là aussi, c'est une recherche coordonnée par un chercheur de l'EPFL, Silvestro Micera, d'origine italienne en collaboration avec une chercheuse danoise qui a travaillé à gérer la douleur fantôme des patients amputés, le tout dans un protocole chirurgical mis en place en Italie avec des moyens techniques issus de recherches en Allemagne. Chacune de ces briques de compétence est singulière et indispensable à la réussite de l'ensemble. Et cela fonctionne, linguistiquement, culturellement, dans un brassage d'idée et de ressources qui n'étonne plus personne dans le monde scientifique. La migration des idées et des compétences est une réalité que personne dans la recherche n'oserait remettre en question tant elle est intrinsèque à notre fonctionnement.

Le savoir ne connaît pas de frontières

Aujourd'hui, c'est à l'échelle mondiale que se jouent ces mouvements de population et d'idées. Certes, il y a concurrence entre les pays et les universités, désireux d'attirer les meilleurs talents. À ce jeu, il y a des gagnants et des perdants. Mais la connaissance n'est pas une marchandise. Elle ne connaît pas les barrières douanières, ne s'arrête à aucune frontière. En fin de compte, tout le monde devrait pouvoir profiter des recherches sur les nouvelles énergies ou le cancer, qu'elles soient effectuées à Lausanne, San Diego ou Pékin. Et ce qui est découvert dans une université finit bien souvent par générer de l'emploi à l'autre bout du monde...

À l'EPFL, nous savons à quel point la liberté de mouvement est un bien précieux. Nous avons tous les jours le privilège de pouvoir travailler dans une institution à la fois suisse, européenne et internationale. Que des sommités internationales aient choisi notre haute école plutôt que la Harvard University ou le Massachusetts Institute of Technology (MIT), qui leur ouvraient également leurs portes, est un signe des temps encourageant.

Pour les scientifiques, la réussite a souvent comme prix le déracinement. Certains chercheurs se fixent dans leur pays d'accueil – la Suisse a pour cela d'excellents arguments – et d'autres finissent par retourner dans leur patrie d'origine, avec dans leurs bagages de nouveaux horizons dont ils feront profiter leurs concitoyens.

Patrick Aebischer

Forscherinnen und Forscher sind Nomaden

Die Geschichte der Wissenschaft ist eine Geschichte der Migration. Seit dem Altertum reisen Wissenschafter durch die Welt. Im Mittelalter musste ein Gelehrter manchmal tagelang reiten, um in einer renommierten Bibliothek ein Schriftstück zu lesen. Heute ist fast jedes enzyklopädische Wissen am eigenen Computer verfügbar. Über eine Internetverbindung hat man in Sekundenschnelle zur Hand, was vor noch nicht langer Zeit eine Überseereise notwendig gemacht hätte. Dennoch haben sich die Universitäten nicht in der virtuellen Welt aufgelöst, und die Forscherinnen und Forscher ziehen weiterhin von einem Land zum anderen. Sie waren noch nie so mobil wie heute.

Der Campus als physischer Ort bleibt weiterhin im Zentrum der wissenschaftlichen Dynamik. Forscherinnen und Forscher aller Länder und Fachbereiche treffen hier aufeinander. Oft kommen sie gerade vor dem Kaffeeautomaten oder auf einem Fest unter Studierenden – in mehreren Sprachen gleichzeitig – miteinander ins Gespräch. Es sind solche Treffen, die zu Innovationen führen. Denn es geht um mehr als nur einen Austausch von Wissen und Ideen: Der Gedankenaustausch umfasst auch neue Sichtweisen auf die Welt und andere Arten, ein Problem anzugehen.

Ohne Migration keine Wissenschaft

Die Dynamik der Eidgenössischen Technischen Hochschule Lausanne (EPFL), aber auch anderer Schweizer Hochschulen, gründet auf Zuwanderung. Fast drei Viertel der Start-ups auf dem Campus entfallen auf ausländische Studierende oder Wissenschafterinnen und Wissenschafter. Das Magazin «Time

Higher Education», das über Themen im Bereich der Hochschulbildung informiert, platziert unsere Hochschule an der Spitze der Rangliste der internationalen Einrichtungen weltweit. Die ausserordentlichen Ergebnisse, die wir in den letzten Jahren verzeichnen konnten, sind die direkte Folge dieser Weltoffenheit.

Migration gehört seit je zu den Grundprinzipien der Wissenschaft und der technologischen Innovation. Europa mit seiner ausserordentlichen Vielfalt an Kulturen auf kleinstem Raum hat es verstanden, sich diese Dynamik lange Zeit zunutze zu machen. Die Migration der Forscherinnen und Forscher von Norden nach Süden und von Osten nach Westen hat unter anderem die Grundlagen für den Wohlstand des Kontinents gelegt. Es ist deshalb nicht verwunderlich, dass die EU zur Steigerung ihrer globalen Wettbewerbsfähigkeit grosse Bemühungen auf Massnahmen konzentrierte, die die Mobilität der Wissenschafterinnen und Wissenschafter fördern sollten.

Beispiele für diese Dynamik gibt es viele. Nehmen Sie unser Projekt einer Plattform zur Simulation des menschlichen Gehirns, das «Human Brain Project». Es wird von Henry Markram, einem Südafrikaner, koordiniert, der seit über zehn Jahren in der Schweiz lebt und zuvor einen Teil seiner Forschungsarbeiten in Israel durchgeführt hat.

Oder nehmen Sie unsere neueren Forschungsarbeiten über den künstlichen Arm. Das Beispiel zeigt auf beeindruckende Weise, wie der Alltag in der akademischen Welt aussieht. Diese Forschungsarbeit des EPFL wird von Silvestro Micera koordiniert, einem Wissenschafter italienischer Herkunft, in Zusammenarbeit mit einer dänischen Forscherin, die auf Phantomschmerzen bei Amputationspatienten spezialisiert ist. Der Versuchsablauf wurde in Italien entwickelt, die technischen Mittel wurden von deutschen Forschern erarbeitet. Jede dieser individuellen Kompetenzen ist einzigartig und unerlässlich für den Erfolg des Ganzen. Und es funktioniert sprachlich, kulturell, in einem Mix aus Ideen und Kompetenzen, die niemanden mehr überraschen. Der internationale Austausch von Ideen und Kompetenzen ist eine so selbstverständliche Realität, dass niemand in der Forschung auf die Idee käme, sie in Frage zu stellen.

Wissen kennt keine Zollschranken

Die Migration von Menschen und Ideen spielt sich heute auf globaler Ebene ab. Natürlich gibt es Konkurrenz zwischen den Ländern und den Universitäten, die alle möglichst die grössten Talente für sich gewinnen möchten. In diesem Spiel gibt es Gewinner und Verlierer. Aber Wissen ist keine Ware. Wissen kennt keine Zollschranken, lässt sich an keiner Grenze aufhalten. Am Ende sollten alle Menschen von den Forschungsergebnissen über neue Energieressourcen oder die Krebsbekämpfung profitieren können, ob die entsprechenden Forschungen nun in Lausanne, San Diego oder Peking durchgeführt wurden. Und was an einer Universität entdeckt und entwickelt wird, führt oft zur Schaffung von Arbeitsplätzen am anderen Ende der Welt.

Wir an der EPFL wissen, wie wichtig und wertvoll die freie Mobilität ist. Wir geniessen jeden Tag das Privileg, in einer gleichzeitig schweizerischen, europäischen und internationalen Einrichtung zu arbeiten. Dass internationale Experten unsere Hochschule gewählt haben, obwohl ihnen auch die Universität Harvard oder das Massachusetts Institute of Technology (MIT) offengestanden hätten, ist ein ermutigendes Zeichen.

Für Wissenschafterinnen und Wissenschafter ist der Preis für den Erfolg oft eine Entwurzelung. Einige Forscherinnen und Forscher lassen sich in ihren Gastländern nieder – die Schweiz bietet hervorragende Voraussetzungen dafür –, während andere schliesslich in die Heimat zurückkehren, mit neuen Horizonten im Gepäck, von denen ihre Mitbürger profitieren werden.

Anne Bisang

Sur scène, pas de frontières

Der vorliegende Beitrag ist auf Französisch verfasst worden. Wir drucken ihn in der Sprache der Verfasserin ab; im Anschluss an das Original befindet sich die Übersetzung ins Deutsche.

C'est en rencontrant l'autre que l'on devient soi-même. C'est dans l'échange, la perception croisée de plusieurs regards que l'on construit son identité. C'est dire qu'à mesure des rencontres que provoque l'existence, notre identité fluctue, s'enrichit, se déploie et se transforme. Mon parcours personnel m'a enseigné cette ouverture et nécessaire fluidité. Plongée dès mon enfance dans des contextes internationaux, j'ai appris à reconnaître les différences culturelles sans appréhension. Je m'en suis nourrie. Dès lors, tout discours ou attitude de rejet de l'autre m'ont très vite heurtée.

De retour en Suisse vers l'âge de 12 ans, après avoir vécu mes premières années au Japon puis au Liban, j'eus d'abord la sensation d'un horizon rétréci. L'ordre régnait avec ostentation dans mon nouvel environnement. L'enfant que j'étais s'inquiétait de ne pas en connaître les règles et de le laisser transparaître. J'ai su m'adapter et ce sentiment d'être étrangère dans mon propre pays, je l'ai finalement cultivé. Jamais je ne me suis identifiée à ceux qui se sentent chez eux de toute éternité avec ce zeste de sentiment de supériorité à l'égard de ceux qui ont choisi de vivre en Suisse par affinité ou pour fuir un péril. Quelle fierté tirer du simple fait d'être né quelque part? J'ai vécu le fait de grandir hors du sol natal comme une chance : ma patrie, c'était ma langue maternelle, les valeurs de mes parents qui souhaitaient ardemment que leurs deux filles se sentent libres, partout dans le monde.

Le théâtre fut sans doute pour moi une manière d'étendre mon territoire imaginaire alors que la vie traçait autour de moi un espace bien délimité. Sur scène, pas de frontières : on y convoque mille lieux, mille époques et surtout d'infinies perceptions de soi et des autres.

L'enjeu de la culture c'est aussi cela : bouger, grandir dans une perception sans cesse amplifiée de soi. Dès que nous nous figeons dans la croyance d'une identité définitive, nous nous fermons à autrui.

En tant que directrice artistique du Théâtre populaire romand (TPR), il m'apparaît que les institutions culturelles publiques ont un rôle à jouer pour favoriser l'intégration des populations migrantes et modifier notre propre rapport au monde. Il est essentiel de penser le mouvement dans les deux sens. Affirmer les valeurs de partage et d'hospitalité en accueillant la diversité culturelle comme un moteur fondamental de l'évolution de nos sociétés. Dans le même élan, convaincre la population locale du bénéfice de mieux connaître l'environnement culturel des nouveaux arrivants.

Se rapprocher grâce au théâtre

Pour un théâtre, cela signifie une programmation artistique intégrant des productions de toutes provenances, où les langues parlées sont diversifiées. C'est aussi se rapprocher des immigrés, par le biais d'organismes et d'associations, en imaginant des projets dont chacun peut être partie prenante.

Cette action, je veux croire qu'elle a des conséquences positives sur le vivre ensemble. Le 9 février 2014, les villes et les cantons frontaliers rejetaient clairement l'initiative de l'UDC « Contre l'immigration de masse ». Premiers concernés par la cohabitation avec nos voisins, ils ne la ressentent donc pas comme une menace. Autre caractéristique de ces régions : toutes bénéficient d'une vie culturelle dynamique grâce notamment aux théâtres.

Le théâtre que je préconise est bien plus que le reflet d'une société. Je fais le choix d'artistes qui bousculent nos visions, jouant avec les plis de l'Histoire comme d'une matière à retourner les certitudes. Ils savent interroger et révéler les rapports de force dans leur complexité, rendant parfois plus humbles, plus lucides, souvent plus responsables.

Rester en lien avec sa culture d'origine

Comment éviter les deux écueils du repli sur soi et du communautarisme ? En luttant contre le déracinement, permettant aux migrants de rester en lien avec leur culture d'origine jusqu'au cœur des institutions publiques du pays d'accueil. Un signal fort en direction d'une intégration à visage découvert loin des fantasmes d'assimilation. Il s'agit aussi de faire comprendre au public – et la culture peut fortement y contribuer – que toutes les cultures du monde évoluent, comme la nôtre, entre tradition et innovation, brisant les idées reçues qui voudraient que l'expression artistique de certains pays se limite au folklore traditionnel.

Ainsi, lorsque j'ai coproduit le grand metteur en scène polonais Krzysztof Warlikowski et sa longue fresque historique «(A)Pollonia», mettant en jeu la permanence de l'idée du sacrifice dans l'humanité, mêlant la tragédie grecque à l'histoire polonaise du 20ᵉ siècle, la Comédie de Genève reliait son public à la puissante tradition théâtrale de Pologne et à un artiste, figure de proue de la scène internationale contemporaine.

Et lorsque je choisis d'accueillir Peter Brook consacrant un spectacle à Tierno Bokar, c'est une grande figure malienne de la spiritualité universelle qui fut révélée au grand public, contribuant ainsi à renouveler l'image de l'Afrique et de l'Islam.

Dans le même esprit, il me tient à cœur aujourd'hui d'ouvrir les scènes du Théâtre populaire romand aux artistes d'ailleurs, porteurs de renouveau dans leur propre culture.

Faire découvrir les artistes suisses romands à la population migrante est tout aussi essentiel. Ils sont l'âme et la conscience d'un pays avec ses aspirations, ses fragilités, ses contradictions et aussi son désir d'ailleurs.

Soutenir la création et ses aspects d'avant-garde est une manière de réunir l'ensemble des publics : face à la créativité et l'innovation des artistes, nous sommes tous à égalité.

L'idée que les théâtres sont des fabriques de liens m'est chère. Mais l'art est aussi, et avant tout, un ferment de vie qui nous invite toutes et tous à refuser l'immobilisme qui érige des clôtures. Que nous soyons d'ici ou d'ailleurs, l'art nous invite à la même exigence : apprendre à nous situer et nous redéfinir sans cesse au cours de nos existences. Une école de l'ouverture qui vaut pour chacun.

Anne Bisang

Die Bühne ist grenzenlos

In der Begegnung mit dem anderen findet man sich selbst. Im Austausch, in der Wahrnehmung mehrerer sich kreuzender Blicke formt man seine eigene Identität. Unsere Identität fliesst, entwickelt, entfaltet und verändert sich in und mit den Begegnungen, die unser Leben bereithält. Mein eigener Lebensweg lehrte mich diese Offenheit, diese Beweglichkeit. Von Kind auf lebte ich in einem internationalen Umfeld und lernte so, kulturelle Unterschiede ganz ohne Scheu wahrzunehmen. Sie waren wie Nahrung für mich. Schon bald empfand ich ablehnende Aussagen oder Haltungen gegenüber Andersartigen als Zumutung.

Als ich im Alter von knapp zwölf Jahren in die Schweiz zurückkam – meine ersten Lebensjahre hatte ich in Japan und dann im Libanon verbracht –, hatte ich zuerst das Gefühl, mein Horizont habe sich verengt. Eine ostentative Ordnung regierte in meinem neuen Umfeld. Das Kind, das ich war, hatte Angst, deren Regeln nicht zu beherrschen. Ich lernte mich anzupassen, und irgendwann kultivierte ich das Gefühl, im eigenen Land eine Fremde zu sein. Ich konnte mich nie mit Menschen identifizieren, die sich schon ewig in der Schweiz zuhause fühlten, mit diesem Hauch Überlegenheitsgefühl gegenüber allen, die sich aus Affinität oder auf der Flucht für ein Leben in der Schweiz entschieden haben. Wieso kann man stolz darauf sein, irgendwo geboren zu sein? Ich habe es immer als Glück empfunden, dass ich nicht in meinem Heimatland aufgewachsen bin. Meine Heimat, das waren meine Muttersprache und die Wertvorstellungen meiner Eltern, die sich sehnlichst wünschten, dass ihre beiden Töchter sich frei fühlten, überall auf der Welt.

Vielleicht suchte ich deswegen das Theater. Hier konnte ich meinen ansonsten streng eingegrenzten Lebensraum imaginär ausdehnen, denn auf der Bühne gibt es keine Grenzen: Tausend Orte, tausend Epochen und vor allem unendlich viele Wahrnehmungen und Perspektiven von sich selbst und von anderen bekommen hier Raum und werden erfahrbar.

Genau das leistet Kultur: Bewegung und Entwicklung in einer sich ständig erweiternden Selbstwahrnehmung. Sobald wir glauben, eine definitive Identität festhalten zu können, verschliessen wir uns vor dem anderen.

Als künstlerische Leiterin des «Théâtre populaire romand» (Westschweizer Volkstheater) bin ich überzeugt, dass öffentliche Kulturinstitutionen zur Förderung der Integration und zur Veränderung unseres Verhältnisses zur Welt beitragen müssen. Dabei verstehe ich Integration als Entwicklung beider Seiten aufeinander zu. Teilen und Gastfreundschaft sind Ausdruck davon, die kulturelle Vielfalt als grundlegenden Entwicklungsmotor unserer Gesellschaft willkommen zu heissen. Und die einheimische Bevölkerung muss davon überzeugt werden, dass das Kennenlernen der Kultur der Neuankömmlinge für sie von Vorteil ist.

Sich im Theater einander annähern

Für ein Theater bedeutet dies, Produktionen unterschiedlichster Herkunft und in verschiedenen Sprachen ins künstlerische Programm aufzunehmen. Und es bedeutet, über Organisationen und Verbände mit den Migrantinnen und Migranten Kontakt aufzunehmen, zusammen Projekte zu entwickeln, an denen alle mitwirken können.

Ich glaube, dass so das Zusammenleben positiv beeinflusst werden kann. Am 9. Februar 2014 haben die Grenzkantone und -städte die Masseneinwanderungsinitiative deutlich abgelehnt. Sie sind vom Zusammenleben mit unseren Nachbarn direkt betroffen und empfinden dieses dennoch nicht als Bedrohung. Ist es wohl auch kein Zufall, dass sie ein dynamisches kulturelles Leben haben – gerade im Theater?

Das Theater, das ich anstrebe, ist weit mehr als ein Spiegel der Gesellschaft. Ich arbeite gern mit Künstlern zusammen, die unsere Visionen ins Wanken bringen, die mit den Schichten der Geschichte spielen und so Sicherheiten und

Gewissheiten umkehren, Künstlern, die Machtverhältnisse hinterfragen und in ihrer Komplexität aufdecken, die uns manchmal bescheidener und hellsichtiger, oft verantwortungsvoller machen.

Mit der Herkunftskultur in Kontakt bleiben

Wer aber auch Isolation und Rückzug der Migrantinnen und Migranten verhindern möchte, muss gegen ihre Entwurzelung kämpfen, muss ihnen ermöglichen, mit ihrer Herkunftskultur auch inmitten öffentlicher Institutionen des Gastlandes Kontakt zu halten. Das wäre ein deutliches Zeichen in Richtung einer ehrlichen Integration, die nichts mit Assimilation zu tun hat. Der Öffentlichkeit ist auch klarzumachen – und die Kultur kann viel dazu beitragen –, dass sich alle Kulturen der Welt, genau wie die unsrige, im Spannungsfeld zwischen Tradition und Innovation bewegen, um so dem Vorurteil entgegenzuwirken, wonach in manchen Ländern Folklore die einzige künstlerische Ausdrucksform sei.

Als ich zum Beispiel in der Comédie de Genève das Stück «(A)Pollonia» des berühmten polnischen Regisseurs Krzysztof Warlikowski auf die Bühne brachte, das von der Allgegenwart des Opfers in der Geschichte der Menschheit handelt und Elemente der griechischen Tragödie mit der zeitgenössischen Geschichte Polens des 20. Jahrhunderts verbindet, machte das Publikum Bekanntschaft mit der starken Theatertradition Polens und einem herausragenden zeitgenössischen Künstler der internationalen Theaterszene.

Und als ich Peter Brook mit seinem Stück über Tierno Bokar einlud, lernte das Publikum einen bedeutenden malischen Vertreter der universellen Spiritualität kennen und bekam ein neues Bild von Afrika und dem Islam.

Genauso will ich heute die Bühne des «Théâtre populaire romand» für Künstler aus anderen Kulturen öffnen, die in ihrer eigenen Kultur Erneuerung verkörpern.

Genauso wichtig aber ist es, der Migrationsbevölkerung die Westschweizer Künstler näherzubringen. Sie sind die Seele der Region und verkörpern ihre Wünsche, Schwächen, Widersprüche und ihr Fernweh. Das künstlerische und avantgardistische Schaffen zu fördern, ist auch eine Möglichkeit, die verschiedenen Publikumsgruppen einander näherzubringen: Angesichts der Kreativität und Innovationskraft der Künstler sind wir alle gleich.

Das Bild des Theaters als «Beziehungsfabrik» liegt mir sehr am Herzen. Aber Kunst ist vor allem auch eine Keimzelle des Lebens, die uns einlädt, der mauernden Unbeweglichkeit eine Absage zu erteilen. Egal, woher wir stammen: Kunst verlangt von uns, zu lernen, uns in den verschiedenen Lebenswelten ständig neu zu erfinden und zu positionieren. Eine Schule der Offenheit – für alle.

Rohit Jain und Shalini Randeria

Wider den Migrationskomplex – Perspektiven auf eine andere Schweiz

Wie viel Migration erträgt die Schweiz? Schadet Migration der Schweiz? Wem nützt sie? In den letzten Jahren ist in der Schweiz ein regelrechter Kulturkampf um diese Fragen entbrannt – nicht zum ersten Mal seit dem Beginn des 20. Jahrhunderts. Während die einen vor den allfälligen Gefahren von Migration warnen, beschwören die anderen deren Nutzen. Wie wir in diesem Essay erläutern möchten, erscheint uns dieser Kulturkampf jedoch selbst als Produkt eines Schweizer Migrationskomplexes – im mehrfachen Sinne des Wortes. Dieser institutionelle, kulturelle, ja sogar psychische Komplex verankert die Migrationsthematik immer aufs Neue als konstitutive politische Dimension in der Aushandlung von Schweizer Identität und Wohlstand.

Ein Blick auf den Abstimmungskampf um die sogenannte «Masseneinwanderungsinitiative» von 2014 soll unser Argument veranschaulichen. Die liberale Nein-Kampagne sah durch die Initiative die Personenfreizügigkeit mit der EU und damit den Wohlstand der Schweiz in Gefahr: Zu Beginn der Nein-Kampagne zierte deshalb ein gesunder und kräftiger Apfelbaum als Sinnbild einer bäuerlichen und prosperierenden Schweiz die Plakatwände. Die Pointe wurde erst deutlich, als der Baum in einer zweiten Phase der Kampagne von einem Holzfäller gefällt wurde, der dem berühmten Bild Ferdinand Hodlers nachempfunden war, das bekanntlich das Arbeitszimmer von Christoph Blocher schmückt. Die SVP-Kampagne wiederum fand grundsätzlich Gefallen am Motiv des Apfelbaums und übernahm die Bildsprache. Jedoch kritisierte sie die «Masslosigkeit» im Umgang mit dem Baum, die den helvetischen Grund und Boden unter seinen Wurzeln zerbersten lasse. Das Bild insinuierte, zu viel migrationsbedingtes Wachstum zerstöre die nationale Identität und somit das Fundament des Wohlstands selbst.

Abbildung 1 und 2: Wahlplakate zur «Masseneinwanderungsinitiative» vom 9. Februar 2014. Quelle Abb. 1: bilaterale.ch, 15.9.2014, Abb. 2: www.masseneinwanderung.ch, 15.9.14

Dieses symbolische Vexierspiel macht zwei zentrale Punkte der aktuellen Schweizer Migrationsdebatte deutlich: Erstens unterscheiden sich (links) liberale Migrationsbefürworter und rechtskonservative Skeptiker hinsichtlich der kulturellen Deutungsmuster gar nicht so fundamental. Die Erzähl- und die Bildsprache kreisen bei beiden Lagern um die Angst vor dem Verlust einer nationalen Identität und des Wohlstands. Beide Seiten sprechen im Namen der Nation und fürchten um die «Apfelbaum-Schweiz». Ihre Vorstellungen unterscheiden sich lediglich im Mass des Baumes, in dessen Pflege, darin, wer die Äpfel essen soll und, vor allem darin, wer darüber bestimmt. Zweitens verkörpern die hier unsichtbaren Migrantinnen und Migranten in diesen wortwörtlich volkswirtschaftlichen Szenarien lediglich den Nutzen oder Schaden für die Nation und ihren Wohlstand. Sie sind politische Manövriermasse und Wachstumsfaktoren oder ganz einfach Kostenverursacher oder Gefahrenquelle. Als betroffene Menschen sowie als Bewohnerinnen und Bewohner dieses Landes stehen sie im nationalen Abstimmungsspektakel aussen vor.

In diesem Essay soll die Wirkungsweise des Schweizer Migrationskomplexes hinterfragt werden, der sich paradigmatisch und obsessiv um den Fragenknäuel dreht: «Wer sind ‹wir Schweizerinnen und Schweizer›, und welche Migrantinnen und Migranten sind nützlich oder schädlich für ‹uns› und den Schweizer Wohlstand?» Die Art und Weise, wie eine Frage gestellt wird, bestimmt oft schon die Antwort. Fragen befördern eine spezifische politische Wirklichkeit unter Ausblendung anderer Wirklichkeiten. Warum erscheint es heute also eigentlich selbstverständlich, globale Migrationsbewegungen von den Interessen des Nationalstaates aus zu thematisieren? Warum hat sich als dominante Sicht auf die Migration die Frage nach den Kosten oder dem Nutzen, der Gefahr oder der Bereicherung durchgesetzt? Und existieren überhaupt kritische migrationspolitische Positionen jenseits des Nutzenarguments?

Die zögerliche Schweizer Moderne und der Migrationskomplex

Die moderne Schweiz ist ein Einwanderungsland, «ein einzig Volk von Immigranten», wie Willi Wottreng[1] es formulierte. Niemand hat dies je ernsthaft bestritten. Auch nicht die Generationen einflussreicher Migrationsskeptiker seit dem Beginn des 20. Jahrhunderts. Trotz der xenophoben Forderungen nach Abwehr, Selektion und Steuerung akzeptierten sie stets die ökonomische Bedeutung der Migration für das europäische Binnenland Schweiz. Nicht einmal der Vater der Überfremdungsbewegung und Antikapitalist James Schwarzenbach wollte den Ausländeranteil unter 10 Prozent senken – schon damals ein hoher Anteil im europäischen Vergleich. Auch nach obiger SVP-Initiative sollte die Migration – im Einklang mit einer neoliberalen Agenda – den wirtschaftlichen Bedürfnissen der Schweiz angepasst werden. Welche Funktion hat also die so virulent und oft rassistisch geführte Migrationsdebatte im Einwanderungsland Schweiz?

Peter von Matt hat in seinem Essayband «Das Kalb vor der Gotthardpost» argumentiert, dass in der Schweiz eine zögerliche und ambivalente Beziehung zur Moderne herrscht. Der Gotthard-Eisenbahntunnel, der 1882 eingeweiht wurde, verkörpert diese Spannung zwischen Fortschritt und Ursprung. Einerseits steht er für das technische und ökonomische Fortschrittsstreben und die selbstbewusste Teilnahme am europäischen Eisenbahn-Poker. Anderseits repräsentiert der Gotthard-Eisenbahntunnel den modernen Mythos der ursprünglichen Alpennation, da er von Beginn an den Binnentourismus der Stadtbevölkerung förderte. «Diese Verquickung von Fortschrittsglauben und Ursprungsphantasma, ein janusköpfiges Vor- und Zurückschauen zugleich, ist eine Eigentümlichkeit der Schweiz.»[2] Kurz: Die Schweiz wächst und konserviert sich zugleich. Diesen Spagat musste bisher jede Vision der Schweiz schaffen, sei sie konservativ, liberal oder sozialdemokratisch – oder alles zusammen.

Die Spannung zwischen Fortschritt und Ursprung ist in die politische Problematisierung der Migration seit dem Beginn des 20. Jahrhunderts eingeschrieben und prägt die Debatte bis heute. Damals war der kapitalistische und weltoffene Schweizer Liberalismus in eine Krise geraten: Die historischen Städte wucherten aufs Land hinaus, die Hygieneverhältnisse waren katastrophal, die Arbeiterbewegung gewann an Boden, der Erste Weltkrieg kündigte sich an – kurz, aus der Sicht der politischen Elite schien die soziale Ordnung der Schweiz aus den Fugen geraten zu sein. Der konservative Ruf nach Heimat- und Naturschutz und der Wahrung (gerade erst) erfundener Traditionen stiess auf offene politische Ohren. Die Mischung aus Wirtschaftswachstum, sozialem Frieden und Konservierung von Nation und Natur dominierte das Modernisierungsmodell der Schweiz im 20. Jahrhundert.

In diesem neuen Projekt des *nation building* hatte sich symptomatischerweise ein diskursiver, institutioneller und psychischer Migrationskomplex entwickelt, der sich durch das gesamte 20. Jahrhundert zog und noch heute wirkt: 1900 lancierte der Zürcher Armensekretär Carl Alfred Schmid die nationale «Fremdenfrage». Er forderte eine nationale Einbürgerungsoffensive, weil eine quantitative «Überfremdung» die demokratische Legitimation der Schweiz zu gefährden schien. Innerhalb weniger Jahre wandelte sich diese – wohlgemerkt – republikanische Forderung nach Inklusion in eine politische Angst um die qualitative «Überfremdung» der angeblich «nationalen Eigenart» der Schweiz um und setzte die Assimilationsmaschinerie in Gang: 1917 wurde per Notstandsrecht die nationale Fremdenpolizei gegründet, 1931 trat das Bundesgesetz über Aufenthalt und Niederlassung der Ausländer (ANAG) in Kraft, nach dem Zweiten Weltkrieg blühte das Rotationsmodell, ab Mitte der 1960er-Jahre folgten die «Schweizermacher» und heute wird mit Controlling-Instrumenten Integration gemessen und evaluiert.[3] Es ist ein Prozess der ständigen Verfeinerung der nationalen Imagination und Kontrolle des «Anderen» zum Nutzen und zur Vergewisserung des «Eigenen». Ob im Fin de Siècle, in der Zwischenkriegszeit, in den überhitzten 1960er-Jahren oder in der aktuellen neoliberalen Globalisierung seit den späten 1980er-Jahren: Wenn globale Veränderungen den politischen und ökonomischen Status quo herausforderten, imaginiert und reguliert die Schweiz ihre guten und schlechten, nützlichen und risikoreichen Migrantinnen und Migranten. Der Migrationskomplex erlaubt also in Krisenzeiten, die psychoökonomische Balance von nationaler Identität und Wohlstand, von Ursprung und Fortschritt neu zu justieren.

Überfremdungsangst und das hausgemachte «Ausländerproblem»

Der nationalstaatliche Migrationskomplex schafft jedoch neben Selbstvergewisserung immer auch Angst. Der helvetische Begriff «Überfremdungsangst» wohnt dem Migrationskomplex bis heute inne. Von Malthus bis Schwarzenbach und Ecopop wird im Topos der «Überbevölkerung» die Angst vor denjenigen geschürt, die «zu viel» seien, die «uns» etwas wegnehmen könnten, die uns durch ihre blosse Anwesenheit bedrohen würden, weil sie nicht hierher gehören.[4] Die Bilder verarmter Ostjuden in der Zwischenkriegszeit, italienischer Saisonniers oder kosovarischer Raser schufen stets auch zeittypische Konstruktionen einer kulturell und ethnisch homogenen sowie idyllisch-alpinen Schweiz. Die Angst wird jedoch nicht etwa von rechten Demagogen geschürt, wie so oft behauptet wird. Angst und strukturelle Gewalt sind keine «natürlichen» Reaktionen, wenn in einer Gesellschaft «Dichtestress» oder kulturelle Vermischung herrschen, wie etwa der Kulturrassismus der Rechtskonservativen suggeriert. Die institutionalisierte Paradoxie von Wirtschaftsstreben und Angst vor «Überfremdung» ist der hegemoniale Kern des Sonderfalls Schweiz, der Wohlfahrtsstaat, Wachstum und Fremdenabwehr subtil verbindet. Alle Parteien und die gesamte politische Öffentlichkeit sind im Migrationskomplex verheddert, profitieren davon – und tragen Verantwortung für dessen Auswirkungen. Denn dieser hat – hinter der sachpolitischen Fassade – primär die Wirkung und den Zweck, den Hunderttausenden von Arbeitskräften, die benötigt, gerufen und geholt wurden, die Teilhabe an der Gesellschaft sowie den Zugang zu politischen Rechten und schliesslich zur Staatsbürgerschaft zu erschweren. Denn noch zu Carl Schmids Zeiten um 1900 galt das politische Credo «Zuerst Einbürgerung, dann Assimilation.» Seither wurde es konsequent umgekehrt, weshalb schneller Arbeitsmigrantinnen und Arbeitsmigranten rekrutiert werden, als sie sich einbürgern könnten. So haben Schweizer Politik und Öffentlichkeit das «Ausländerproblem», das sie leidenschaftlich imaginieren und rational bewirtschaften – und eine Schicht von Menschen zweiter Klasse –, selbst erschaffen. Die zynische Konsequenz ist, dass das Projekt, das die stolzeste Demokratie der Welt schützen soll, auf dem ethnisierten Ausschluss eines Viertels der Wohnbevölkerung der Schweiz basiert.

Multikultur statt neoliberaler Integrationskonsens

Der Schweizer Migrationskomplex verdeckt jedoch die Tatsache, dass der soziale und kulturelle Wandel, den er kontrollieren will, die Schweiz schon längst prägt. 2007 hat der damalige Chef des Bundesamtes für Migration, Eduard Gnesa, das politische Ende des Multikulturalismus verkündet, obwohl dieser in der Schweiz politisch gar nie Fuss gefasst hatte. Trotz dieser hanebüchenen politischen Absage ist Multikultur[5] in der Schweiz Realität: Knapp ein Viertel der Bevölkerung hat heute keinen Schweizer Pass, ein Drittel hat Migrationshintergrund. In den jüngeren Alterskohorten ist der Anteil von Menschen mit Migrationshintergrund noch höher. Kurz: Auf den Pausenplätzen, im Aldi und in der Migros, in den öffentlichen Verkehrsmitteln, auf den Baustellen und Teppichetagen der Wirtschaft existiert eine alltägliche Multikultur, während Politik, Medien und Öffentlichkeit immer aufs Neue um die «wahre» Schweiz und ihre Werte ringen. Statt jedoch den Wandel und die Vielfalt anzuerkennen und in das öffentliche und politische Leben einzubeziehen, werden Migrantinnen und Migranten und ihre Kinder weiterhin mehr oder weniger als

«Fremde» betrachtet. Im besten Falle «integrieren» sie sich von selbst. Sonst geraten sie in die neoliberale Integrationsmaschine des «Förderns und Forderns». Damit engagiert sich der Nationalstaat zwar zum ersten Mal für die chancengleiche Eingliederung der ausländischen Bevölkerung. Jedoch dienen als Massstäbe ein disziplinierendes Risiko- und Kostenkalkül sowie ein angeblich in der Verfassung verankerter kultureller Normenkanon. Statt also die Gesellschaft und die Institutionen an die Veränderungen anzupassen, sollen sich Migrantinnen und Migranten weiterhin an die monokulturellen Institutionen und Normen anpassen. Der deutsch-griechische Migrationsforscher Mark Terkessidis hat deshalb vorgeschlagen, diese Politik in den europäischen Einwanderungsländern umzukehren: «Es geht dabei nicht nur darum, Minderheiten in bestehende Institutionen einzugliedern oder einfach neue Politiken zu den bestehenden hinzuzuaddieren. Es gilt vielmehr, den Kern der Institutionen darauf hin abzuklopfen, ob ihre Räume, die Leitideen, die Regeln, die Routinen, die Führungsstile, die Ressourcenverteilungen sowie die Kommunikation im Hinblick auf die Vielheit gerecht und effektiv sind. Die Vielheit ist eine Tatsache; warum also sollte man nicht versuchen, aus der Vielheit das Beste zu machen, sie als Quelle der Erneuerung zu nutzen?»[6] Das Argument beruht nicht etwa auf naivem Multikulti, sondern auf Pragmatismus, Innovation und einem Sinn für Demokratie. Was könnte dies in der Schweiz bedeuten?

Nehmen wir als Beispiel das staatliche Fernsehen und Radio: Die SRG hat laut Konzession den Auftrag, die Vielheit der Schweiz sichtbar zu machen und die Integration zu fördern. Jedoch pflegt das Programm eher eine nationale Monokultur, wenn etwa in der Dokumentation «Die Schweizer» aus dem Jahr 2013 die Schweizer Geschichte als männliche Heldengeschichte gezeigt wird. Auch nicht verständlich ist, warum die rassistische Praxis des *blackfacing* in einem Fernsehsketch über die schwarze US-Entertainerin Oprah Winfrey als nationale Satire verteidigt wird und dadurch Menschen dunkler Hautfarbe als Teil des Schweizer Publikums ignoriert werden.[7] Schweizerdeutsch dominiert das Programm, und Menschen mit Migrationshintergrund sind sowohl in der Redaktion als auch bei den Inhalten unterrepräsentiert, wobei die negativen Darstellungen von ihnen als «Fremden» überwiegen. Wäre es nicht spannender, realistischer und demokratischer, etwa ein albanisches Fenster – nach Vorbild des rätoromanischen – einzuführen oder multikulturelle Formate und transnationale Koproduktionen auszuprobieren, die die Vielheit der Schweiz wirklich repräsentieren? Dies ist nur ein Beispiel. Weitere liessen sich beliebig finden. Die Schweiz hat jedenfalls ein Problem: Ein Viertel der Bevölkerung des Landes bezahlt direkte Steuern, Mehrwertsteuern und Billag, hat aber kein Mitspracherecht bei der Verwendung der Gelder und der Gestaltung der medialen und politischen Öffentlichkeit. Die Forderung, Migrantinnen und Migranten demokratiepolitisch einzubeziehen, ist daher keine naive Multikulti-Fantasie, sondern formuliert die Notwendigkeit, die Schweizer Institutionen an die Realität anzupassen, neu zu gestalten und zu legitimieren.

Abbildung 3: Migrantinnen und Migranten bitte schweigen – das bitterste Geheimnis der multikulturellen Schweiz.
Quelle: Autoren.

Die Schweiz – ein Ort der Vielheit im globalen Kapitalismus

Der Mythos des Sonderfalls Schweiz, der durch die Migrationsdebatte gehegt wird, blendet letztlich die Vielheit der durch die globalen Veränderungen angestossenen Perspektiven, Lern- und Austauschprozesse aus. Ilja Trojanow und Ranjit Hoskoté schreiben in ihrem Plädoyer «Kampfabsage»: «Der Zusammenfluss von Kulturen ist auf die Mobilität von Menschen, Ideen, Gütern und Dienstleistungen angewiesen, ebenso auf das Vorhandensein von Treffpunkten und Kreuzungen, wo die Begegnung mit dem anderen ein Bestandteil des Alltags ist und man den Unterschied nicht ignorieren kann, weil man von ihm umgeben ist; man lebt ihn, man isst ihn, man atmet ihn ein. Der Austausch erfordert fein verwobene Handelsbeziehungen, bei denen jede Seite die andere braucht, um wirtschaftlich zu existieren. Als weitere Voraussetzungen sind eine gewisse Freiheit von selbstgefälligem Dogma sowie grundlegende Neugierde und intellektuelle Toleranz zu nennen: ein Interesse, das über das Streben nach Gewinn und dem eigenen Vorteil hinausgeht, Interesse an dem, was anders ist, was man nicht gemeinsam hat und was anders konditioniert ist. Kurz: Wir beschreiben ein offenes System.»[8]

Dies ist nicht etwa eine normative Forderung: Der entscheidende Punkt ist, dass die Schweiz ein solches offenes System ist und spätestens seit der Neuzeit immer schon war. Die Kartoffel wurde im Kolonialismus aus Amerika nach Europa gebracht und avancierte zum Grundnahrungsmittel und zur Hauptzutat eines Nationalgerichtes der Schweiz. Mani Matter eignete sich in seiner berndeutschen Muttersprache Lieder der französischen Troubadours an, deren Ursprünge auf andalusische Sufi-Gesänge im frühmittelalterlichen Südfrankreich zurückgehen. Schweizer Söldner galten bis in die Neuzeit als die wertvollsten Soldaten Europas und schufen einen wichtigen finanziellen Grundstock für die Protoindustrialisierung der Schweiz. Schweizer Handelsgesellschaften waren im 18. und 19. Jahrhundert in Sklavenhandel und Kolonialismus involviert, um Schweizer Textilien mit grösserem Profit abzusetzen. Umgekehrt brachten französische Hugenotten das Uhrenhandwerk in die Schweiz, deutsche Akademiker waren massgeblich am Aufbau der Schweizer Universitäten beteiligt, und italienische Gastarbeiterinnen und Gastarbeiter bauten die Schweizer Infrastruktur, insbesondere den Gotthardtunnel, und bezahlten dies mit Blut und Schweiss.

Für den Schweizer Wohlstand gilt dasselbe wie für nationale Alltagsmythen und Kultur: Was als typisch schweizerisch gehandelt wird, ist das Ergebnis einer lokalen Aushandlung globaler historischer Verflechtungen und Machtverhältnisse im Kolonialismus und globalen Kapitalismus.[9]

Die Migrationsdebatte trägt jedoch grundlegend dazu bei, die Schweiz – in unterschiedlichen Nuancen – als Volk in einem geschlossenen nationalen Raum zu konstruieren, das seinen Wohlstand durch eigenen Fleiss gerecht erarbeitet hat, statt die tatsächlichen historischen Machtverhältnisse, Warenströme, Ideenflüsse und Migrationsbewegungen als Bedingungen von Schweizer Politik und Wohlstand zu akzeptieren. Um auf die «Masseneinwanderungsinitiative» zurückzukommen: Sowohl die liberale als auch die konservative Kampagne verkörperten aus globaler Perspektive eine Erneuerung des nationalen Projektes, eine mittelständische Schweiz im weltweiten Kapitalismus zu positionieren. Die ihnen zugrunde liegenden dezidiert neoliberalen Programme fördern einerseits Privatisierung, Steuererleichterungen für Unternehmen oder den internationalen Rohstoffhandel. Andererseits schliessen sie durch Diskriminierung sowie Kriminalisierung diejenigen Migrantinnen und Migranten, *Sans-Papiers,* Sozialhilfebezügerinnen und -bezüger, *working poor* und prekarisierten Gruppen vom nationalen Wohlstandsprojekt aus, die weder dem Kosten-Nutzen-Kalkül noch den moralischen Normen der Mitte entsprechen. Aber auch die linke Strategie, den nationalen Wohlfahrtsstaat zu bewahren oder zu stärken, ist migrationspolitisch unbefriedigend. Zum einen wird immer mehr auch in linken Kreisen das ursprünglich neoliberale Argument vorgebracht, dass Migrantinnen und Migranten die nachhaltige Finanzierung der Sozialwerke sicherstellen. Damit werden sie aber gerade einem wirtschaftlichen Kalkül unterworfen und dadurch prekarisiert. Zum anderen wird darin die strukturelle Gewalt und Ungleichheit im globalen Kapitalismus ausgeblendet, die die gegenwärtige Migration antreibt, die wiederum den nationalen Wohlfahrtsstaat mitfinanziert. Die Erhaltung des nationalen Wohlfahrtsstaates im Sinne lokaler Umverteilung globaler Gewinne erscheint demnach auch als nationale Strategie im globalen Kapitalismus, um Wohlstand zu sichern – einfach für mehr Menschen und allenfalls hierzulande gerechter verteilt.

Das Bewusstsein für die globalen Verflechtungen, die den Schweizer Wohlstand erst ermöglichen, würde es stattdessen erlauben, sich kritisch in einer Welt zu positionieren, in der die soziale Ungleichheit wie in der Schweiz zunimmt. Neue lokale und transnationale Wohlfahrts- und Solidaritätsmodelle, globale Migrations- und Klimaregime inklusive multipler Staatsbürgerschaften – das heisst Konzepte, die eine transnationale politische Partizipation von Migrantinnen und Migranten begünstigen – oder gar das Recht auf Mobilität sind nur einige der drängenden Themen unserer Zeit. Die Schweiz könnte einen innovativen und sozial verantwortlichen Beitrag zur Lösung dieser dringenden Fragen leisten, wenn sie bestehende Politiken, Mythen und Komplexe überwinden würde, statt die alten Zöpfe zu bewahren. Die Schweiz wäre dann ein Ort, wo an der gerechten Gestaltung einer zunehmend postnationalen und ungleichen Welt gearbeitet und über sie debattiert würde. Dies würde jedoch auch erfordern, das öffentliche Bewusstsein und die politischen Institutionen für die globalen Verflechtungen und die daraus folgende Vielheit in der Schweiz zu öffnen, statt den Sonderfall Schweiz und deren Migrationskomplex zu hegen und zu pflegen.

Anmerkungen

[1] Wottreng, 2000.
[2] Von Matt, 2012, S. 16.
[3] Argast et al., 2008. Kury, 2003. Piñeiro et al., 2009.
[4] Randeria, 2014.
[5] Wir verstehen den Begriff der Multikultur nicht etwa als staatliches Programm oder als kommerzielle Vermarktungslogik, sondern – in der angelsächsischen Tradition – als kritisches politisches Projekt, das zum Ziel hat, die Konstruktion kultureller Differenz in der hierarchischen Verfasstheit von Gesellschaft zu verorten und zu reartikulieren (Hesse, 2000). Mark Terkessidis verwendet in einem ähnlichen Sinne den Begriff der Interkultur und vermeidet damit die ideologischen Wirrungen der Multikulturalismus-Debatte.
[6] Terkessidis, 2010, S. 132.
[7] Jain, 2014.
[8] Trojanow, Hoskoté, 2007, S. 25.
[9] Purtschert et al., 2012.

Literaturhinweise

Argast Regula, Studer Brigitte, Arlettaz Gerald: Das Schweizer Bürgerrecht: Erwerb, Verlust, Entzug von 1848 bis zur Gegenwart. NZZ-Verlag, Zürich, 2008.

Hesse Barnor (Hrsg.): Un/settled Multiculturalisms: Diasporas, Entanglement, Transruptions. Zed Books, New York, 2000.

Jain Rohit: «Fernsehen für die weissen Herrschaften». In: Die Wochenzeitung, 23.1.2014.

Kury Patrick: Über Fremde reden. Überfremdungsdiskurs und Ausgrenzung in der Schweiz 1900–1945. Chronos-Verlag, Zürich, 2003.

Piñeiro Esteban, Bopp Isabelle, Kreis Georg (Hrsg.): Fördern und Fordern im Fokus. Leerstellen des schweizerischen Integrationsdiskurses. Seismo-Verlag, Zürich/Genf, 2009.

Purtschert Patricia, Lüthi Barbara, Falk Francesca (Hrsg.): Postkoloniale Schweiz. Formen und Folgen eines Kolonialismus ohne Kolonien. Transcript-Verlag, Bielefeld, 2012.

Randeria Shalini: «Überzählig sind immer die anderen.» In: Balthasar Glättli, Niklaus Pierre-Alain (Hrsg.): Die unheimlichen Ökologen – sind zu viele Menschen das Problem? Rotpunktverlag, Zürich, 2014.

Schmid Carl Alfred: Unsere Fremdenfrage. J. Leemann, Zürich, 1900.

Terkessidis Mark: Interkultur. Suhrkamp-Verlag, Frankfurt a. M., 2010.

Trojanow Ilja, Hoskoté Ranjit: Kampfabsage. Kulturen bekämpfen sich nicht – sie fliessen zusammen. Heyne-Verlag, München, 2007.

Von Matt Peter: Das Kalb vor der Gotthardpost. Zur Literatur und Politik der Schweiz. Hanser-Verlag, 2012.

Wottreng Willi: Ein einzig Volk von Immigranten. Die Geschichte der Einwanderung in die Schweiz. Orell-Füssli-Verlag, Zürich, 2000.

Iwona Swietlik

«Du hast aber Glück!»

«Wie bist du in die Schweiz gekommen?» Seit über zwanzig Jahren wird mir diese Frage gestellt, kaum habe ich einen Satz fertig ausgesprochen. Manche brechen das eigentliche Gesprächsthema ab, um mir diese Frage zu stellen, manche warten immerhin das Gesprächsende ab.

«Mit dem Flugzeug», antworte ich meist.

«Es ist doch nur Neugier», schütteln meine Schweizer Freunde manchmal den Kopf.

«Gerade nicht», antworte ich darauf, «es ist eben keine Neugier dabei.»

Wäre Neugier dabei, würden sich andere Fragen besser eignen, zum Beispiel «Woher kommst du?» oder «Wieso bist du gekommen?» und dann ein Gespräch darüber, wie ich gelebt und was ich erlebt habe, bevor ich in die Schweiz gekommen bin.

Aber für die meisten Menschen, die mir die Frage stellen, wie ich in die Schweiz gekommen bin, fängt mein Leben offensichtlich mit diesem einen Grenzübertritt an. Als hätte ich vorher nicht gelebt. Als wäre die Emigration nicht eine logische Folge dessen, was vorher stattfand. Als würde sich Interessantes und Bedeutungsvolles nur in der Schweiz zutragen.

Dabei ist doch die Welt gross und die Schweiz klein, wie jede Weltkarte beweist.

«Wie bist du in die Schweiz gekommen?»: Diese Frage steht für mich für eine Ignoranz, die ganz typisch für den Umgang mit Einwanderern ist. Und ja, Ignoranz beleidigt, immer. Sie ist Ausdruck eines hierarchischen Denkens, in dem alles, was man selber nicht kennt, prinzipiell und pauschal nicht interessant oder wertvoll ist. Mit kaum einer anderen Frage schafft man es, in Windeseile den Unterschied zwischen sich selbst, dem Einheimischen, und mir, der Zugewanderten, so bewusst zu machen wie mit dieser Frage. Denn nun sind die Karten verteilt und die Rollen zugeteilt und ich darf dann nur noch eine Antwort liefern, die in eine der bekannten Schubladen passt, zum Beispiel in die Schublade «Arbeitsmigrantin» oder in die Schublade «Familiennachzug» oder vielleicht in sonst eine.

Auch höre ich oft: «Du hast aber Glück, dass du hier leben darfst.»

«Ja, das stimmt», antworte ich darauf. Und ich füge neuerdings hinzu: «Genauso, wie du das Glück hast, dass ich hier leben will. Denn ich kann auch woanders.»

Es erstaunt mich immer aufs Neue, wie sehr sich die Vorstellung von der Schweiz als einer Insel der Glückseligkeit verfestigt hat. Als hätten wir es mit einer geschlossenen Gesellschaft zu tun, zu der nur Privilegierte Zutritt haben. Ein fataler Fehlschluss: Es ist gerade die Schweiz, die das Glück hat – sich dieses Glück erarbeitet hat –, dass hierher Menschen ziehen wollen, die sehr viel mehr von sich und ihrem Leben erwarten als der Durchschnittsbürger. Sie hat das Glück, dass hier Menschen leben wollen, die Risiko nicht scheuen, die Scheitern in Kauf nehmen, die den Mut haben, ihr Leben von Grund auf neu aufzubauen. Sie hat Glück, dass hier Menschen leben wollen, die bereit sind, sehr viel auf sich zu nehmen, damit ihr Plan gelingt. Sie hat das Glück, dass Menschen hierherkommen, die auf sich allein gestellt sein wollen und können. 80 000 Menschen mit diesen Eigenschaften und Fähigkeiten sind in den vergangenen Jahren jährlich in die Schweiz gezogen: zum Glück! Man könnte die Sache nämlich auch so sehen: Die Schweizerinnen und Schweizer, die all dies nicht wagen, haben diese Fähigkeiten offensichtlich nicht.

Ein Leben in der sogenannten «Heimat» ist an und für sich nicht wertvoller als eines, das an einem fremden Ort gelebt worden ist. Und umgekehrt: Ein Leben, zu dem die Migrationserfahrung gehört, ist nicht wertvoller als eines ohne. Migration ist einfach eine Erfahrung – eher ein ganzes Bündel von Erfahrungen –, und stets kommt es auf die Person an, was sie damit macht. Gewollt und gewählt ist Migration ein Lebenskonzept, das – wie andere Lebensentwürfe – einen Menschen formt. Deswegen sehe ich den freien Personenverkehr, den die EU ihren Bürgerinnen und Bürgern ermöglicht, als eine gesellschaftliche Errungenschaft an, denn er bedeutet, dass der Staat der Individualität seiner Bürgerinnen und Bürger Raum gewährt – und sie nicht, wie neu die Schweiz, verhindert.

Deswegen bin ich über den Umgang vieler Schweizerinnen und Schweizer mit den Einwanderern enttäuscht. Offensichtlich sehen sie – trotz aller sorgsam kultivierter Mythen – die Freiheit der Selbstbestimmung und individueller Lebensgestaltung nicht als einen universellen Wert an, sondern nur als einen, der einzig für sie gilt. Ich frage mich schon seit langem, wie sich diese hierarchische – und deswegen diskriminierende – Haltung gegenüber Rechten und Werten eigentlich mit der direkten Demokratie verträgt.

Als ich vor gut zwanzig Jahren mein Land verliess, habe ich mich genau dagegen gewehrt: gegen hierarchisch – und nicht demokratisch – definierte Grenzen der Freiheit. Ich wollte die Freiheit, über mein Leben selbst zu bestimmen. Ich wollte mir meine Perspektiven selber schaffen. Ich wollte ausprobieren, ob ich mich in einer Fremdsprache heimisch fühlen kann. Ich wollte wissen, wie weit ich es alleine bringe ohne die Begrenzungen, Bequemlichkeiten, ohne den Schutz der Konventionen und Traditionen meines Landes.

Ich bin in den Siebziger- und Achtzigerjahren in Gdansk aufgewachsen. Ich erlebte das Kriegsrecht 1981 und was dieses im täglichen Leben an Angst und Begrenzungen bedeutet, die darauf folgende Zeit des Wirtschaftsembargos, das die USA und Westeuropa über Polen verhängt hatten, und was dieses für die Zivilbevölkerung bedeutete, die Freiheitsbewegung und wie ihr Kampf die Stadt regelmässig lahmlegte, den Massenaufstand und Hunderttausende Menschen auf den Strassen, die sogenannte «Wende», eine – aus polnischer Perspektive – jahrelang dauernde Revolution, die allein schon deswegen eine historische Leistung ist, weil sie sich in Form von Friedensgesprächen vollzog und keine Blutspur hinterliess.

Ich bin heute sehr glücklich darüber, dabei gewesen zu sein. Ich werde nie vergessen, wie sich gesellschaftliche Umwälzungen anfühlen, wie viele Menschen, jeder in seinem Bereich und jeder auf seine Art, beteiligt sein müssen, damit nachhaltige Veränderungen erreicht werden, wie fragil Übergangszeiten sind. Ich werde nie vergessen, dass während der Gespräche am runden Tisch, an denen 1988 und 1989 die Oppositionsbewegung Solidarnosc mit der kommunistischen Regierung über die Beteiligung am künftigen Parlament verhandelte, viele meiner Mitschülerinnen und Mitschüler, Söhne und Töchter der Solidarnosc-Aktivisten und der kommunistischen Apparatschiks täglich mit Polizei-Eskorte in die Schule gebracht und abgeholt wurden, um zu sichern, dass wir, die Jugendlichen, mit unserem Übermut und unseren Möchtegern-revolutionären Aktionen die Friedensgespräche nicht gefährden. Auch die Ratlosigkeit unserer Schuldirektion wird mir immer in Erinnerung bleiben, die nicht wusste, wie sie der neuen Zeit begegnen sollte. Das Fach Geschichte haben schliesslich zwei Lehrpersonen unterrichtet – eine aus dem Solidarnosc-Lager, die andere als Vertreterin der kommunistischen Partei. Sie konnten nicht anders, als ihre Position offenzulegen, wie am runden Tisch. Vor allem aber hat mich die Erfahrung geprägt, dass Wandel, auch ein radikaler, möglich ist. Dass man ihn herbeiführen kann, wenn man von seiner Richtigkeit überzeugt ist.

Damit im Gepäck konnte ich gar nicht anders als in die Welt hinaus.

Auf dem Weg begegnete ich Menschen aus aller Welt. Bis heute interessiert mich nicht, wie sie in die Schweiz gekommen sind – eine schrecklich öde Frage –, sondern, woher und warum sie kommen. Sie bringen, im Durchschnitt, sehr viel mehr mit als ihre Arbeitskraft, und leisten mehr als den Beitrag zu den Sozialwerken der Schweiz. Sie bringen Erfahrungen, Erinnerungen, Ideen und Perspektiven ein, die hier sonst gar nicht vorhanden wären.

Autorinnen und Autoren

Patrick Aebischer: Prof. Dr., seit 2000 Präsident der Ecole Polytechnique Fédérale de Lausanne (EPFL).

Anne Bisang: Künstlerische Direktorin des Théâtre populaire romand (TPR) und des Centre neuchâtelois des arts vivants in La Chaux-de-Fonds, frühere Direktorin der Comédie de Genève.

Martine Brunschwig Graf: Präsidentin der Eidgenössischen Kommission gegen Rassismus (EKR), alt Nationalrätin, alt Regierungsrätin.

Cécile Bühlmann: ehemalige Nationalrätin der Grünen und Präsidentin der Fraktion der Grünen, 12 Jahre Vizepräsidentin der Eidgenössischen Kommission gegen Rassismus (EKR), Preisträgerin des Fischhof-Preises der Stiftung gegen Rassismus und Antisemitismus (GRA) und der Gesellschaft Minderheiten in der Schweiz (GMS).

Gianni D'Amato: Professor für Migrations- und Staatsbürgerschaftsstudien an der Universität Neuchâtel, Direktor des Schweizerischen Forums für Migrations- und Bevölkerungsstudien und des «NCCR – on the Move».

Thomas Daum: lic. iur., bis Juni 2013 Direktor des Schweizerischen Arbeitgeberverbands. Heute nimmt er verschiedene Verwaltungsratsmandate wahr.

Martin Flügel: Dr., Präsident von Travail.Suisse.

Bettina Fredrich: Dr. phil.-nat., Leiterin der Fachstelle Sozialpolitik der Caritas Schweiz.

Stefan Gribi: lic. phil., Leiter der Abteilung Information der Caritas Schweiz.

Marianne Hochuli: lic. phil., Leiterin des Bereichs Grundlagen und Mitglied der Geschäftsleitung der Caritas Schweiz.

Rohit Jain: Migrations- und Rassismusforscher sowie Ko-Präsident der Stiftung Gertrud Kurz. Seine Doktorarbeit zu indischen Migrantinnen und Migranten in der Schweiz wurde bereits an der Universität Zürich eingereicht und wird im Herbst 2014 verteidigt.

Georg Kreis: emeritierter Professor für Neuere Allgemeine Geschichte und Geschichte der Schweiz an der Universität Basel, ehemaliger Leiter des Europainstituts Basel und früherer Präsident der Eidgenössischen Kommission gegen Rassismus (EKR).

Odilo Noti: Dr. theol., Leiter des Bereichs Kommunikation und Mitglied der Geschäftsleitung der Caritas Schweiz.

Shalini Randeria: Professorin für Sozialanthropologie und Soziologie am Graduate Institute of International and Development Studies in Genf.

Alma Redzic: Studentin der Rechtswissenschaften (BLaw), alt Kantonsrätin Junge Grüne Zürich, Geschäftsführerin FemmWiss.

Hasim Sancar: dipl. Sozialarbeiter und Leiter der Beratungsstelle Pro Infirmis Bern-Stadt, vertritt die Grünen Bern im kantonalen Parlament, wo er auch Mitglied der Geschäftsprüfungskommission ist.

Peter Schneider: Prof. Dr. phil., arbeitet als Psychoanalytiker und Kolumnist. Er lehrt an den Universitäten Zürich und Bremen.

Marc Spescha: Rechtsanwalt, Lehrbeauftragter und Autor.

Iwona Swietlik: lic. phil., Leiterin der Fachstelle Bildung der Caritas Schweiz, Herausgeberin des Sozialalmanachs.

Maja Wicki: Dr. phil., Philosophin, Psychoanalytikerin und Traumatherapeutin, Lehrbeauftragte am Institut für Weiterbildung der Uni Bern.